# DEMAIN, LE QUÉBEC...

Jacques-Yvan Morin • José Woehrling

# DEMAIN, LE QUÉBEC...

Choix politiques et constitutionnels
d'un pays en devenir

*septentrion*

Cet ouvrage a été publié avec l'appui du Programme de subvention globale du Conseil des Arts du Canada et du ministère de la Culture du Québec.

Photo de la couverture: Image du Québec par satellite

Si vous désirez être tenu au courant des publications
des ÉDITIONS DU SEPTENTRION,
vous pouvez nous écrire au
1300, av. Maguire, Sillery (Québec) G1T 1Z3
ou par télécopieur (418) 527-4978

Dépôt légal – 4ᵉ trimestre 1994
Bibliothèque nationale du Québec

*Données de catalogage avant publication (Québec)*
Morin, Jacques-Yvan, 1931-
    Demain le Québec: choix politiques et constitutionnels d'un pays en devenir
    Comprend des réf. bibliogr.
    ISBN 2-89448-013-X

    1. Québec (Province) - Histoire - Autonomie et mouvements indépendantistes. 2. Québec (Province) - Constitution. 3. Relations fédérales-provinciales (Canada) - Québec (Province). 4. Fédéralisme - Canada. 5. Nationalisme - Québec (Province). 6. Minorités linguistiques - Québec (Province) I. Woehrling, José. II. Titre.

FC2925.9.M68M67    1994        971.4'04        C94-941192-2
F1053.2.M67    1994

# AVANT-PROPOS

Après un demi-siècle de discorde constitutionnelle, le Québec et le Canada se trouvent maintenant à la croisée des chemins: est-il préférable de tenter, une fois de plus, de renouveler le régime fédéral canadien ou faut-il envisager désormais l'accession du Québec à la souveraineté politique?

Le 20 juin 1991, l'Assemblée nationale adoptait la *Loi sur le processus de détermination de l'avenir politique et constitutionnel du Québec*. Votée dans un rare moment de quasi-unanimité, cette loi constituait l'épilogue des travaux d'une commission parlementaire «élargie», dite Commission Bélanger-Campeau (du nom de ses deux coprésidents), à laquelle il avait été demandé de faire rapport sur les questions intéressant «l'avenir politique et constitutionnel du Québec». La Commission recommanda qu'un référendum soit tenu sur la souveraineté du Québec au plus tard le 26 octobre 1992, à moins que le gouvernement fédéral et les autres provinces ne s'entendent pour proposer au Québec de nouveaux arrangements constitutionnels qui fussent acceptables pour lui.

C'est en vertu de cette loi que se sont déroulés, en 1991 et 1992, les principaux débats sur le renouvellement du système fédéral et sur la souveraineté, auxquels il convient d'ajouter les travaux de divers organismes fédéraux sur ces questions ainsi que des propositions fédérales adressées au Québec et des conférences fédérales-provinciales, auxquelles d'ailleurs le gouvernement québécois a refusé de participer pendant un certain temps.

La loi de juin 1991 établissait deux commissions parlementaires: l'une devait étudier les modalités de l'accession du Québec à la souveraineté, l'autre était chargée d'analyser et d'apprécier toute offre de nouveau «partenariat constitutionnel» émanant des gouvernements du Canada anglais.

Il est possible que toutes ces initiatives n'aient eu d'autre but que de gagner du temps en vue de désamorcer la crise ouverte en 1990, à la suite du rejet de l'Accord constitutionnel du 3 juin 1987 (dit «du lac Meech») par l'opinion anglo-canadienne. Cependant, elles ont eu également pour effet de stimuler la pensée politique au Québec et de créer un mouvement de réflexion tel qu'on n'en avait pas vu depuis l'époque de la «Révolution tranquille», avec le Comité de la Constitution des années 1963-1969, ou depuis le débat référendaire de 1980. À tour de rôle, les commissions ont commandé des études sur presque tous les aspects du fédéralisme et de la souveraineté, tant politiques qu'économiques et juridiques, reçu des centaines de mémoires et convoqué devant elles un grand nombre de groupes et de personnes intéressés à exprimer leur opinion sur l'avenir du Québec et de ses rapports avec le Canada et le monde.

Cet immense effort collectif va-t-il, une fois de plus, être relégué aux archives parlementaires, victime de la lassitude qu'engendrent inévitablement dans l'opinion les grands débats sans lendemain? Après le rejet par le Québec et la majorité de la population canadienne de l'Accord dit «de Charlottetown», le 26 octobre 1992, il a paru utile d'extraire du foisonnement des interventions de ces dernières années quelques textes qui récapitulent les origines de la crise constitutionnelle et explorent des pistes en direction de l'avenir. Certes, il ne manque pas d'ouvrages de cette sorte depuis un quart de siècle; certains demeurent pertinents et témoignent de la continuité de la réflexion sur les problèmes du Québec et du Canada, chaque étape apportant son complément de précisions et d'idées. C'est le but que poursuit l'éditeur en réunissant sous un même titre des textes de MM. José Woehrling et Jacques-Yvan Morin, tous deux professeurs de droit public à l'Université de Montréal et témoins actifs du débat constitutionnel depuis de nombreuses années.

Ces auteurs n'ont pas la prétention d'épuiser le répertoire des questions et des réponses d'une aussi vaste matière. Leurs interventions paraissent cependant se compléter et présenter un ensemble cohérent d'explications du passé et de parcours possibles en vue d'un réaménagement en profondeur des rapports entre le Canada et le Québec, fondé à la fois sur une forme de souveraineté politique et sur le maintien des

solidarités économiques, sociales et institutionnelles essentielles. Assurément, les deux auteurs ne sont pas les seuls à avoir développé de telles
idées au Québec depuis quelques décennies et il y aurait à publier un
imposant florilège de travaux et recherches effectués pendant cette
période, mais la taille même de cette entreprise nous a persuadés qu'il
valait mieux choisir quelques contributions parmi les plus récentes.

Le premier chapitre, rédigé par J. Woehrling, fait le bilan des
rapports entre le Québec et le Canada anglais, depuis l'établissement de
la Fédération canadienne, en 1867, jusqu'aux lendemains de l'échec de
l'Accord de Charlottetown. On y assiste à l'approfondissement graduel de
la crise du fédéralisme à compter du moment où la Révolution tranquille
transforme le vieux nationalisme défensif des Québécois en une force de
changement social, économique, linguistique et politique, aboutissant à la
revitalisation de l'État autonome qui leur avait été concédé en 1867. Sont
mises en lumière tout particulièrement les actions et réactions du Canada
anglophone et du Québec depuis l'imposition par le premier au second
des contraintes de la Constitution de 1982, et l'enchaînement inexorable
des causes et des effets depuis cet événement, que le Premier ministre
fédéral de l'époque, P.E. Trudeau a qualifié lui-même de «almost a *putsch*,
a *coup de force*».

C'est ainsi qu'entre 1986 et 1992 on a pu assister à l'échec de deux
tentatives majeures de réforme de la Constitution canadienne, chacune
destinée — en tout ou en partie — à renouveler les rapports entre le
Québec et le Canada anglais. L'auteur analyse les circonstances et les
raisons de ce double échec, qui a mis en lumière l'ampleur des divergences
qui existent entre les aspirations du Québec et celles du Canada anglais.
Dans son rapport remis en mars 1991, la Commission Bélanger-Campeau
concluait que les deux seules voies de solution s'ouvrant encore pour
l'avenir étaient le renouvellement en profondeur du cadre constitutionnel
actuel ou, sinon, l'accession du Québec à la souveraineté. Étant donné
que le Canada anglais ne veut pas d'une décentralisation générale du
système fédéral, la seule manière de réformer celui-ci dans un sens
conforme aux demandes du Québec consisterait donc en la création d'un
statut particulier ou, comme il convient de dire à présent, d'un
«fédéralisme asymétrique». Après avoir examiné cette hypothèse, qui ne
semble guère plausible dans l'état actuel de l'opinion publique au Canada
anglais, l'auteur analyse les conditions et modalités d'une éventuelle

accession du Québec à la souveraineté, avec ou sans l'accord du Canada anglais.

Que ferait le Québec d'une plus large autonomie ou de l'indépendance politique? La question n'est pas innocente en ce sens qu'aucun peuple n'a eu à y répondre *avant* de disposer librement de lui-même et qu'on ne saurait, en principe, subordonner ce droit à des exigences auxquelles seule une collectivité pleinement libre de ses choix peut satisfaire. Néanmoins, une population habituée à la démocratie doit s'interroger sans cesse sur les changements, grands ou petits, qui pourraient lui être salutaires; elle peut à bon droit, sans prétendre tenir toutes les clés de l'avenir, esquisser un projet de société et les institutions qui permettraient de le réaliser au mieux. Ne peut-on penser qu'elle pourrait éventuellement être appelée à se prononcer en même temps sur son destin politique et sur ses aspirations culturelles, économiques et sociales?

Le chapitre 2, *Pour une nouvelle Constitution du Québec*, sous la signature de J.-Y. Morin, fait voir qu'il serait possible de procéder à cet exercice, par la voie constitutionnelle, soit dans le cadre d'un État simplement autonome, comme le Québec a commencé de le faire avec la *Charte des droits et libertés de la personne* (1975), soit dans la perspective d'un Québec souverain. Ce chapitre, en effet, est constitué de deux parties distinctes, mais complémentaires, rédigées respectivement en 1984 et 1991. La première, intitulée *La constitution d'un Québec autonome*, montre qu'il serait du plus haut intérêt pour le peuple québécois de se doter d'une constitution en bonne et due forme, même dans le cadre du fédéralisme, tandis que la seconde, qui a pour titre *La constitution d'un Québec souverain*, fait voir que l'adoption d'une loi fondamentale s'imposera le jour où le peuple choisira la souveraineté et explore les choix institutionnels et normatifs auxquels il devra alors procéder.

Le Québec étant actuellement dépourvu de constitution formelle, il serait tout à fait possible de «constitutionnaliser» le statut et les pouvoirs des institutions de l'État, les droits et libertés des personnes et des minorités de même que les objectifs socio-économiques de la société québécoise. L'auteur montre cependant les limites de cette démarche, laquelle ne saurait aller à l'encontre de la Constitution fédérale, qui touchent notamment l'étendue des compétences du Québec et les droits linguistiques. Aussi la seconde partie du chapitre, rédigée à l'invitation de la Commission parlementaire sur la souveraineté du Québec en 1991, vient-elle compléter l'argumentation dans la perspective de la souveraineté et dans le cadre exigeant de l'adoption d'une nouvelle constitution par voie de référendum.

Le chapitre 3 aborde la question des droits des minorités linguistiques et culturelles dans un Québec souverain. Présenté par le professeur Woehrling à la Commission parlementaire sur la souveraineté du Québec en 1991, cet exposé montre l'importance de la dimension politique dans l'argumentation proprement juridique. L'auteur n'a négligé aucun des aspects majeurs de la langue: il traite de l'enseignement, de la législation, de la justice, de l'administration, de la fonction publique et de la vie économique, à la lumière des textes de lois et de la jurisprudence. Sa connaissance du droit de plusieurs autres pays aux prises avec des problèmes semblables lui permet de proposer des dispositions propres à faire partie d'une future Constitution québécoise à la lumière de la comparaison de leurs situations respectives.

Dans le quatrième chapitre, le professeur Morin se penche sur les questions posées en 1990 par la Commission Bélanger-Campeau à un certain nombre d'économistes, de politologues et de juristes. Dans son exposé, intitulé *Les choix politiques, économiques et institutionnels d'un Québec souverain*, l'auteur décrit les principaux problèmes auxquels le Québec est confronté dans sa coexistence malaisée avec le Canada anglais au sein d'un même État. Il situe d'emblée cette problématique dans le contexte mondial actuel où, contrairement à ce que l'on pensait jusqu'ici, le rapprochement des peuples a souvent pour effet d'exacerber les différences. Les solutions peuvent également être recherchées au plan international et s'inspirer de celles que de nombreux États souverains élaborent actuellement dans leur recherche d'un juste équilibre entre le maintien de leur identité et les contraintes imposées par les réalités géoéconomiques. Du point de vue d'une société occidentale développée comme l'est le Québec, il n'est guère de modèle plus approprié que la Communauté européenne, mais l'auteur montre que les institutions devraient être adaptées au duo Canada-Québec, la communauté à deux n'étant pas l'union à douze.

L'ensemble des exposés des deux auteurs forme un tout et ne laisse dans l'ombre aucun des aspects majeurs de l'avenir du Québec, du point de vue constitutionnel. S'ils n'ont pas la prétention d'apporter une réponse définitive à tous les problèmes, du moins tentent-ils, en mêlant prospective et rétrospective, d'éclairer un présent où les issues paraissent bloquées et les institutions constituantes, inopérantes.

# SOMMAIRE

# CHAPITRE I<sup>er</sup>

# L'ÉVOLUTION ET LE RÉAMÉNAGEMENT DES RAPPORTS ENTRE LE QUÉBEC ET LE CANADA ANGLAIS*

José WOEHRLING

* Ce chapitre constitue une version actualisée, révisée et écourtée de deux textes déjà publiés ailleurs: José WOEHRLING, «Les aspects juridiques de la redéfinition du statut politique et constitutionnel du Québec», dans *Éléments d'analyse institutionnelle, juridique et démolinguistique pertinents à la révision du statut politique et constitutionnel du Québec,* Commission sur l'avenir politique et constitutionnel du Québec, Document de travail numéro 2, 1991, p. 1-110; José WOEHRLING, *La Constitution canadienne et l'évolution des rapports entre le Québec et le Canada anglais, de 1867 à nos jours,* Edmonton, Centre for Constitutional Studies (University of Alberta), 1993, 171 pages.

# Introduction

Les problèmes politiques et constitutionnels qui se posent dans les rapports entre le Québec et le Canada tiennent au fait que les deux principaux groupes en présence — les francophones et les anglophones — constituent chacun à la fois une majorité et une minorité, selon le niveau géographique et politique où l'on se place. En effet, les francophones sont majoritaires au Québec, où ils constituent 82,8 % de la population, mais sont en minorité dans chacune des neuf autres provinces et dans l'ensemble politique canadien, où ils ne représentent plus que 24 % de la population. Inversement, les anglophones constituent la minorité au Québec, mais forment la majorité partout ailleurs au Canada[1].

En matière politique et constitutionnelle, seule l'histoire permet de comprendre le présent et de tenter d'agir sur l'avenir. Aussi commencera-t-on par rappeler l'évolution des rapports entre le Québec et le Canada

---

1.    Au Québec, le français est la langue d'usage (langue la plus souvent parlée à la maison) de 82,8 % de la population et l'anglais celle de 12,3 %, quelque 4,9 % ayant une autre langue d'usage. Ailleurs au Canada, le français est la langue d'usage de 3,6 % de la population et l'anglais de 88,6 %. Si l'on inclut le Québec, l'usage du français au Canada atteint 24,1 % et celui de l'anglais 68,9 %. Près de 90 % des francophones du Canada résident aujourd'hui au Québec. D'un recensement à l'autre, la part des francophones diminue dans les autres provinces. À part le Nouveau-Brunswick, où ils constituent 31 % de la population, la présence des francophones est devenue marginale dans chacune des autres provinces: à Terre-Neuve, en Saskatchewan, en Alberta et en Colombie-Britannique, leur part est de 1 % ou moins; à l'Île-du-Prince-Édouard, en Nouvelle-Écosse et au Manitoba, elle n'atteint pas 3 %; en Ontario elle est descendue à moins de 4 %. Pour plus de détails, voir : Marc TERMOTE, «L'évolution démolinguistique du Québec et du Canada», dans *Éléments d'analyse institutionnelle, juridique et démolinguistique pertinents à la révision du statut politique et constitutionnel du Québec*, Commission sur l'avenir politique et constitutionnel du Québec, Document de travail numéro 2, 1991, p. 239-329.

anglais depuis 1867, année de création de la fédération canadienne, jusqu'en 1982. En 1982, la Constitution canadienne a été substantiellement modifiée malgré l'opposition du gouvernement québécois de l'époque, formé par le Parti québécois, un parti politique qui cherche à réaliser l'indépendance du Québec. En 1985, le Parti québécois perdait les élections et était remplacé au pouvoir par le Parti libéral, qui s'est toujours présenté comme résolument fédéraliste. Entre 1986 et 1992, on a pu assister à l'échec de deux tentatives majeures de réforme de la Constitution canadienne, chacune destinée — en tout ou en partie — à renouveler les rapports entre le Québec et le Canada anglais. On analysera donc les circonstances et les raisons de ce double échec, qui a mis en lumière l'ampleur des divergences qui existent entre les aspirations du Québec et celles du Canada anglais. Enfin, on terminera en analysant les différentes options qui semblent encore s'offrir pour l'avenir.

# I. - L'évolution des rapports entre le Québec et le Canada anglais de 1867 à 1982

## A. - La *Loi constitutionnelle de 1867*

La *Loi constitutionnelle de 1867*[2] a été adoptée par le Parlement du Royaume-Uni à la demande de trois colonies britanniques pour les unir en une fédération. Ces trois colonies — qui ont donné naissance à quatre provinces — étaient la Nouvelle-Écosse, le Nouveau-Brunswick et le Canada-Uni (qui s'est séparé en deux provinces: l'Ontario et le Québec). Les autres provinces canadiennes sont entrées dans la fédération — ou ont été créées — par la suite.

Deux aspects de la Constitution de 1867 méritent d'être examinés en ce qui concerne les rapports entre le Québec et le Canada anglais. D'une part, le partage des pouvoirs entre l'État central et les provinces, qui détermine le degré d'autonomie politique et législative dont bénéficie le Québec au sein de la fédération canadienne. D'autre part, les droits garantis par la Constitution à la minorité anglophone du Québec et aux minorités francophones du reste du Canada.

---

2. *Loi constitutionnelle de 1867*, 30 & 31 Vict., R.-U., c. 3; L.R.C. (1985), app. II, n° 5. Antérieurement désignée *British North America Act, 1867*, la loi doit son nouveau titre à l'annexe de la *Loi constitutionnelle de 1982*. Pour une description générale de l'histoire constitutionnelle canadienne et une analyse des institutions actuelles, voir: Jacques-Yvan MORIN et José WOEHRLING, *Les Constitutions du Canada et du Québec. Du Régime français à nos jours*, Montréal, Éditions Thémis, 1992.

*1. - Le partage des pouvoirs législatifs*

Au moment où les négociations pour créer la fédération ont commencé, les francophones étaient minoritaires partout en Amérique du Nord britannique, sauf dans la moitié est de la province du Canada-Uni (qu'on appelait encore le Bas-Canada). C'est pourquoi ils ont fermement insisté sur le choix d'un système fédéral, en sachant que cela leur donnerait au moins le contrôle démocratique d'un des États-membres de la fédération. Par contre, les représentants du Haut-Canada auraient préféré une «union législative», c'est-à-dire un État unitaire avec un seul Parlement et un seul gouvernement, dont ils auraient évidemment pu contrôler toutes les institutions. Le compromis auquel sont arrivés les constituants a consisté à créer un système fédéral très centralisé, dans lequel les pouvoirs les plus importants étaient attribués à l'État fédéral, notamment en matière économique. Cette situation a cependant changé par la suite au profit des provinces, dans la mesure où le fédéralisme canadien a évolué vers une plus grande décentralisation, surtout durant le premier tiers du XXᵉ siècle. L'évolution s'explique en grande partie par l'interprétation décentralisante et «provincialiste» qui a été donnée à la Constitution par le Comité judiciaire du Conseil privé, un tribunal nommé par le gouvernement britannique qui est resté compétent jusqu'en 1949 pour réviser les décisions de la Cour suprême du Canada et qui, à ce titre, était l'interprète ultime de la Constitution canadienne.

Cependant, la Constitution de 1867 comportait également des éléments destinés à satisfaire les francophones du Québec. Ceux-ci obtenaient en effet un État provincial au sein duquel ils formaient la majorité et dont ils pourraient par conséquent contrôler les instruments politiques. Il est vrai que la province de Québec n'était qu'un État «incomplet», ne disposant que de compétences partielles, mais celles-ci comprenaient à peu près tout ce qui était jugé nécessaire en 1867 pour la préservation du caractère distinct de la société québécoise, francophone, catholique et régie par le droit civil. Les provinces se voyaient en effet reconnaître, notamment, la compétence sur l'éducation, l'agriculture, les hôpitaux, les institutions municipales, la célébration du mariage, la propriété et les droits civils, l'administration de la justice et la procédure civile et, généralement, toutes les matières d'une nature purement locale ou privée[3].

---

3.   *Loi constitutionnelle de 1867*, art. 92-95.

En outre, il faut souligner que les provinces se sont vu reconnaître le pouvoir de légiférer dans les domaines les plus importants en matière linguistique. En fait, la Constitution canadienne n'attribue pas expressément de compétences pour légiférer sur l'emploi des langues. Cette question est réglée par la technique des pouvoirs «ancillaires» ou «accessoires», c'est-à-dire que le pouvoir de réglementer les comportements linguistiques dans un domaine quelconque accompagne la compétence relative à ce domaine.

Cette façon de procéder pour partager les compétences en matière linguistique a deux conséquences. D'abord, aucun des deux ordres de gouvernement ne possède à lui seul toutes les compétences nécessaires pour régir l'ensemble des questions linguistiques. Ensuite, étant donné la nature des compétences attribuées en 1867 aux provinces, ce sont elles qui possèdent les pouvoirs les plus importants dans le domaine linguistique, notamment ceux qui portent sur l'administration municipale et provinciale, la santé et les affaires sociales, l'éducation, les relations de travail, le commerce, les professions et les contrats. Les provinces sont donc en mesure de réglementer le statut des langues dans la vie quotidienne et dans la plus grande partie du secteur économique. Par contre, les compétences de l'État central en matière linguistique sont moins importantes; elles visent notamment l'administration fédérale, la défense nationale, le service postal, les banques, l'aéronautique, le commerce et les transports internationaux et interprovinciaux ainsi que les télécommunications.

Il en résulte donc que, depuis 1867, le sort des minorités linguistiques dépend beaucoup plus des provinces que du gouvernement fédéral. La seule véritable limitation aux pouvoirs des provinces à cet égard se trouve dans les droits linguistiques garantis par la Constitution, puisque ces droits sont intangibles ou, du moins, ils ne peuvent être modifiés que selon une procédure complexe qui exige l'accord des deux ordres de gouvernement.

*2. - Les droits linguistiques garantis par la Constitution de 1867*

L'article 133 de la *Loi constitutionnelle de 1867* garantit une certaine forme de bilinguisme des institutions publiques; il ne s'applique cependant qu'au Québec et à l'État central. En fait, l'article 133 présente des lacunes et des insuffisances qui expliquent en partie la façon dont les rapports entre le Québec et le Canada anglais ont évolué après 1867.

L'article 133 *permet* que l'anglais et le français soient utilisés, à volonté, dans les débats du Parlement fédéral et de la législature du Québec; il *permet* de la même façon que les deux langues soient utilisées dans les procédures écrites et dans les plaidoiries orales devant les tribunaux fédéraux et les tribunaux du Québec. En outre, l'article 133 *impose* l'usage du français et de l'anglais dans la rédaction des documents parlementaires et des lois, au Québec et au niveau fédéral. Par conséquent, l'article 133 garantit un certain *bilinguisme officiel*, qui est cependant limité à deux égards. Par son *contenu*, l'article 133 ne porte ni sur les services administratifs, ni sur les écoles; pourtant, ce sont précisément ces deux domaines qui ont le plus d'importance pour les minorités. Quant au *champ d'application* de l'article 133, il se trouve limité à l'État central et au Québec.

L'article 133 est le premier texte constitutionnel, depuis la conquête de 1760, qui reconnaisse véritablement l'usage officiel de la langue française. Cette consécration des droits du français, au niveau de l'État central et de la province de Québec, représente une victoire pour les francophones au plan symbolique et leur assure au plan pratique, quelle que soit leur province de résidence, le droit de plaider en français devant les tribunaux fédéraux, celui de pouvoir prendre connaissance des lois fédérales dans cette langue et, enfin, pour ceux qui deviendront députés ou sénateurs, le droit de s'exprimer en français dans les chambres du Parlement fédéral.

Par ailleurs, dans la mesure où il s'applique à l'État québécois, l'article 133 n'est évidemment pas destiné à protéger les droits linguistiques de la majorité francophone, mais ceux de la minorité anglophone. À ce titre, il assujettit le Québec à des obligations qui ont pour effet de limiter ses pouvoirs législatifs dans ce domaine. Le Québec ne sera donc pas libre, après 1867, d'adopter toutes les politiques linguistiques qu'il considérera nécessaires pour l'épanouissement du français

S'il est facile de comprendre qu'en 1867 les représentants des Canadiens anglais ont voulu protéger les droits de leurs concitoyens minoritaires au Québec contre les mesures que la majorité francophone pourrait chercher à leur imposer, les raisons pour lesquelles une protection symétrique n'a pas été étendue aux Canadiens français minoritaires des trois provinces anglophones sont moins claires. Leur nombre, principalement en Ontario et au Nouveau-Brunswick, eut amplement justifié qu'on leur garantisse des droits similaires. Il faut croire que l'asymétrie de l'article 133 s'explique par le rapport de force entre les deux peuples fondateurs: les Canadiens anglais, majoritaires à l'échelle du Canada, se trouvaient en position de forcer le Québec à consentir certains droits à sa minorité anglophone; les Canadiens français, minoritaires au niveau de l'Amérique du Nord britannique tout entière, n'ont pas réussi à obtenir les mêmes garanties en faveur des minorités francophones établies en dehors du Québec[4]. Parmi les provinces admises dans la fédération après 1867, celles où les anglophones étaient majoritaires ne furent pas davantage assujetties au bilinguisme constitutionnel. Seul le Manitoba, créé en 1870, dont la population était composée à l'époque à peu près pour moitié de francophones et d'anglophones, se vit imposer des obligations équivalentes à celles de l'article 133[5]. Cependant, une fois les anglophones devenus majoritaires, la législature manitobaine institua en 1890 l'unilinguisme des lois et des tribunaux, violant ainsi de façon flagrante ses obligations constitutionnelles.

---

4.   Au recensement de 1871, les francophones ne formaient plus que 31 % de la population totale du Canada. Ils étaient un peu moins de 900 000 au Québec et quelque 150 000 en Ontario, au Nouveau-Brunswick et en Nouvelle-Écosse.

5.   *Loi de 1870 sur le Manitoba*, 33 Vict., Canada, c. 3; L.R.C. (1985), app. II, n° 8. L'article 23 de cette loi reproduit les dispositions de l'article 133 de la *Loi constitutionnelle de 1867*. En 1877, une modification à l'*Acte des Territoires du Nord-Ouest*, 1875, S.C. 1875, c. 49, ajoutait à cette loi fédérale une disposition similaire à l'article 133 de la *Loi constitutionnelle de 1867* et à l'article 23 de la *Loi de 1870 sur le Manitoba*. Par la suite, les lois fédérales créant l'Alberta et la Saskatchewan sur une partie des Territoires du Nord-Ouest ont prévu le maintien des lois préexistantes jusqu'à ce qu'elles soient modifiées par le Parlement fédéral ou la législature de la province intéressée, conformément au partage des pouvoirs législatifs (le bilinguisme officiel dans ces deux provinces n'avait donc pas de statut constitutionnellement protégé, comme c'était le cas au Québec et au Manitoba). Comme la disposition linguistique de l'*Acte des Territoires du Nord-Ouest* ne fut pas modifiée ou abrogée au cours des 83 ans qui suivirent, la Cour suprême jugea en 1988 qu'elle s'appliquait toujours en Saskatchewan (ce qui devait également valoir pour l'Alberta); voir: *R. c. Mercure*, [1988] 1 R.C.S. 234. Cependant, comme cette disposition n'était pas «enchâssée», elle pouvait être modifiée ou abrogée par la législature provinciale. Peu de temps après la décision de la Cour suprême, les deux provinces adoptèrent des lois qui les soustrayaient *rétroactivement* à leurs obligations en matière de bilinguisme institutionnel, tout en maintenant cependant en partie le droit de s'exprimer en français à l'assemblée législative et devant les tribunaux provinciaux; voir: *Loi relative à l'usage du français et de l'anglais*, S.S. 1988-89, chap. L-6.1 (Sask.); *Loi linguistique*, S.A. 1988, chap. L-7.5 (Alb.).

En conclusion, on peut affirmer que la Constitution de 1867 constituait une sorte d'entente politique (un «pacte») entre deux peuples, les Canadiens français catholiques et les Canadiens anglais protestants, chacun majoritaire sur une portion du territoire de la fédération et chacun tenu de coexister avec un groupe minoritaire rattaché à l'autre collectivité.

Après 1867, les francophones du Canada ont longtemps espéré faire triompher une interprétation «dualiste» de la Constitution, c'est-à-dire qui serait fondée sur le principe de l'association égale entre deux «peuples fondateurs». Ce rêve n'est cependant jamais devenu réalité, d'une part, parce que le développement du fait français en dehors du Québec s'est heurté à l'hostilité du Canada anglais, et, d'autre part, parce qu'au XX$^e$ siècle l'arrivée de millions d'immigrants qui n'étaient ni francophones ni anglophones a transformé le Canada en une nation multiculturelle.

On verra donc comment les rapports entre le Québec et le Canada anglais ont évolué entre 1867 et 1982. Cette période demande à être divisée en deux étapes: une première, qui va de 1867 au début des années 1960, lorsque commence au Québec la «Révolution tranquille»; une deuxième période, qui s'étend de la «Révolution tranquille» jusqu'à 1982.

## B. – De 1867 à la «Révolution tranquille»: conservatisme et nationalisme défensif du Québec

Pour le Québec, cette époque se caractérise par un très grand conservatisme social et politique et, sur le plan des rapports avec le Canada anglais, par une attitude de repli et un nationalisme presque entièrement défensif. Après avoir examiné les causes et les conséquences de cette attitude, on verra également les attitudes adoptées à la même époque par le Canada anglais à l'égard du fait français.

### 1. - Les causes et les conséquences du conservatisme et de l'attitude défensive des Québécois francophones

Les sources du conservatisme québécois au XIX$^e$ et dans la première moitié du XX$^e$ siècle sont principalement au nombre de trois: le caractère rural de la société canadienne-française, la forte emprise d'une Église catholique particulièrement traditionaliste, opposée aux valeurs modernes et, enfin, l'insécurité individuelle et collective d'un groupe qui se sentait aliéné et isolé. Cette insécurité, combinée à un fort sentiment d'isolement, a amené les Canadiens français du Québec de cette époque à cultiver une idéologie de la survivance et à se retirer dans un univers clos, qu'ils ont essayé de rendre aussi étanche que possible aux influences extérieures, considérées comme menaçantes.

L'effet combiné de ces trois facteurs explique les attitudes adoptées par les francophones du Québec, à cette époque, sur les plans économique, politique, constitutionnel et linguistique.

Pour des raisons tenant à l'influence de l'Église catholique, méfiante à l'égard de la recherche du profit, les francophones du Québec ont généralement délaissé les activités économiques pour lesquelles il fallait faire preuve d'esprit d'entreprise, c'est-à-dire la finance, l'industrie et le grand commerce. Ils ont préféré se consacrer à l'agriculture, au petit commerce et aux professions libérales. Cela explique que les francophones soient restés longtemps presque totalement absents des lieux où s'exerçait le véritable pouvoir économique, notamment la direction des grandes entreprises. Le pouvoir économique, au Québec, était donc en grande partie contrôlé par la minorité anglophone.

Sur le plan politique, l'attitude des francophones du Québec se caractérisait par la méfiance à l'égard de l'État provincial, ce qui s'expliquait par la philosophie libérale de ce temps (qui n'était d'ailleurs pas propre au Québec), mais également par l'influence de l'Église catholique, qui voyait dans l'État un concurrent venant menacer son autorité. Pour cette raison, l'État provincial québécois est longtemps resté un État «minimal», apathique, n'intervenant que le moins possible dans la vie économique et sociale. Cela signifie donc que les francophones du Québec renonçaient à exercer pleinement le pouvoir politique. Par ailleurs, on a vu qu'ils étaient également absents des principaux lieux où s'exerçait le pouvoir économique.

Sur le plan constitutionnel, la passivité et le non-interventionnisme de l'État québécois ont évidemment amené celui-ci à «sous-utiliser» ses pouvoirs, plutôt que de chercher à occuper pleinement le champ qui lui était réservé. Pendant de nombreuses années, le Québec s'est montré beaucoup moins «autonomiste» que certaines provinces anglophones, comme la Nouvelle-Écosse et l'Ontario. L'objectif des gouvernements québécois de cette époque n'était pas d'étendre leurs pouvoirs, ni même de les utiliser dans leur pleine mesure, mais simplement de les préserver de toute diminution.

Enfin, entre 1867 et le début des années 1960, c'est-à-dire durant pratiquement un siècle, les francophones du Québec ont adopté une politique linguistique très généreuse envers leur minorité anglophone, si généreuse en fait qu'elle s'est révélée dangereuse pour eux. En effet, non seulement la majorité francophone a respecté de façon scrupuleuse les droits constitutionnels de sa minorité anglophone, mais elle lui a également reconnu des avantages considérablement supérieurs à ceux qui étaient prévus dans la Constitution. En effet, les anglophones bénéficiaient à cette époque d'un bilinguisme officiel quasi intégral, qui avait pour effet de mettre la langue anglaise sur un pied d'égalité avec le français pour tout ce qui concerne le fonctionnement des institutions publiques québécoises et les rapports entre les citoyens et l'État québécois. Les anglophones jouissaient également d'une totale égalité scolaire, ce qui est d'ailleurs encore le cas aujourd'hui: ils possèdent un réseau éducatif complet, allant de la maternelle à l'université, où l'enseignement se donne entièrement en anglais, qui est financé par l'État provincial en totalité ou en partie et qui est géré et administré de façon autonome par les représentants de la collectivité anglophone elle-même.

Cette attitude des Québécois francophones à l'égard de la minorité anglophone s'explique pour différentes raisons, dont l'une relève de la psychologie collective. En effet, il semble que les francophones du Québec se percevaient davantage comme faisant partie de la minorité canadienne que comme constituant la majorité au Québec; inversement, les anglophones du Québec ne se ressentaient pas comme minoritaires, mais se considéraient comme une partie intégrante de la majorité anglophone du Canada. Cette perception que les francophones du Québec avaient d'eux-mêmes a fait en sorte que, pendant presque cent ans, ils ont eu tendance à confondre leurs intérêts avec ceux des francophones des autres provinces; ils ont par conséquent poursuivi le rêve d'un Canada où régnerait l'égalité linguistique d'un océan à l'autre (cette vision des relations Québec-Canada a notamment été défendue, au début du XXᵉ siècle, par Henri Bourassa). En outre, dans la mesure où ils se sentaient solidaires des minorités françaises vivant dans les autres provinces, les Québécois ont réservé à leur propre minorité anglophone le meilleur traitement possible, dans l'espoir que les provinces anglaises finiraient par les imiter et accorder le même traitement à leurs minorités francophones.

Par ailleurs, dans la mesure où les francophones du Québec ne se percevaient pas comme formant une véritable majorité, ils ont longtemps hésité à utiliser leur supériorité sur le plan politique. C'est ce qui explique que, durant toute la période considérée, l'État provincial du Québec ne soit pas véritablement intervenu pour adopter des mesures en faveur de la langue française (entre 1867 et le début des années 1960, on ne relève que deux lois québécoises portant véritablement sur le statut des langues).

Cette attitude extrêmement conciliante des Québécois francophones envers la minorité anglophone a cependant entraîné des conséquences qui se sont révélées dangereuses pour la majorité. En effet, à cette époque, les anglophones du Québec ne ressentaient pas le besoin d'apprendre le français, puisque leurs rapports avec les autorités provinciales se faisaient entièrement en anglais et que la vie économique se déroulait également dans cette langue. Par conséquent, au Québec, la *langue de contact* entre les francophones et les anglophones était presque uniquement l'anglais: c'étaient les membres de la majorité qui devaient être bilingues. D'ailleurs, très souvent, les francophones étaient obligés de travailler en anglais. Quant aux immigrants «allophones» (c'est-à-dire qui ne sont ni anglophones, ni francophones), ils envoyaient de préférence leurs enfants à l'école anglaise, dans la mesure où l'anglais possède un prestige social et une utilité économique supérieurs au français. Pour cette raison, dès la deuxième génération, la plupart des immigrants s'assimilaient à la minorité anglophone plutôt qu'à la majorité francophone. Jusque vers les années 1950, cette désaffection des immigrants inquiétait relativement peu les francophones: étant donné leur exceptionnelle fécondité démographique, leur position n'était pas menacée. Mais à partir de la fin des années 1950 le taux de natalité des francophones allait s'effondrer et il est aujourd'hui l'un des plus bas du monde occidental. La prise de conscience de cette nouvelle réalité démographique va se produire à l'époque de la «Révolution tranquille», c'est-à-dire à un moment où le Québec s'engage dans un processus de modernisation sociale qui entraînera de profonds changements.

Avant de décrire les mutations qui vont s'opérer au Québec à la fin des années 1950 et au début des années 1960, il faut brièvement expliquer comment les rapports entre anglophones et francophones avaient évolué, après 1867, dans les provinces anglaises et au niveau de l'État fédéral.

*2. - L'attitude du Canada anglais à l'égard du fait français*

a.- Les provinces anglophones

Comme on l'a vu précédemment, la Constitution de 1867 ne protégeait d'aucune façon les droits linguistiques des minorités francophones installées dans les provinces anglaises. Avant 1867, ces minorités bénéficiaient généralement de certains avantages, en particulier de l'existence d'écoles françaises et d'un certain bilinguisme judiciaire. Ces droits vont être révoqués après 1867, sans que les intéressés puissent invoquer la Constitution pour se défendre[6]. Ainsi, par exemple, dès 1890, les règlements du ministère de l'Éducation de l'Ontario limitent l'usage du français aux classes primaires des écoles «bilingues» dont les élèves ne comprennent pas l'anglais. En 1912, l'Ontario promulgue un autre règlement qui fait de l'anglais la seule langue d'enseignement après la troisième année et restreint l'étude du français à une heure par jour. En 1890, le Manitoba était allé encore plus loin, après que les francophones soient devenus minoritaires à la suite de l'arrivée de nombreux immigrants britanniques et ontariens. Non seulement l'enseignement en français est restreint, puis supprimé, mais la législature provinciale adopte une loi qui fait de l'anglais la seule langue des débats parlementaires, de la législation et de la justice[7]. Cette loi provinciale était parfaitement inconstitutionnelle, mais il faudra attendre 89 ans pour qu'elle soit déclarée invalide par la Cour suprême du Canada, dans l'affaire *Forest* en 1979[8]. Pendant tout ce temps, l'unilinguisme a régné dans les lois et devant les tribunaux du Manitoba.

---

6.    Sur l'évolution de la situation des minorités francophones hors Québec, voir notamment : Edmund A. AUNGER, «Language and Law in the Province of Alberta» dans: Paul PUPIER et José WOEHRLING (dir.), *Langue et droit* (Actes du Premier Congrès de l'Institut international de droit linguistique comparé), Montréal, Wilson et Lafleur, 1989, p. 203-229; Michel BASTARACHE, «Le statut du français dans l'Ouest canadien», dans le même ouvrage, p. 231-242; Roger BILODEAU, «Les francophones hors Québec et la fédération canadienne», dans le même ouvrage, p. 243-257.

7.    *An Act Respecting Public Schools*, S.M. 1890, c. 38; *An Act to Provide that the English Language shall be the Official Language of the Province of Manitoba*, S.M. 1890, c. 14.

8.    *P.G. Manitoba* c. *Forest*, [1979] 2 R.C.S. 1032. Le même jour, la Cour suprême déclara également inconstitutionnelles plusieurs dispositions ayant trait à la langue de la législation et de la justice contenues dans le chapitre III de la *Charte de la langue française* (ou «loi 101») du Québec, adoptée en 1977.

Cette politique hostile au fait français a entraîné des conséquences dramatiques pour la francophonie canadienne. Ainsi, les francophones du Manitoba ont été en grande partie assimilés à la majorité anglophone: actuellement, ils représentent moins de 3 % de la population provinciale. Le même phénomène s'est produit dans les autres provinces de l'Ouest et, de façon plus générale, dans l'ensemble du Canada anglais, sauf dans l'est du Nouveau-Brunswick et dans le nord et l'est de l'Ontario, où les francophones étaient suffisamment nombreux pour mieux résister à l'assimilation. Par ailleurs, les Québécois francophones ont été découragés d'aller s'établir dans l'Ouest; ils n'ont donc pas participé au développement de cette partie du Canada et ils en sont pratiquement absents aujourd'hui. Par contre, un million de Québécois francophones sont allés s'établir en Nouvelle-Angleterre, pour y trouver du travail, à la fin du XIX$^e$ et au début du XX$^e$ siècle; ils sont aujourd'hui totalement assimilés.

## b.- Les autorités fédérales

Au XIX$^e$ et durant la première moitié du XX$^e$ siècle, la politique linguistique fédérale présentait trois caractéristiques. Tout d'abord, les droits que la Constitution reconnaissait aux francophones à l'article 133 étaient appliqués de façon plutôt restrictive; ainsi, la traduction simultanée des débats n'a fait son apparition qu'en 1959 à la Chambre des communes et en 1961 au Sénat. Ensuite, il n'y a guère eu de progrès en ce qui concerne le bilinguisme des services administratifs: les francophones n'obtenaient que très peu de services en français de la part de l'administration fédérale, que ce soit au Canada anglais ou à Ottawa, la capitale nationale. Même au Québec, les services de l'administration fédérale étaient parfois difficiles à obtenir en français. Ainsi, par exemple, ce n'est qu'à partir de 1936 que les billets de banque furent bilingues et c'est uniquement depuis 1945 que le gouvernement fédéral émet des chèques d'allocations familiales bilingues au Québec (en 1962, leur distribution sera étendue à la totalité du Canada). Enfin, il existait une sous-représentation chronique des francophones dans la fonction publique fédérale, surtout aux niveaux intermédiaires et supérieurs; en outre, lorsqu'ils devenaient fonctionnaires fédéraux, les francophones étaient généralement obligés de travailler en anglais. Même au Québec, l'anglais prédominait dans de nombreux ministères, notamment dans la région de Montréal. Cette situation dans la fonction publique fédérale a entraîné chez beaucoup de francophones un sentiment d'aliénation et de désaffection à l'égard de l'État canadien. Elle constitue une des raisons qui ont poussé le gouvernement canadien à créer, en 1963, une commission d'enquête sur les problèmes linguistiques, dont le rapport conduira à l'adoption d'une nouvelle politique linguistique fédérale.

★

★ ★

En conclusion, un siècle après la création de la fédération canadienne, la situation politique et sociolinguistique pouvait donc se résumer de la façon suivante: en dehors du Québec, dans les provinces anglaises, les minorités francophones sont engagées sur la voie de l'extinction; au niveau des institutions fédérales, les francophones occupent une place de citoyens de seconde zone; enfin, au Québec même, la majorité francophone n'arrive plus à attirer et à retenir les immigrants, dont elle a maintenant besoin pour se renouveler démographiquement.

La prise de conscience de cette situation par les Québécois francophones va les amener à adopter une politique linguistique radicalement différente de celle qui avait prévalu jusqu'alors. Ce changement d'attitude s'inscrit dans les autres transformations de la société québécoise qui se produisent à cette époque et constituent ce qu'on a appelé la «Révolution tranquille».

## C. – De la «Révolution tranquille» au «rapatriement» de la Constitution en 1982: dynamisme et nationalisme expansif du Québec

Durant la période qui se situe approximativement entre 1957 et 1965, la société québécoise a connu une série de transformations qui lui ont fait rattraper, en l'espace de quelques années, le retard qu'elle avait accumulé par rapport aux autres sociétés occidentales sur le plan des mentalités et sur celui de l'organisation sociale et politique. Il s'agit donc d'un phénomène de modernisation sociale accélérée. On a appelé cette période la «Révolution tranquille» pour indiquer qu'elle a entraîné de grands bouleversements, mais que ceux-ci se sont produits sans violence ni heurts sociaux importants.

Après avoir décrit brièvement les effets entraînés par la «Révolution tranquille» sur les plans politique, économique, constitutionnel et linguistique, on verra comment le Canada anglais a réagi aux nouvelles attitudes du Québec.

*1. - Les effets de la «Révolution tranquille»*

a.- La revitalisation de l'État québécois

Sur le plan politique, la «Révolution tranquille» se marque par l'accession au pouvoir, en 1960, du Parti libéral. Le gouvernement libéral s'appuie sur la nouvelle élite francophone, formée par la petite bourgeoisie instruite. Il consacre ses énergies à bâtir un appareil étatique moderne, ce qui entraîne évidemment la création de nouveaux ministères (notamment celui de l'Éducation) et l'expansion rapide de la fonction publique. Sur le plan social, le nouveau gouvernement puise les grandes lignes de sa politique dans la pensée néo-libérale et dans le modèle des autres sociétés occidentales, c'est-à-dire qu'il vise à assurer une meilleure distribution des biens et des services. Ainsi, on instaure l'assurance-hospitalisation et un régime de bourses d'études. Le Québec s'affirme également sur le plan international, dans le prolongement de ses compétences internes, en concluant échanges et accords et en développant un réseau de délégations à l'étranger. Toutes ces réformes accroissent considérablement l'appareil étatique québécois et le volume de son intervention. Cette revitalisation de l'État provincial va évidemment amener le Québec à réclamer l'augmentation de ses pouvoirs constitutionnels.

Par ailleurs, avec l'épanouissement de l'État provincial, le nationalisme canadien-français change de nature. Il perd son caractère religieux et culturel pour acquérir un aspect beaucoup plus global et politique. Dès lors, l'évolution vers l'idée de l'indépendance politique est logique et inévitable. La perception qu'ont les francophones de leur situation se modifie radicalement. En exerçant leur pouvoir majoritaire sur le plan politique, il leur devient impossible de continuer à accepter la situation de groupe infériorisé sur le plan économique et linguistique. D'autant plus qu'ils disposent, grâce au contrôle d'un État désormais moderne, des moyens de renverser la situation.

En outre, la décision des francophones du Québec de concentrer leurs efforts sur la lutte linguistique au Québec même signifie que, dorénavant, leurs intérêts et leurs objectifs ne se confondent plus, tout au contraire, avec ceux des minorités francophones vivant ailleurs au Canada.

Effectivement, ces dernières vont se sentir abandonnées et se tourner de plus en plus vers l'État central pour trouver un défenseur. Cette attitude des «francophones hors Québec» est d'ailleurs une des raisons qui poussent le gouvernement fédéral, à cette époque, à intervenir dans les problèmes linguistiques. C'est en 1963 qu'est mise sur pied la Commission royale d'enquête sur le bilinguisme et le biculturalisme (mieux connue comme la «Commission B.B.»).

b.- Le nationalisme économique québécois

Au niveau économique, les nouvelles élites québécoises vont chercher à conquérir une partie des moyens de production et du pouvoir de décision traditionnellement détenus par les anglophones. Pour y parvenir, elles utiliseront les ressources de l'État québécois, sans pour autant remettre en cause les principes de base du libéralisme économique et de l'économie capitaliste. C'est ainsi que le gouvernement Lesage acquiert, sur offres publiques d'achat, les principales entreprises d'électricité pour confier la gestion de cette ressource à Hydro-Québec, qui constitue encore aujourd'hui la plus importante société d'État québécoise et l'un des moteurs de l'économie du Québec. Dans les années qui suivent, on assiste à la création de plusieurs autres sociétés d'État et de sociétés mixtes qui institutionnalisent le rôle de régulation économique de l'État québécois et qui sont destinées à favoriser l'émergence d'une nouvelle classe d'entrepreneurs et de capitalistes francophones.

Ce nationalisme économique va également entraîner l'État québécois à réclamer de nouveaux pouvoirs, c'est-à-dire des modifications à la répartition constitutionnelle des compétences entre l'État central et les provinces. Dès 1964, le Québec se dissocie des initiatives fédérales en matière de rentes de vieillesse en instituant son propre régime de retraite (la Régie des rentes du Québec), ce qui permet à l'État québécois d'augmenter sa marge de manœuvre financière et d'alimenter la Caisse de dépôt et de placement, qui est chargée de favoriser le développement des entreprises privées québécoises.

c.- Les revendications constitutionnelles du Québec

En matière constitutionnelle, la «Révolution tranquille» a fait passer le Québec d'une attitude passive de simple défense des pouvoirs acquis à une attitude active — voire agressive — de revendication de nouveaux pouvoirs. Après 1960, les gouvernements québécois successifs vont tous réclamer une modification de la Constitution pour obtenir les nouvelles compétences législatives considérées comme nécessaires à l'épanouissement politique, social, économique et culturel de la société québécoise. Ils exigeront donc, soit une décentralisation générale des pouvoirs, valable pour toutes les provinces (dans la mesure où les provinces anglaises le désireraient également), soit la création d'un statut particulier pour le Québec ou, si l'on veut, d'un fédéralisme «asymétrique» où le Québec se verrait reconnaître davantage de pouvoirs que les autres provinces.

Parmi les principales modifications progressivement réclamées en ce qui concerne la répartition des pouvoirs, les plus importantes étaient les suivantes: le Québec demandait que la Constitution soit modifiée pour permettre aux provinces l'accès à toutes les formes de taxation, y compris indirecte, à l'exception des droits de douane. En ce qui concerne le droit de la famille, le gouvernement québécois exigeait d'obtenir la compétence exclusive en matière de mariage et de divorce. Il proposait également que les provinces nomment à l'avenir les juges des cours supérieures, de comté et de district, actuellement nommés par le gouvernement fédéral, ce qui correspondait à toutes fins utiles à la disparition des articles 96 à 100 de la *Loi constitutionnelle de 1867*. Pour ce qui est des communications, on demandait de conférer aux deux ordres de gouvernement une compétence concurrente, la primauté législative étant réservée aux provinces. En matière de propriété des ressources naturelles et de commerce interprovincial, le Québec réclamait la compétence provinciale exclusive sur l'exploration, l'exploitation, le développement, la conservation, la gestion, le commerce et l'aménagement des ressources naturelles situées sur le territoire d'une province. Il en allait de même pour les pêcheries. Par ailleurs, pour ce qui est des ressources au large des côtes, le gouvernement québécois proposait que soit effectuée la répartition territoriale du golfe du Saint-Laurent entre les provinces riveraines. Dans le domaine des relations internationales, le Québec voulait exercer les pouvoirs correspondant aux compétences lui appartenant en matière interne, notamment pour ce qui est de la conclusion des traités et l'ouverture de représentations à l'étranger. Enfin, en ce qui concerne le pouvoir fédéral de dépenser, le Québec estimait qu'il devrait être limité aux matières de compétence fédérale exclusive et à celles relevant de la compétence concurrente du fédéral et des provinces.

Par ailleurs, le Québec recherchait également des modifications constitutionnelles en ce qui concerne le fonctionnement de certaines institutions fédérales. Ainsi, il demandait le remplacement de la Cour suprême du Canada par un tribunal constitutionnel dont la majorité des juges seraient directement nommés par les provinces. De plus, il réclamait que la juridiction relative au droit civil québécois soit confiée en dernier ressort à la Cour d'appel du Québec. Sur la question de la réforme du Sénat, le gouvernement québécois avait adopté la position selon laquelle il serait souhaitable que les membres de la Chambre haute soient les porte-parole des gouvernements des provinces; à cette fin, ils devraient être nommés par ces derniers plutôt que par le gouvernement fédéral, pour une durée limitée. Le Sénat pourrait n'avoir qu'un droit de veto suspensif semblable à celui de la Chambre des Lords britannique. Le Québec ajoutait que le nombre des sénateurs par province pourrait être le même que le nombre actuel, bien qu'il y aurait profit à mieux tenir compte de la population respective des provinces.

Enfin, en ce qui concerne le «rapatriement» et l'amendement de la Constitution, tous les gouvernements québécois successifs avaient adopté depuis 1965 un point de vue à peu près semblable, voulant que le règlement de cette question ne se fasse qu'après une nouvelle répartition globale des pouvoirs, une fois que le Québec aurait obtenu les compétences nécessaires à son épanouissement. Par ailleurs, toute procédure de modification constitutionnelle devrait réserver un droit de veto au Québec.

Au fur et à mesure que le temps passait, les revendications constitutionnelles du Québec allaient d'ailleurs se durcir. Le gouvernement libéral de Jean Lesage, au pouvoir entre 1960 et 1966, était resté foncièrement fédéraliste et avait adopté le slogan «Maîtres chez nous». Avec le gouvernement de l'Union nationale dirigé par Daniel Johnson, qui prit le pouvoir en 1966, le mot d'ordre devint «Égalité ou indépendance». En 1967, l'un des principaux ministres de l'ancien gouvernement libéral, René Lévesque, quittait le Parti libéral pour créer, l'année suivante, le Parti québécois, dont le programme consistera à réaliser l'indépendance du Québec. Neuf ans plus tard, en 1976, le Parti québécois prenait le pouvoir et s'engageait à organiser un référendum sur un projet de souveraineté politique du Québec, combiné avec une association économique et monétaire avec le Canada anglais.

d.- La politique linguistique du Québec:
la *Charte de la langue française* (ou «loi 101»)

À la fin des années 1960, les rapports de deux grandes commissions d'enquête, l'une fédérale et l'autre québécoise, vont amener un changement radical dans la politique linguistique du Québec[9]. En effet, ces deux commissions avaient fait des constatations qui inquiétèrent au plus haut point les Québécois francophones: d'une part, la désaffection des immigrants allophones à l'égard de l'école française et, d'autre part, l'infériorité du français par rapport à l'anglais dans la vie économique. À partir de là, les nouveaux objectifs de la politique linguistique s'imposèrent en quelque sorte d'eux-mêmes. Le premier sera d'amener les immigrants à fréquenter l'école française, plutôt que l'école anglaise. Le deuxième consistera à rehausser le prestige de la langue française et, surtout, son utilité dans la vie économique, de façon à inciter les non-francophones à l'apprendre, pour qu'elle devienne la «langue commune» (ou langue de contact) entre ces derniers et la majorité francophone.

Ces deux objectifs n'ont jamais été remis en cause; ils ont été poursuivis, de façon plus ou moins systématique et cohérente, par les gouvernements qui se sont succédé au Québec depuis 1970; le gouvernement libéral de M. Robert Bourassa, qui a fait adopter en 1974 la *Loi sur la langue officielle*[10] (ou «loi 22»); le gouvernement du Parti québécois dirigé par René Lévesque, qui a fait voter en 1977 la *Charte de la langue française*[11] (ou «loi 101»). De la loi 22 à la loi 101, les buts sont restés les mêmes mais les moyens et les modalités ont changé: la loi 101 est plus sévère, plus coercitive et plus «englobante» que la loi 22. Après son retour au pouvoir en 1985, le gouvernement du Parti libéral a conservé la loi 101, mais en lui apportant progressivement certaines modifications qui ont eu pour effet d'en diminuer l'impact et, par conséquent, l'efficacité.

---

9.    La *Commission royale d'enquête sur le bilinguisme et le biculturalisme* (ou «Commission B.B.») avait été nommée par le gouvernement fédéral en 1963 pour examiner les raisons du malaise dans la fonction publique fédérale et des tendances séparatistes au Québec; elle a déposé son rapport préliminaire en 1965 et son rapport définitif, par tranches successives, entre 1967 et 1970. La *Commission d'enquête sur la situation de la langue française et sur les droits linguistiques au Québec* (ou «Commission Gendron») avait été nommée en 1969 par le gouvernement québécois pour examiner les raisons de la désaffection des immigrants à l'égard de l'école française; elle a déposé son rapport en 1972.
10.   *Loi sur la langue officielle*, L.Q. 1974, c. 6.
11.   *Charte de la langue française*, L.Q. 1977, c. 5; L.R.Q., c. C-11.

La loi 101 régit le statut des langues dans trois secteurs principaux: les institutions publiques, la vie économique et l'éducation. Dans ces trois domaines, la loi a pour objectif de rehausser le statut du français et, pour y parvenir, elle limite les droits ou privilèges traditionnels des anglophones. Ceci parce qu'on a constaté que les deux langues sont en situation de très grande concurrence et qu'on estime donc que, pour avantager l'une, il faut quelque peu désavantager l'autre. En outre, comme la force d'attraction, l'utilité économique et le prestige de l'anglais sont supérieurs à ceux du français, le renforcement de cette dernière langue suppose qu'on lui confère, par la loi, certains «avantages comparatifs» sur sa rivale, en lui reconnaissant un rôle prépondérant — voire exclusif — dans certains domaines. Enfin, on se rend de plus en plus compte, après 1960, des effets pernicieux du bilinguisme institutionnel: non seulement entraîne-t-il la dégradation de la langue française (emprunts, traduction, calques, etc.), mais surtout il favorise l'unilinguisme des anglophones et contribue à leur permettre de maintenir leur position économique privilégiée[12].

Dans chacun des trois grands secteurs de la politique linguistique québécoise, celle-ci a été partiellement battue en brèche: un certain nombre de dispositions de la loi 101 ont été invalidées par les tribunaux comme étant incompatibles avec la Constitution canadienne, à la suite d'actions intentées par des membres de la minorité anglophone du Québec et, le plus souvent, financées et encouragées par le gouvernement fédéral[13]. Les réactions les plus vives ont été provoquées par les dispositions de la loi 101 relatives à l'éducation et à l'affichage commercial.

---

12.    Sur les prémisses sociolinguistiques de la loi 101, voir notamment: Jean-Claude CORBEIL, *L'aménagement linguistique du Québec*, Montréal, Guérin, 1980; Léon DION, *Pour une véritable politique linguistique*, gouvernement du Québec, ministère des Communications, Direction générale des publications gouvernementales, 1981; Jean-Pierre PROULX, «Les normes périjuridiques dans l'idéologie québécoise et canadienne en matière de langue d'enseignement», (1988) 19 *Revue générale de droit* 209; Jean-Pierre PROULX, «Le choc des Chartes: histoire des régimes juridiques québécois et canadien en matière de langue d'enseignement», (1989) 23 *Revue juridique Thémis* 67; José WOEHRLING, «À la recherche d'un concept juridique de la langue: présence et qualité du français dans la législation linguistique du Québec et de la France», (1981-1982) 16 *Revue juridique Thémis* 457-504.
13.    Voir: José WOEHRLING, «La Constitution et le français: de l'effritement à l'érosion», dans *Le statut culturel du français au Québec* (Tome II des Actes du Congrès *Langue et société au Québec*), Québec, Éditeur officiel, 1984, p. 416-434. Voir également le chapitre 3 du présent ouvrage.

À l'origine, la loi 101 prescrivait que, certaines exceptions mises à part, l'affichage public et la publicité commerciale devaient se faire uniquement en français et que seule la raison sociale en langue française d'une entreprise pouvait être utilisée au Québec. Ces exigences ont été considérées par la Cour suprême du Canada comme incompatibles avec la liberté d'expression garantie par la *Charte canadienne des droits et libertés*[14] et la *Charte des droits et libertés de la personne*[15] du Québec , et comme allant également à l'encontre du droit à l'égalité garanti par cette dernière. La Cour a considéré comme justifié le fait *d'exiger la présence du français* dans la publicité commerciale et les raisons sociales, mais elle a également conclu que le fait *d'exclure les autres langues* constituait une restriction non justifiable des droits garantis par les deux Chartes[16].

Pour échapper aux conséquences de ce jugement, le gouvernement du Québec, dirigé à l'époque par monsieur Robert Bourassa, avait fait adopter par l'Assemblée nationale, en décembre 1988, une loi contenant une double disposition de dérogation expresse, afin d'écarter l'application des deux Chartes et de restaurer la validité des dispositions en cause de la loi 101, sous une forme quelque peu modifiée[17]. La règle générale

---

14.   La *Charte canadienne des droits et libertés* est contenue dans la partie I (articles 1 à 34) de la *Loi constitutionnelle de 1982*, annexe B de la *Loi de 1982 sur le Canada*,1982, R.-U., c. 11; L.R.C. (1985), app. II, n° 44.

15.   *Charte des droits et libertés de la personne*, L.R.Q. c. C-12. Les tribunaux ont reconnu à cette loi un statut «quasi constitutionnel», qui leur permet de déclarer «inopérante» toute autre loi québécoise, antérieure ou postérieure, incompatible avec les articles 1 à 38 de la Charte, à moins qu'elle ne contienne une disposition dérogatoire expresse. Sur cette question, voir J.-Y. MORIN et J. WOEHRLING, *op. cit.*, note 2, p. 505-507.

16.   *Ford* c. *P.G. Québec*, [1988] 2 R.C.S. 712; *Devine* c. *P.G. Québec*, [1988] 2 R.C.S. 790. Pour un commentaire de la décision de la Cour d'appel du Québec dans cette même affaire, commentaire qui peut être transposé à la décision de la Cour suprême, voir: José WOEHRLING, «La réglementation linguistique de l'affichage public et la liberté d'expression: *P.G. Québec* c. *Chaussure Brown's Inc.*», (1987) 32 *Revue de Droit de McGill* 878-904.

17.   *Loi modifiant la Charte de la langue française*, L.Q. 1988, c. 54 (mieux connue comme la «loi 178»). L'article 33 de la *Charte canadienne des droits et libertés* et l'article 52 de la *Charte des droits et libertés de la personne* du Québec permettent au législateur de déroger aux droits garantis, c'est-à-dire de les rendre inapplicables à l'égard de toute loi dans laquelle est insérée une disposition de dérogation expresse. Dès lors, tout contrôle judiciaire — sauf celui qui porte sur le respect des conditions formelles de l'exercice du pouvoir de déroger — disparaît à l'égard des lois contenant une telle clause de dérogation.

continuait d'être que l'affichage public et la publicité commerciale à *l'extérieur* des établissements — ou destinés au public s'y trouvant — se faisaient en français uniquement. Par contre, à *l'intérieur* des établissements, la règle générale était désormais que l'affichage et la publicité pouvaient se faire à la fois en français et dans une autre langue, à condition d'être destinés uniquement au public s'y trouvant et que le français figure de façon nettement prédominante; par ailleurs, certaines exceptions à l'autorisation de ce type de bilinguisme étaient prévues, notamment en ce qui concerne les parties communes des centres commerciaux et les entreprises franchisées employant plus de cinq personnes.

Dans des «constatations» déposées le 31 mars 1993, le Comité des droits de l'homme des Nations Unies, institué en application du *Pacte international relatif aux droits civils et politiques*[18], est arrivé à la conclusion que, même telles que modifiées par la loi 178, les dispositions de la loi 101 sur l'affichage et les raisons sociales violaient encore la liberté d'expression garantie à l'article 19 du Pacte. Par contre, le Comité a été d'avis que les mêmes dispositions n'étaient contraires ni à l'article 26 du Pacte (droit à l'égalité devant la loi) ni à son article 27 (droits des personnes appartenant à des minorités ethniques, religieuses ou linguistiques). À la suite de cette intervention du Comité des droits de l'homme, le gouvernement de monsieur Bourassa a fait adopter, en juin 1993, la *Loi modifiant la Charte de la langue française*[19] (ou «loi 86») qui institue un nouveau régime dans lequel l'affichage public et la publicité commerciale peuvent désormais être faits à la fois en français et dans une autre langue pourvu que le français y figure «de façon nettement prédominante». Cependant, la loi autorise également le gouvernement à déterminer, par règlement, les lieux, les cas, les conditions ou les circonstances où l'affi-

---

Dans le cas de la Charte canadienne, la dérogation n'est permise que pour les droits garantis aux articles 2 et 7 à 15 et uniquement pour une période de 5 ans, renouvelable il est vrai sans limitation de durée cumulative totale. Dans le cas de la Charte québécoise, la dérogation est possible pour tous les droits garantis, sans exception, et aucune limitation n'est prévue pour la durée de la dérogation. Pour une analyse des problèmes soulevés par le pouvoir de déroger aux Chartes, voir le chapitre 3 du présent ouvrage.

18.    *Pacte international relatif aux droits civils et politiques*, (1976) 999 R.T.N.U. 107; [1976] R.T. Can. n° 47 (entré en vigueur le 23 mars 1976). Le Comité des droits de l'homme des Nations Unies avait été saisi par des commerçants anglophones du Québec.

19.    *Loi modifiant la Charte de la langue française*, L.Q. 1993, c. 40.

chage public et la publicité commerciale «doivent se faire uniquement en français ou peuvent se faire sans prédominance du français ou uniquement dans une autre langue[20]». Quant aux raisons sociales, elles peuvent désormais être assorties d'une version dans une langue autre que le français pourvu que, dans son utilisation, la raison sociale en langue française figure «de façon au moins aussi évidente» que les versions dans d'autres langues. Étant donné ces modifications à la loi 101, le gouvernement du Québec n'a pas considéré qu'il était nécessaire de renouveler la disposition de dérogation à la Charte canadienne contenue dans la loi 178, qui arrivait à expiration en décembre 1993.

Dans le domaine de la langue d'enseignement, l'objectif de la loi 101 était d'obliger les immigrants (et les francophones eux-mêmes) d'envoyer leurs enfants à l'école française, de façon à réserver l'école publique anglaise aux enfants de la minorité anglophone du Québec. Pour parvenir à ce résultat, on avait inscrit dans la loi une règle communément appelée «clause Québec», selon laquelle n'étaient admissibles à l'école publique anglaise — primaire et secondaire — que les enfants dont l'un des parents avait lui même reçu, au Québec, son enseignement primaire en anglais, ainsi que les frères et sœurs cadets de ces enfants[21]. En pratique, cette règle avait pour effet d'exclure trois catégories de personnes de l'école publique anglaise: a) les immigrants d'où qu'ils viennent, y compris les immigrants dont la langue maternelle ou usuelle est l'anglais; b) les francophones eux-mêmes (à une certaine époque, un nombre non négligeable de francophones envoyaient leurs enfants à l'école anglaise); c) les Canadiens des autres provinces venant s'établir au Québec, à moins qu'une entente de réciprocité n'ait été conclue entre le Québec et leur province d'origine ou que celle-ci n'offre des services comparables aux francophones qui y résident.

Cette dernière conséquence a immédiatement été considérée comme inacceptable par les autorités fédérales, qui ont jugé qu'elle était incompatible avec le principe de libre circulation et de libre établissement

---

20.  Dans la mesure où les règlements adoptés en vertu de la loi continuent d'exiger, dans certains cas, l'usage exclusif du français, et donc de prohiber celui des autres langues, ils peuvent évidemment faire l'objet d'une nouvelle contestation en vertu du *Pacte* (ainsi, bien sûr, qu'en vertu de la *Charte canadienne des droits et libertés*).
21.  *Charte de la langue française*, art. 73.

qui est à la base du système fédéral. Cependant, à l'époque où la loi 101 a été adoptée, rien dans la *Loi constitutionnelle de 1867* ne s'opposait à ce genre de législation, puisque l'article 133 ne porte pas sur la langue de l'éducation. Comme le gouvernement fédéral ne pouvait s'appuyer sur la Constitution de 1867 pour faire invalider la «clause Québec» de la loi 101, il fit adopter en 1982 une nouvelle loi constitutionnelle, dans laquelle on trouve une disposition incompatible avec la loi québécoise. C'est ce que l'on verra plus en détail en examinant à présent la réaction du Canada anglais aux nouvelles attitudes adoptées par le Québec à partir de la «Révolution tranquille».

### 2. - *La réaction du Canada anglais aux nouvelles attitudes du Québec*

À partir des années soixante, pour essayer d'accommoder le Québec et de maintenir l'unité du Canada, le gouvernement fédéral et certaines des provinces anglophones ont adopté des politiques linguistiques destinées à promouvoir la situation des francophones. En outre, de nombreuses tentatives ont été faites pour modifier la Constitution, mais sans que le Québec et le Canada anglais ne réussissent à s'entendre. En 1976, le Parti québécois arrivait au pouvoir et, en 1980, il perdait la bataille du référendum sur la souveraineté-association. En mettant à profit la situation de faiblesse où cet échec avait placé le Québec, le gouvernement fédéral de M. Trudeau, avec l'appui des neuf provinces anglaises, allait modifier la Constitution d'une façon qui, non seulement ne satisfaisait aucune des revendications du Québec, mais, tout au contraire, venait lui enlever certains de ses pouvoirs traditionnels.

### a.- La politique linguistique fédérale

Depuis la fin des années 1960, la politique fédérale en matière de langue et de minorités s'articule autour de trois axes: a) le bilinguisme des organismes législatifs et judiciaires fédéraux et des organismes administratifs situés dans la région de la capitale nationale ou dans les autres régions du Canada où l'emploi du français ou de l'anglais fait l'objet d'une demande importante; b) la représentation équitable des francophones dans la fonction publique fédérale et la reconnaissance de leur droit d'y travailler dans leur langue; c) la conclusion d'accords fédéraux-provinciaux et l'octroi de subventions aux provinces pour les inciter à promouvoir l'usage des langues officielles, principalement en ce qui concerne l'éducation *dans* la langue de la minorité anglophone ou francophone et l'enseignement *de* la langue officielle seconde. À partir de 1971, l'État fédéral a également commencé à élaborer une politique du multiculturalisme.

La politique de bilinguisme dans les services publics fédéraux découle de la *Loi sur les langues officielles* qui a été adoptée en 1969[22] et dont une nouvelle version, modernisée et renforcée, est entrée en vigueur en 1989[23]. Le but principal de la loi est de faire en sorte que l'administration fédérale puisse servir les usagers en français dans la région d'Ottawa, la capitale nationale, et ailleurs au Canada anglais, là où la demande le justifie. Bien sûr, la loi suppose également que les services fédéraux soient offerts dans les deux langues au Québec.

Les articles 6 et 7 de la nouvelle loi prévoient que tous les textes législatifs et réglementaires doivent être publiés simultanément dans les deux langues, les deux versions faisant autorité, alors que l'ancienne loi permettait à une autorité réglementaire d'invoquer l'intérêt public pour différer la publication d'une des deux versions (ce qui voulait toujours dire, en pratique, la version française...).

L'article 16 énonce qu'il incombe aux tribunaux fédéraux autres que la Cour suprême du Canada de veiller à ce que celui qui entend une affaire comprenne les parties sans l'aide d'un interprète lorsqu'elles optent pour l'une des deux, ou pour les deux langues officielles. En vertu de l'ancienne loi, ces tribunaux étaient seulement tenus de fournir des services d'interprétation.

La partie IV de la loi prévoit que le public a le droit de communiquer avec les institutions fédérales et d'en recevoir les services dans la langue officielle de son choix de la part de tous les sièges sociaux et administrations centrales. La même obligation vaut pour les bureaux et points de services situés dans la région de la capitale nationale et là où, au Canada comme à l'étranger, il existe une demande importante, ou encore lorsque la «vocation des bureaux» le justifie. Ce dernier critère doit permettre de tenir compte de facteurs comme la santé ou la sécurité du public, l'emplacement des bureaux et le caractère national ou international de leur mandat.

---

22.   *Loi sur les langues officielles*, S.R.C. 1970, c. O-2.
23.   *Loi sur les langues officielles*, L.C. 1988, c. 38.

La nouvelle loi élargit considérablement la portée du mandat du Commissaire aux langues officielles, qui joue le rôle d'Ombudsman linguistique. Elle lui confère notamment le droit d'examiner tous les règlements que le gouvernement se propose de publier. En outre, elle ajoute aux recours judiciaires déjà existants la possibilité de saisir la Cour fédérale d'une plainte six mois après son dépôt auprès du Commissaire. Celui-ci peut également comparaître à titre de témoin ou agir au nom du demandeur, avec le consentement de ce dernier.

La deuxième dimension de la politique linguistique fédérale est constituée par la politique de bilinguisme dans la fonction publique. Celle-ci a d'abord été adoptée par le Cabinet fédéral en 1971. Elle a un double but. En premier lieu, tout en respectant le principe du mérite, augmenter à tous les échelons la proportion des fonctionnaires francophones jusqu'au point où ils seront représentés au prorata de l'importance des francophones dans la population générale (c'est-à-dire à peu près 25 %). Ensuite, permettre aux fonctionnaires francophones de travailler en français en traduisant les documents de travail et en «bilinguisant» (au moins de façon passive) leurs collègues de travail anglophones avec lesquels ils sont en contact. Avec l'adoption de la nouvelle *Loi sur les langues officielles* entrée en vigueur en 1989, le droit des fonctionnaires fédéraux situés dans la région de la capitale nationale et dans les autres régions «désignées» comme bilingues de travailler dans la langue officielle de leur choix a reçu une consécration législative. Ont été «désignées» la région de la capitale nationale et certaines parties du Québec, de l'Ontario et du Nouveau-Brunswick. Par règlement, le gouvernement fédéral peut ajouter ou soustraire de nouvelles régions, ce qui n'a pas été le cas jusqu'à présent.

Enfin, la troisième dimension de la politique linguistique fédérale est constituée par les mesures d'appui aux communautés minoritaires de langue officielle. En effet, en même temps qu'il faisait adopter la première *Loi sur les langues officielles* en 1969, le gouvernement fédéral s'engageait également dans certains programmes en faveur des communautés minoritaires de langue officielle en appuyant financièrement divers projets, organismes ou institutions de ces communautés (le plus important de ces programmes porte le titre de *Programme de promotion des langues officielles*). À la même époque, il prenait l'initiative d'une série de programmes conjoints fédéraux-provinciaux destinés à améliorer et à élargir les services d'enseignement offerts dans leur langue aux élèves des communautés minoritaires, ainsi qu'à promouvoir et à améliorer l'apprentissage de la langue seconde par les élèves des communautés majoritaires (*Programme des langues officielles dans l'enseignement*). En 1970, une entente fédérale-provinciale était conclue pour la création d'un fonds fédéral destiné à subventionner en partie l'enseignement dans la langue de la minorité et l'enseignement de la langue seconde. Cette entente sera ensuite renouvelée tous les cinq ans, avec certaines modifications. Une pareille intervention fédérale dans un domaine de compétence provinciale exclusive est fondée sur le «pouvoir de dépenser» du gouvernement d'Ottawa. Soulignons que le gouvernement québécois, qui est partie prenante avec les autres provinces au *Programme des langues officielles dans l'enseignement*, a également conclu en 1986 avec le gouvernement fédéral une entente en vertu de laquelle ce dernier s'engage à financer une part des coûts occasionnés par la fourniture en anglais de certains services de santé et services sociaux au Québec. Des ententes de ce genre ont été également passées avec d'autres provinces[24].

La politique linguistique fédérale a eu un succès réel, mais partiel. La capacité institutionnelle de l'administration de fonctionner en français est aujourd'hui nettement meilleure qu'elle ne l'était dans les années 1960. Le prestige et l'utilité du français dans tout le Canada se sont accrus, comme le démontre l'engouement pour les écoles d'immersion auprès de nombreux parents anglophones. Ce résultat est au moins en partie attribuable à la *Loi sur les langues officielles* et aux autres interventions fédérales. Par ailleurs, encore aujourd'hui, il est très difficile de se faire servir en français dans les services publics fédéraux ailleurs qu'au Québec, à Ottawa (et dans la région de la capitale nationale), au Nouveau-Brunswick et dans

---

24.    En 1991, le gouvernement fédéral a octroyé aux provinces 254 millions de dollars pour assurer l'enseignement du français ou de l'anglais langues secondes et langue de la minorité, afin d'appuyer plus de 300 organismes et institutions représentant les communautés minoritaires de langue officielle ainsi que pour l'établissement de services sociaux et de santé et de services juridiques en français et en anglais; voir: *Rapport annuel 1991, Commissaire aux langues officielles*, Ottawa, ministre des Approvisionnements et Services Canada, 1992, p. 16 et 184. Voir également les rapports annuels du Secrétaire d'État concernant sa mission en matière de langues officielles (le premier couvrant l'année 1988-1989), dans lesquels figure la liste des ententes conclues entre le gouvernement fédéral et les provinces.

certaines régions de l'Ontario, comme en témoignent les nombreuses plaintes déposées auprès du Commissaire aux langues officielles. Le recrutement d'un plus grand nombre de francophones dans la fonction publique fédérale a surtout profité aux francophones hors Québec, davantage bilingues que les Québécois, qui constituent à peu près 40 % des employés fédéraux de langue française. Par ailleurs, il faut signaler que la politique de promotion des francophones dans la fonction publique a provoqué du mécontentement chez un grand nombre d'anglophones qui considèrent qu'elle leur enlève des chances de promotion dans la mesure où ils ne sont pas bilingues. La politique fédérale de bilinguisme officiel est particulièrement impopulaire à l'ouest de l'Ontario. De façon plus générale, cette politique n'a pas réussi à endiguer de façon nette le phénomène d'anglicisation des minorités francophones[25]. Cependant, il faut se demander si un tel résultat peut véritablement être atteint par une intervention étatique, étant donné le poids socio-économique réel des deux langues et l'érosion de l'utilité et du prestige du français dans certaines régions du Canada.

À partir de 1971, l'État fédéral a également commencé à élaborer une politique du multiculturalisme, pour reconnaître l'apport des nouveaux immigrants qui n'étaient ni anglophones ni francophones, mais également pour apaiser certaines réactions négatives provoquées par l'adoption, deux ans auparavant, de la *Loi sur les langues officielles*. En effet, la consécration et la promotion du multiculturalisme permettent de réduire la dualité canadienne à son aspect purement linguistique et d'affirmer que, même s'il y a deux langues officielles, aucune culture, par contre, ne possède de caractère officiel, et qu'aucun groupe ethnique n'a préséance sur un autre. Dans les deux décennies suivantes, la politique du multiculturalisme a pris progressivement plus d'importance, au fur et à mesure de l'arrivée de nombreux immigrants d'origine et de culture très diverses[26].

---

25.   Voir les chiffres donnés dans Kenneth McROBERTS, *English Canada and Quebec —
Avoiding the Issue,* York University Robarts Centre for Canadian Studies, 1991, p. 20.
26.   En 1982, le principe du multiculturalisme a été inclus à l'article 27 de la *Charte
canadienne des droits et libertés,* destiné à garantir «le maintien et la valorisation du patrimoine
multiculturel». En outre, le Parlement canadien a adopté en 1988 la *Loi sur le maintien et
la valorisation du multiculturalisme au Canada,* L.C. 1988, c. 31 et a créé, en 1991, un
ministère du Multiculturalisme et de la Citoyenneté.

b.- La politique linguistique des provinces anglophones

Du point de vue de l'évolution de leur politique linguistique depuis la fin des années 1960, les provinces anglophones se divisent en deux catégories: d'une part, le Nouveau-Brunswick et l'Ontario; d'autre part, les sept autres provinces anglophones.

### i) L'Ontario et le Nouveau-Brunswick

Le Nouveau-Brunswick et l'Ontario ont adopté une attitude qui est inspirée, à des degrés divers, de la politique de bilinguisme officiel de l'État fédéral. Cela s'explique par la démographie: dans ces deux provinces, qui sont voisines du Québec, les francophones ont encore une importance numérique significative, soit en chiffres absolus, soit en chiffres relatifs. Au Nouveau-Brunswick, ils sont 217 000 (plus de 31 % de la population) et en Ontario 333 000 (près de 4 % de la population). En Ontario, les francophones sont concentrés dans les régions de l'est et du nord de la province et constituent la minorité la plus importante.

C'est le Nouveau-Brunswick qui est allé le plus loin sur la voie du bilinguisme officiel. Dès 1969, le Parlement provincial a adopté une *Loi sur les langues officielles*[27] directement inspirée de la loi fédérale. Dès cette date également, le Nouveau-Brunswick a entrepris de mettre sur pied un système scolaire francophone qui semble répondre aujourd'hui de façon satisfaisante aux besoins de la minorité francophone; en fait, cette province est aujourd'hui la seule au Canada, le Québec mis à part, à offrir à sa minorité un système parallèle à celui de la majorité. Là encore, comme au niveau fédéral, les principes de base de la politique linguistique ont été inclus dans les articles 16 à 20 de la *Charte canadienne des droits et libertés* en 1982; le Nouveau-Brunswick devient donc la troisième province à être assujettie à des obligations constitutionnelles en matière de bilinguisme (après le Québec et le Manitoba).

---

27.  *Loi sur les langues officielles du Nouveau-Brunswick*, L.N.-B. 1968-1969, c. 14; L.R.N.-B. 1973, c. O-1; voir également la *Loi sur les collèges communautaires*, L.R.N.-B. 1973, c. N-4.01 et la *Loi reconnaissant l'égalité des deux communautés linguistiques officielles du Nouveau-Brunswick*, L.N.-B. 1981, c. O-1.1. Pour plus de détails sur la politique linguistique du Nouveau-Brunswick, voir: Gérard SNOW, *Les droits linguistiques des Acadiens du Nouveau-Brunswick*, Québec, Éditeur officiel du Québec, 1981 (Documentation du Conseil de la langue française, n° 7); Pierre FOUCHER et Gérard SNOW, «Le régime juridique des langues dans l'administration publique au Nouveau-Brunswick», (1983) 24 *Cahiers de Droit* 81.

Dans le cas de l'Ontario, la politique de bilinguisme officiel est allée moins vite et moins loin; elle a consisté a adopter progressivement des mesures qui améliorent le système scolaire francophone et instaurent le bilinguisme des lois, ainsi qu'une certaine forme de bilinguisme judiciaire et administratif dans les régions où sont concentrés les francophones. Certaines de ces mesures ont été réunies dans la *Loi de 1986 sur les services en français*[28] qui est entrée en vigueur en 1988. Par contre, l'Ontario a refusé, en 1982, de s'assujettir aux dispositions de la Constitution en matière de bilinguisme; le gouvernement de la province a prétendu que ce refus était destiné à éviter un «ressac» de la part des éléments hostiles au bilinguisme. En fait, le «ressac» appréhendé a eu lieu malgré tout: depuis l'entrée en vigueur de la *Loi de 1986 sur les services en français*, un certain nombre de municipalités ontariennes se sont proclamées unilingues anglophones (ce qui leur est permis, puisque la loi ne s'impose pas aux municipalités, même dans les régions désignées).

Les francophones du Nouveau-Brunswick et de l'Ontario représentent 83,3 % de tous les francophones hors Québec. Comme on vient de le voir, ils bénéficient d'un nombre grandissant de services dans leur langue. On constatera que ce n'est cependant pas le cas des francophones qui vivent dans les sept autres provinces.

ii) Les autres provinces anglophones

Dans les sept autres provinces, aux extrémités est et ouest du pays, la politique de bilinguisme officiel fait l'objet d'un rejet plus ou moins prononcé. Là encore, les attitudes s'expliquent par la démographie: dans ces régions du Canada, les francophones ne sont que très faiblement représentés et, de plus, ils sont en voie de disparition (3,7 % de la population en moyenne). Dans les provinces de l'Ouest, les francophones ne constituent même pas la principale minorité; ils sont inférieurs en nombre à d'autres groupes linguistiques, comme les Allemands et les Ukrainiens (dans les quatre provinces de l'Ouest, l'allemand se classe au 2e rang comme langue d'origine).

Par conséquent, les principes retenus dans ces provinces sont ceux de *l'unilinguisme anglophone* et du *multiculturalisme*: le français est essentiellement traité sur le même pied que les autres langues minoritaires. En

---

28. *Loi de 1986 sur les services en français*, L.O. 1986, c. 45. Pour plus de détails sur la politique linguistique de l'Ontario, voir: A. BRAEN, «Statut du français et droits de la minorité francophone en Ontario», (1988) 19 *Revue générale de droit* 493.

outre, on considère que seule l'importance numérique d'un groupe, plutôt que des considérations historiques, peut justifier la prestation de services particuliers. Dans ces provinces, le seul domaine où les choses ont vraiment évolué pour les francophones depuis la fin des années 1960 est celui de l'éducation, grâce à la manne des subventions accordées par le gouvernement fédéral pour l'enseignement dans la langue de la minorité et l'enseignement de la langue officielle seconde[29]. Cependant, même dans ce domaine, la situation reste insatisfaisante pour les francophones; très souvent, les subventions fédérales ont servi à ouvrir des «écoles d'immersion» pour anglophones, plutôt que des écoles françaises véritables. La situation a commencé à s'améliorer, mais parfois très lentement, avec l'application de l'article 23 de la *Charte canadienne des droits et libertés* qui garantit le droit à l'instruction dans la langue de la minorité (anglophone ou francophone) là où le nombre des enfants le justifie.

Comme on l'a mentionné précédemment, le Manitoba constitue un cas à part; même si les francophones représentent maintenant à peine 3 % de la population (31 000 personnes), la province est assujettie — pour des raisons historiques — à des dispositions constitutionnelles qui instaurent le même bilinguisme parlementaire, législatif et judiciaire que celui prévu à l'article 133 de la *Loi constitutionnelle de 1867*. Il faut rappeler que le Manitoba a ignoré ses obligations en matière de bilinguisme pendant 89 ans, avant d'être rappelé à ses devoirs par la Cour suprême, une première fois, sans succès, en 1979[30], une deuxième fois, de façon plus ferme, en 1985[31].

---

29.  En août 1977, lors de la 18e Conférence annuelle des premiers ministres provinciaux tenue à St. Andrews, au Nouveau-Brunswick, les premiers ministres ont convenu «qu'ils feront tout leur possible pour offrir l'enseignement en français et en anglais, sous réserve que le nombre (d'élèves) le justifie». Cette position a été confirmée lors de la Conférence tenue en février 1978 à Montréal.

30.  En 1890, une fois les anglophones devenus majoritaires, la législature manitobaine institua l'unilinguisme des lois et des tribunaux, violant ainsi de façon flagrante ses obligations constitutionnelles: *An Act to Provide that the English Language shall be the Official Language of the Province of Manitoba*, précité, note 7. La loi fut invalidée 89 ans plus tard par la Cour suprême du Canada en 1979, dans *P.G. Manitoba c. Forest*, précité, note 8. Cependant, même après cette décision, le gouvernement du Manitoba négligea de faire traduire les lois et règlements qui avaient antérieurement été adoptés et publiés en anglais seulement et, qui plus est, il continua de faire adopter de nouvelles lois et de nouveaux règlements uniquement en anglais.

31.  *Renvoi relatif aux droits linguistiques au Manitoba*, [1985] 1 R.C.S. 721. Dans ce jugement, la Cour suprême du Canada invalida toutes les lois manitobaines ainsi que

Enfin, il faut signaler qu'en 1989 l'Alberta et la Saskatchewan ont abrogé d'anciennes dispositions législatives qui étaient restées en vigueur «par accident» et qui prévoyaient le bilinguisme des lois et des tribunaux, mais qui n'étaient plus appliquées depuis 1905, date de création de ces deux provinces[32].

c.- Les tentatives de modification de la Constitution
entre 1960 et 1980

Entre 1960 et 1980, il y eut de nombreuses tentatives pour trouver un accord entre le Québec et le Canada anglais afin de modifier et de «rapatrier» la Constitution. Cependant, les positions étaient trop opposées pour que l'on puisse s'entendre. Comme on l'a mentionné précédemment, le Québec réclamait une augmentation de ses pouvoirs dans de nombreux domaines, soit par une décentralisation générale, valable pour toutes les provinces, soit par l'octroi d'un statut particulier. De son côté, le gouvernement fédéral était évidemment opposé à l'idée d'une décentralisation générale. Quant aux provinces anglophones, elles considéraient comme incompatible avec le principe de l'égalité des provinces le fait d'accorder au Québec un statut particulier.

Par ailleurs, le Canada anglais et le Québec ne s'entendaient même pas pour ce qui est de l'ordre du jour en matière de réforme constitutionnelle. Alors que le Québec considérait comme prioritaire un nouveau partage des pouvoirs, le gouvernement fédéral estimait qu'il fallait avant tout adopter une nouvelle procédure de modification constitutionnelle afin de pouvoir «rapatrier» la Constitution, c'est-à-dire faire cesser le rôle des autorités britanniques dans ce domaine. En effet, pour certaines

---

toutes les règles et tous les règlements qui en découlaient, parce qu'ils étaient imprimés et publiés uniquement en anglais. Toutefois, en considération des exigences de l'ordre public et du principe de la primauté du droit, la Cour maintint la validité des lois existantes jusqu'à l'expiration du délai nécessaire pour les traduire et les réadopter rétroactivement en français et en anglais. Après que les parties se soient entendues sur ce point, la Cour a ensuite fixé l'échéance pour la réadoption et la publication des lois en vigueur au 31 décembre 1988 et pour les autres textes au 31 décembre 1990; voir: *Ordonnance: droits linguistiques au Manitoba*, [1985] 2 R.C.S. 347. Pour l'histoire et la situation actuelle des droits linguistiques des francophones au Manitoba, voir: Jacqueline BLAY, *L'article 23: les péripéties législatives et juridiques du fait français au Manitoba*, Saint-Boniface (Manitoba), Les éditions du Blé, 1987.
32.   Voir *supra*, note 5.

raisons historiques, le Parlement de Westminster était seul, avant 1982, à pouvoir modifier formellement les parties les plus importantes de la Constitution canadienne. Les autorités britanniques étaient évidemment prêtes à abandonner ce rôle mais, pour ainsi «rapatrier» la Constitution, il fallait préalablement que les provinces et le gouvernement fédéral s'entendent sur le choix d'une nouvelle procédure de modification constitutionnelle[33]. Évidemment, tous les gouvernements québécois successifs ont insisté pour qu'une telle procédure reconnaisse au Québec un droit de veto sur toutes les modifications susceptibles de l'affecter.

Malgré cette absence de complémentarité entre leurs positions respectives, le Québec et le Canada anglais ont failli s'entendre à deux reprises, en 1966 et en 1971, sur la réforme de la Constitution.

En 1964, le gouvernement Pearson avait proposé un projet de modification et de «rapatriement» de la Constitution appelé «formule Fulton-Favreau». Il prévoyait notamment que les articles relatifs à la répartition des pouvoirs législatifs entre le Parlement et les législatures des provinces feraient partie des «dispositions protégées», pour la modification desquelles l'accord unanime de toutes les provinces serait nécessaire. Toutefois, étant donné la grande rigidité de la règle de l'unanimité, on ajouta une clause de «délégation» en vertu de laquelle, dans certaines conditions précises, les provinces et le Parlement fédéral pourraient se déléguer mutuellement le pouvoir d'adopter une loi particulière dans certains de leurs domaines respectifs de compétence exclusive. Une telle délégation exigeait, dans chaque cas, que le Parlement et au moins quatre législatures provinciales adoptent une loi et donnent leur consentement, ce qui empêchait toute entente bilatérale Québec-Ottawa. Le 14 octobre 1964, la formule

---

33. La *Loi constitutionnelle de 1867* ne contenait pas de mécanisme permettant aux pouvoirs publics canadiens de la modifier entièrement. S'il est vrai que certaines dispositions pouvaient être modifiées au Canada par simple loi fédérale ou provinciale, de nombreux articles, parmi les plus importants, ne pouvaient l'être que par une loi adoptée par le Parlement britannique. À partir de 1927, le gouvernement fédéral et les provinces tentèrent à plusieurs reprises de s'accorder sur une formule de «rapatriement» de la Constitution, qui aurait permis d'y ajouter une procédure de modification purement canadienne. Il fallut cependant attendre jusqu'au 5 novembre 1981 pour que le fédéral et les neuf provinces anglophones concluent un accord sur le sujet, dont le Québec se trouva exclu. Sur les différents problèmes posés par le «rapatriement» de la Constitution, voir: J.-Y. MORIN et J. WOEHRLING, *op. cit.*, note 2, p. 441 et suiv.

Fulton–Favreau fut adoptée à l'unanimité par la conférence des Premiers ministres. Par la suite, elle fut approuvée par les assemblées législatives de neuf provinces. Cependant, en janvier 1966, le gouvernement du Québec retira son accord et déclara, par la voix du Premier ministre Lesage, qu'il ne demanderait pas l'approbation de l'Assemblée législative. Cette décision entraîna l'abandon du projet. Il semble que le gouvernement du Québec en soit venu à craindre que la formule de l'unanimité pour les modifications à la répartition des pouvoirs ne l'empêche d'obtenir à l'avenir les réformes qu'il souhaitait dans ce domaine.

En 1967, un nouveau processus de négociation fut entamé, qui devait se prolonger pendant plus de trois ans et aboutir, en juin 1971, à un ensemble de propositions relatives à neuf sujets, contenu dans un document connu sous le nom de «Charte de Victoria». La Charte de Victoria comprenait une formule de modification constitutionnelle exigeant le consentement des deux chambres du Parlement fédéral et des assemblées législatives d'une majorité de provinces, laquelle devait comprendre: a) chaque province dont la population comptait, ou avait compté dans le passé, au moins vingt-cinq pour cent de la population du Canada (c'est-à-dire, en pratique, l'Ontario et le Québec); b) au moins deux des provinces de l'Atlantique; c) au moins deux des provinces de l'Ouest, pourvu que ces deux provinces comptent ensemble au moins la moitié de la population de toutes les provinces de l'Ouest (cette dernière exigence visait à respecter le poids démographique de la Colombie-Britannique).

La «formule de Victoria», fondée sur le principe des «vetos régionaux», était donc plus souple que la formule Fulton–Favreau de 1964. C'est sans doute la raison pour laquelle on n'avait pas vu la nécessité d'y ajouter, comme dans cette dernière, une disposition permettant la délégation législative entre le Parlement fédéral et les législatures provinciales[34]. Bien que la Charte de Victoria lui accordât un droit de veto général sur les modifications constitutionnelles, le gouvernement québécois, dirigé à

---

34. La «Charte de Victoria» contenait également des dispositions ayant trait aux droits fondamentaux, aux langues officielles et aux droits linguistiques, à la péréquation et aux disparités régionales, à la procédure de modification et au «rapatriement» de la Constitution, aux mécanismes des relations fédérales-provinciales, à la Cour suprême, à la modernisation de la Constitution et, enfin, à la sécurité du revenu et aux services sociaux.

l'époque par M. Robert Bourassa, refusa de donner son accord, principalement parce qu'il n'avait pas obtenu, comme il le réclamait, que le Québec se voie reconnaître la primauté en matière de politique sociale. Par contre, le gouvernement fédéral ainsi que huit des gouvernements provinciaux acceptèrent la Charte. En Saskatchewan, un nouveau gouvernement venait d'être élu; il n'exprima aucune opinion, estimant que le refus du Québec avait rendu la question purement théorique.

Ainsi, par deux fois, un projet de «rapatriement» de la Constitution qui avait l'appui du gouvernement fédéral et des neuf autres provinces a été abandonné à cause de l'opposition du Québec, ce qui démontre qu'à cette époque le Québec disposait d'une sorte de droit de veto, non sur le plan juridique, mais sur le plan politique. Ni en 1966 ni en 1971, le Canada anglais n'a osé aller à l'encontre du refus du Québec pour modifier la Constitution. Par contre, dix ans plus tard, en 1981-1982, la Constitution a été rapatriée et profondément modifiée par le fédéral et les neuf provinces anglaises malgré l'opposition du Québec. Vraisemblablement, ce changement d'attitude s'explique en bonne partie par le fait que les Québécois ont eu l'occasion, en 1980, d'exercer leur droit à l'autodétermination et qu'ils ont majoritairement rejeté la souveraineté, même sous la forme atténuée du projet de «souveraineté-association» qui leur était présenté par le gouvernement du Parti québécois.

d.- L'échec du référendum sur la souveraineté-association en mai 1980 et le «rapatriement» de la Constitution en 1981-1982

Le 15 novembre 1976, le Parti québécois gagnait les élections et formait le premier gouvernement indépendantiste du Québec. Il s'engageait à organiser un référendum avant la fin de son mandat. Le référendum eut lieu le 20 mai 1980. Les électeurs étaient invités à confier au gouvernement du Québec le mandat de négocier avec le Canada anglais une nouvelle entente accordant au Québec la souveraineté politique, accompagnée d'une association économique et d'une union monétaire avec le Canada. Les résultats du référendum furent 59,56 % de «non» et 40,44 % de «oui». Cependant, de façon paradoxale, après avoir rejeté clairement le projet souverainiste du Parti québécois, la population allait maintenir celui-ci au pouvoir lors des élections qui suivirent, en avril 1981. Le Parti libéral, qui avait mené la campagne victorieuse du «non» et qui se présentait comme franchement fédéraliste, était battu et maintenu dans l'opposition. Quant au gouvernement fédéral, il était intervenu de tout son poids dans la campagne référendaire et le Premier ministre de l'époque, M. P.E. Trudeau, avait promis aux Québécois, s'ils choisissaient de maintenir le lien avec le Canada, de «renouveler le fédéralisme» afin de donner satisfaction aux revendications du Québec.

Avec la réélection du Parti québécois après sa défaite au référendum, c'est un gouvernement dont l'option constitutionnelle avait été rejetée qui allait devoir continuer à négocier avec le Canada anglais, en position de faiblesse. Dès le mois d'octobre 1980, le gouvernement fédéral présentait un projet de modification et de «rapatriement» de la Constitution en annonçant qu'il était prêt — si nécessaire — à le faire adopter par le Parlement britannique sans l'accord des provinces. Le projet fédéral contenait une charte des droits et une nouvelle procédure de modification de la Constitution. Celle-ci était inspirée de la formule contenue dans la Charte de Victoria de 1971 et prévoyait le même système de «vetos régionaux», dont l'un des effets était de reconnaître un droit de veto respectivement au Québec et à l'Ontario. Cependant, le projet fédéral contenait également une innovation par rapport à la formule de Victoria en prévoyant la possibilité pour les autorités fédérales — et elles seules — de tenir un référendum national pour faire modifier la Constitution lorsque les provinces refuseraient d'y consentir. Ces dispositions donnaient par conséquent aux autorités fédérales la possibilité de s'adresser directement au peuple pour passer par-dessus les gouvernements provinciaux. C'est pourquoi elles allaient constituer une des principales critiques des provinces contre le projet de M. Trudeau. En fait, huit provinces, dont le Québec, allaient se déclarer opposées au projet fédéral, les deux autres — l'Ontario et le Nouveau-Brunswick — décidant au contraire de l'appuyer.

L'opposition du gouvernement du Québec était motivée notamment par certaines dispositions linguistiques contenues dans le projet de Charte des droits. Celle-ci comportait en effet un article ainsi rédigé qu'il entrait en conflit direct avec les dispositions de la loi 101 du Québec relatives à la langue de l'enseignement dans les écoles publiques. En outre, le gouvernement québécois reprochait au projet fédéral de ne pas donner satisfaction aux demandes traditionnelles du Québec qui, comme on l'a vu précédemment, portaient principalement sur un nouveau partage des pouvoirs législatifs.

En avril 1981, le Québec et les sept autres provinces opposées au projet s'entendaient pour faire au gouvernement fédéral une contre-proposition. Dans celle-ci, le système des «vetos régionaux» avait été abandonné, ainsi par conséquent que le droit de veto du Québec. Ceci parce que les provinces de l'Ouest le considéraient comme incompatible avec le principe de l'égalité de toutes les provinces. Dans la contre-proposition provinciale, le système des «vetos régionaux» était remplacé par un «droit de retrait» que chaque province pourrait exercer dans le cas d'une modification dérogatoire à ses droits ou privilèges. Ce droit de retrait devait permettre aux provinces opposées à une telle modification de s'y soustraire, sans pour autant empêcher qu'elle puisse se faire pour les provinces qui seraient d'accord. Ainsi, le Québec avait dû «renoncer» au droit de veto qui lui était offert dans le projet fédéral pour maintenir son alliance avec les autres provinces récalcitrantes. Par ailleurs, il lui avait fallu vaincre les réticences de celles-ci pour faire ajouter certaines dispositions prévoyant qu'en cas d'exercice du droit de retrait, à l'égard d'une modi-fication transférant une compétence provinciale au Parlement fédéral, une province aurait également droit à une «compensation financière» destinée à éviter qu'elle ne soit pénalisée par sa décision.

Le gouvernement fédéral allait rejeter globalement la contre-proposition provinciale. Cependant, il devait plus tard accepter de rem-placer la formule des «vetos régionaux» par celle qu'avaient proposée les provinces, à laquelle un changement important fut cependant apporté. En effet, le droit à la compensation financière pour les provinces se «retirant» d'une modification fut limité aux seuls cas où celle-ci aurait pour effet de transférer au Parlement fédéral une compétence provinciale en matière d'éducation ou dans d'autres domaines culturels. La formule provinciale ainsi modifiée est celle qui a finalement été insérée dans la *Loi consti-tutionnelle de 1982*.

Les provinces opposées au projet fédéral avaient également contesté celui-ci devant les tribunaux. En septembre 1981, la Cour suprême leur donnait raison, mais en partie seulement, en reconnaissant que le projet fédéral était conforme au *droit* de la Constitution, mais incompatible avec les *conventions* constitutionnelles[35]. Cette décision allait amener le gou-vernement de M. Trudeau à tenter une nouvelle fois de s'entendre avec les huit provinces récalcitrantes. Le 5 novembre 1981, une conférence

---

35. *Renvoi: résolution pour modifier la Constitution*, [1981] 1 R.C.S. 753. Pour un commentaire de cette décision, voir: José WOEHRLING, «La Cour suprême et les conventions constitutionnelles: les renvois relatifs au "rapatriement" de la Constitution canadienne», (1984) 14 *Revue de droit de l'Université de Sherbrooke* 391-440.

tenue à Ottawa aboutit à une entente qui réunissait le fédéral et les neuf provinces anglaises, mais dont le Québec se trouva exclu. En échange de leur ralliement au projet fédéral, les provinces auparavant alliées au Québec obtenaient du gouvernement central diverses concessions, dont l'insertion d'une «clause dérogatoire» permettant la dérogation à la plupart des droits garantis par la Charte constitutionnelle.

Le projet fédéral ainsi modifié et approuvé par neuf provinces fut envoyé à Londres et adopté par le Parlement britannique en mars 1982. Le 17 avril suivant, la nouvelle constitution entrait en vigueur, sous le nom de *Loi constitutionnelle de 1982*. Entre temps, le gouvernement québécois était retourné devant les tribunaux pour tenter de leur faire dire qu'il possédait un droit de veto lui permettant de s'opposer aux modifications affectant son statut. Dans un jugement du 6 décembre 1982, la Cour suprême du Canada déclara, à l'unanimité, qu'il n'existait aucune règle de droit ou convention constitutionnelle permettant au Québec de s'objecter aux modifications de la Constitution[36]. La *Loi constitutionnelle de 1982* s'applique donc pleinement au Québec, bien que le gouvernement québécois n'y ait pas donné son consentement.

Ainsi, pour la première fois depuis 1867, la Constitution était modifiée sans l'accord du Québec. C'était la fin du vieux rêve «dualiste» des Québécois dans lequel la fédération était vue comme un pacte conclu entre les deux nations fondatrices et, par conséquent, modifiable uniquement par leur accord mutuel. Pire encore, la Constitution «rapatriée» contenait désormais un processus d'amendement permettant d'autres modifications à l'avenir, toujours sans le consentement du Québec. En outre, non seulement les demandes formulées par le Québec depuis plus de 25 ans pour une nouvelle répartition des pouvoirs législatifs restaient-elles insatisfaites, mais de plus certaines dispositions de la nouvelle Charte constitutionnelle avaient pour effet de diminuer les pouvoirs traditionnels de l'Assemblée nationale dans le domaine crucial de la protection de la langue française. Pour le comprendre, il faut brièvement décrire les droits linguistiques contenus dans la Charte[37].

---

36. *Renvoi: opposition à une résolution pour modifier la Constitution*, [1982] 2 R.C.S. 793. Pour un commentaire de cette décision, voir: José WOEHRLING, *loc. cit.*, note précédente.
37. Pour une analyse générale des droits linguistiques et des droits des minorités garantis par la Charte, voir : José WOEHRLING, «Minority Cultural and Linguistic Rights and Equality Rights in the *Canadian Charter of Rights and Freedoms*», (1985) 31 *Revue de Droit de McGill* 50-92; José WOEHRLING, «La Constitution canadienne et la protection des minorités ethniques», (1986) 27 *Cahiers de Droit* 171-188.

En premier lieu, les articles 16 à 20 de la Charte contiennent des dispositions qui sont globalement similaires à celles de l'article 133 de la *Loi constitutionnelle de 1867* et de l'article 23 de la *Loi de 1870 sur le Manitoba*; elles garantissent le bilinguisme parlementaire, judiciaire, législatif et réglementaire, avec en plus une certaine forme de bilinguisme administratif (cette dernière dimension étant absente dans l'article 133 de 1867 et l'article 23 de 1870). Les articles 16 à 20 s'appliquent uniquement à l'État fédéral et à la province du Nouveau-Brunswick. En ce qui concerne l'État fédéral, les articles 16 à 20 répètent donc l'article 133, tout en ajoutant la dimension supplémentaire du bilinguisme des services administratifs (en fait, cette dernière dimension était déjà contenue dans la *Loi sur les langues officielles* de 1969 et se trouve donc ainsi constitutionnalisée). En ce qui concerne le Nouveau-Brunswick, les articles 16 à 20 constituent une innovation, puisque cette province n'a jamais été assujettie auparavant à des obligations *constitutionnelles* de bilinguisme. Comme on l'a vu, elle avait cependant adopté en 1969 une *Loi sur les langues officielles*, dont les grands principes sont maintenant constitutionnalisés dans la Charte.

En 1981-1982, lors du «rapatriement», le chef du gouvernement fédéral, M. Trudeau, qui a été le concepteur de la Charte canadienne, avait laissé les provinces libres d'accepter ou de refuser les obligations découlant des articles 16 à 20 de la Charte. Le Nouveau-Brunswick fut le seul à répondre à l'invitation de façon positive. Par contre, l'Ontario a refusé, alors que cette province abrite pourtant plus de 300 000 francophones. Par ailleurs, le Québec reste évidemment lié par les dispositions de l'article 133 de la *Loi constitutionnelle de 1867* et le Manitoba par l'article 23 de sa propre Constitution, qui imposent des obligations similaires, mais moins lourdes, puisqu'elles ne comprennent pas le bilinguisme des services de l'administration.

La deuxième protection linguistique prévue dans la Charte découle de l'article 23, qui confère aux minorités francophones hors Québec et à la minorité anglophone du Québec le droit à l'enseignement dans leur langue — dans des classes ou des écoles financées sur les fonds publics — «là où le nombre le justifie». Ce droit est entièrement nouveau; rien de semblable n'était prévu dans la *Loi constitutionnelle de 1867*. L'article 23 contient trois différents critères d'admissibilité à l'enseignement dans la langue de la minorité. L'un d'entre eux, appelé couramment «clause

Canada», consiste à reconnaître le droit à l'éducation dans la langue de la minorité — donc, à l'éducation en anglais au Québec — aux enfants dont l'un des deux parents a reçu son éducation primaire dans cette langue *au Canada*. Ce critère a pour objet de permettre aux Canadiens des autres provinces qui s'établissent au Québec d'envoyer leurs enfants à l'école publique anglaise; c'est dans cette mesure que l'article 23 de la Charte canadienne entrait en conflit avec la «clause Québec» de la loi 101. Celle-ci a donc été invalidée par la Cour suprême du Canada deux ans après l'entrée en vigueur de la Charte canadienne[38].

Mais cela n'a rien changé au fait que les immigrants allophones (et les francophones eux-mêmes) doivent fréquenter l'école française. De ce point de vue, la loi 101 continue d'atteindre son but. Cependant, on commence à se rendre compte que la fréquentation de l'école française n'est peut-être pas suffisante pour franciser durablement les immigrants. En effet, ceux-ci s'établissent en très grande majorité à Montréal et la proportion des élèves allophones est devenue si importante dans de nombreuses écoles françaises de la métropole que celles-ci ont perdu leur capacité d'intégration des nouveaux venus. Dans ces écoles, la masse critique de francophones nécessaire pour franciser les immigrants n'existe plus (en 1992-1993, la proportion des élèves de langue maternelle française dans l'ensemble des écoles de l'île de Montréal est passée à 49,47 %). Cette situation est le résultat non seulement des niveaux élevés d'immigration pratiqués dans les années récentes, mais également du phénomène d'exode massif des classes moyennes francophones vers les banlieues de Montréal. Or c'est à Montréal que se jouera principalement l'avenir linguistique et culturel de la société québécoise. Pour terminer, soulignons que la francisation des immigrants dépend également de leur insertion dans les activités économiques et qu'à Montréal celles-ci continuent en grande partie de se dérouler en anglais.

★

★   ★

---

38.   *P.G. Québec* c. *Quebec Protestant School Boards*, [1984] 2 R.C.S. 66. Pour une analyse plus approfondie de la portée de l'article 23 de la Charte canadienne, voir le chapitre 3 du présent ouvrage.

En conclusion, il faut donc constater que la *Loi constitutionnelle de 1982* laisse subsister l'asymétrie qui caractérisait déjà la *Loi constitutionnelle de 1867* en ce qui concerne le statut des langues officielles. La seule province majoritairement francophone est soumise aux obligations de bilinguisme officiel; par contre, sur les neuf provinces à majorité anglophone, deux seulement — le Manitoba et le Nouveau-Brunswick — sont maintenant soumises à ces mêmes obligations. L'Ontario, où vit le plus grand nombre de francophones en dehors du Québec, n'est pas assujettie aux dispositions de la Constitution sur les langues officielles.

## II. - L'échec de l'Accord du lac Meech
## et de l'Accord de Charlottetown et l'avenir
## des rapports du Québec et du Canada anglais

### A. - La genèse et le contenu de l'Accord du lac Meech

Comme on l'a vu, l'opposition du gouvernement du Parti québécois à l'adoption de la *Loi constitutionnelle de 1982* n'a pas empêché celle-ci de s'appliquer pleinement au Québec, depuis son entrée en vigueur le 17 avril 1982. Cependant, le fait que la deuxième plus grande province du Canada — et la seule qui soit majoritairement francophone — n'adhère pas à la Constitution pose évidemment un problème politique grave et fait planer une menace sur l'unité du Canada.

En 1985, le Parti québécois perdait les élections et était remplacé au pouvoir par le Parti libéral, alors dirigé par monsieur Robert Bourassa. Le nouveau gouvernement devait formuler cinq conditions pour donner l'accord du Québec à la *Loi constitutionnelle de 1982*:

1)  la reconnaissance du Québec comme société distincte;
2)  la garantie d'un rôle accru des autorités provinciales en matière d'immigration;
3)  la participation du gouvernement québécois à la nomination de trois des neuf juges de la Cour suprême du Canada;
4)  la limitation du «pouvoir de dépenser» du gouvernement fédéral (c'est-à-dire le pouvoir de ce gouvernement d'intervenir financièrement dans les domaines relevant de la compétence exclusive des provinces);
5)  la reconnaissance d'un droit de veto au Québec sur la réforme des institutions fédérales et la création de nouvelles provinces.

Il faut souligner que ces cinq demandes représentaient une réduction considérable des exigences traditionnelles du Québec en matière constitutionnelle, y compris de celles qui avaient été présentées par le gouvernement Bourassa lui-même durant ses deux premiers mandats, dans les années 1970-1976. D'ailleurs, après 1986, le gouvernement Bourassa a toujours affirmé que ces cinq demandes constituaient un strict minimum, en dessous duquel il n'accepterait plus de négocier avec le Canada anglais.

Le 3 juin 1987, après presque deux ans de négociations, les dix premiers ministres provinciaux et le chef du gouvernement conservateur fédéral, M. Brian Mulroney, concluaient un accord constitutionnel (habituellement appelé l'«Accord du lac Meech») en vertu duquel ils convenaient de modifier la Constitution du Canada pour donner satisfaction aux cinq demandes du Québec. Il faut cependant souligner que, sur les cinq modifications réclamées par le Québec, quatre avaient été étendues à l'ensemble des provinces. Par conséquent, la seule modification propre au Québec était la reconnaissance du caractère distinct de la société québécoise. Par ailleurs, une modification n'ayant pas été réclamée par le Québec avait été ajoutée à l'Accord du lac Meech à la demande des provinces de l'Ouest. Il s'agit de celle qui prévoyait que le gouvernement fédéral, qui nomme les sénateurs chargés de représenter les provinces, devrait désormais le faire sur une liste présentée par chaque gouvernement provincial.

Pour entrer en vigueur conformément à la procédure de modification contenue dans la *Loi constitutionnelle de 1982*, l'Accord du lac Meech devait être ratifié, dans un délai maximal de trois ans, par les deux chambres du Parlement fédéral et chacune des dix assemblées législatives provinciales. Ce délai a été fatal, puisque les critiques contre l'Accord n'ont cessé de se multiplier au Canada anglais. L'appui dont l'Accord y bénéficiait au départ a constamment diminué.

## B. – Les raisons de l'opposition du Canada anglais à l'Accord du lac Meech

Certaines des critiques soulevées au Canada anglais contre l'Accord du lac Meech étaient parfaitement fondées, alors que d'autres, au contraire, semblent avoir découlé d'une mauvaise compréhension de l'Accord, ou même d'une intention délibérée de le faire échouer. On rappellera rapidement les griefs qui ont été adressés à chacun des six éléments de l'Accord, pour tenter d'en évaluer le bien-fondé et pour mesurer l'importance des divergences qui existent entre le Québec et le Canada anglais.

## 1. - La réforme du Sénat

La Constitution du Canada prévoit que les sénateurs sont nommés par le gouvernement fédéral[39]. En pratique, depuis 1867, tous les gouvernements ont procédé à des nominations partisanes, presque toujours destinées à servir de récompense politique. Cette pratique a fait en sorte que les sénateurs, qui ne sont pas élus par la population des provinces, ne peuvent pas davantage prétendre parler au nom des gouvernements provinciaux. Par conséquent, les sénateurs ne sont investis d'aucune légitimité politique et, pour cette raison, le Sénat devrait normalement s'abstenir d'exercer les pouvoirs que la Constitution lui reconnaît en matière législative et qui sont, à peu de choses près, les mêmes que ceux de la Chambre des communes[40].

L'Accord du lac Meech prévoyait que les sénateurs représentant une province devraient être choisis par le gouvernement fédéral sur une liste de candidats établie par le gouvernement de la province considérée. La réforme consistait donc à remplacer le pouvoir discrétionnaire et incontrôlé du gouvernement fédéral par un pouvoir de nomination conjoint, qui amènerait les deux gouvernements à devoir s'entendre sur le choix des candidats.

En fait, ce n'est pas tellement ce changement au mode de nomination des sénateurs qui a provoqué la critique. Les adversaires de l'Accord du lac Meech se sont plutôt attaqués aux dispositions concernant la procédure de modification constitutionnelle nécessaire pour réformer les autres caractéristiques du Sénat. En effet, avec l'Accord du lac Meech, une telle réforme serait pratiquement devenue impossible, parce qu'on exigeait

---

39. *Loi constitutionnelle de 1867*, art. 24.

40.   La seule différence tient à ce que les projets de loi de nature financière doivent être d'abord déposés aux Communes, conformément à l'article 53 de la *Loi constitutionnelle de 1867*, alors que les autres projets peuvent émaner indifféremment de l'une ou l'autre des deux Chambres. Cependant, avant d'être présenté pour la sanction royale, un projet de loi financier, comme tout autre projet de loi, doit nécessairement avoir été adopté dans les mêmes termes par les deux Chambres.

pour sa réalisation l'accord unanime des dix provinces. Or, depuis une dizaine d'années, la réforme du Sénat est devenue le cheval de bataille des provinces de l'Ouest, qui y voient le moyen d'acquérir une plus grande influence sur le processus décisionnel fédéral. En effet, ces provinces sont faiblement peuplées et n'envoient donc à la Chambre des communes qu'un nombre de députés trop restreint pour pouvoir y exercer une influence comparable à celle des deux grandes provinces du «Canada central», le Québec et l'Ontario. Les provinces de l'Ouest favorisent donc la formule «Triple E», qui désigne un Sénat «élu, égal et effi-cace», où chaque province serait représentée par le même nombre de sénateurs, ceux-ci étant élus au suffrage universel direct[41]. En outre, ce nouveau Sénat devrait exercer les mêmes pouvoirs que la Chambre des communes. Ce modèle de Chambre haute est inspiré du Sénat australien.

Cependant, l'égalité de représentation de toutes les provinces au Sénat entraînerait des conséquences difficiles à accepter sur le plan démocratique. En effet, les six plus petites provinces (les quatre provinces atlantiques, le Manitoba et la Saskatchewan) détiendraient ensemble 60 % des voix au Sénat, alors qu'elles ne représentent que 17,4 % de la population canadienne. Une telle formule serait au surplus inacceptable pour les Québécois, en ne leur laissant que le dixième des sièges du Sénat. Pour tenter de convaincre le Québec d'accepter une diminution de sa proportion des sièges du Sénat, on propose parfois d'exiger, dans le cadre d'un Sénat réformé, une double-majorité (celle de l'ensemble des sénateurs *et* des sénateurs francophones) pour l'adoption des projets de loi relatifs au statut des langues ou à la culture. Un tel système ne protégerait cependant pas le Québec pour ce qui est des questions autres que linguistiques ou culturelles. Au surplus, les sénateurs francophones ne seraient pas tous québécois, puisque certains d'entre devraient être désignés pour représenter les minorités francophones hors Québec. Or les intérêts des Québécois et des minorités francophones du Canada anglais sont loin d'être identiques par rapport aux interventions fédérales en matière culturelle et linguistique.

---

41.    La répartition actuelle des 104 sièges du Sénat est la suivante: Ontario et Québec, 24 chacun; Nouveau-Brunswick et Nouvelle-Écosse, 10 chacun; Île-du-Prince-Édouard, 4; Colombie-Britannique, Alberta, Saskatchewan et Manitoba, 6 chacun; Terre-Neuve, 6; Yukon et Territoires du Nord-Ouest, un chacun.

De façon plus générale, l'élection des sénateurs au suffrage direct ne paraît pas être une bonne solution dans le cadre canadien. Bien qu'éminemment démocratique, cette modalité entraînerait de graves inconvénients dans le contexte d'un sytème parlementaire de type britannique, caractérisé par le principe de la responsabilité ministérielle, le bipartisme et la discipline de parti. Du point de vue de la composition partisane, un Sénat élu au suffrage universel risque en effet d'être trop *semblable* à la Chambre des communes, ce qui lui enlèverait sa raison d'être, ou, au contraire, trop *différent*, ce qui pourrait amener les deux Chambres à s'affronter et à se neutraliser mutuellement. En effet, dans la mesure où elles seront pareillement élues au suffrage direct et posséderont donc une légitimité démocratique semblable, aucune des deux chambres ne se sentira tenue de céder à l'autre. En outre, la discipline de parti amènera les sénateurs à agir en s'alignant sur la politique partisane plutôt que sur la défense des intérêts des provinces ou des régions. Autrement dit, la loyauté des sénateurs n'ira pas aux provinces qu'ils représentent, mais aux partis auxquels ils doivent leur élection et dont dépend leur réélection. Comme le montre l'exemple du Sénat australien, dont le fonctionnement est généralement dominé par la politique partisane, l'élection des sénateurs a pour conséquence *d'affaiblir* considérablement leur capacité d'agir en tant que représentants des États-membres de la fédération. Par ailleurs, il serait illogique de donner au Sénat une forte légitimité démocratique sans lui reconnaître également des pouvoirs importants. Plus précisément, dans la mesure où le Sénat et la Chambre des communes sont l'un et l'autre élus, il est difficile de ne pas reconnaître à celui-ci les mêmes pouvoirs qu'à celle-là. Or on rencontre ici une grave difficulté: dans un système parlementaire, les deux chambres ne sauraient véritablement avoir des pouvoirs égaux. Un tel système exige au contraire que la Chambre basse ait des pouvoirs supérieurs à ceux de la Chambre haute, car c'est de la première qu'émane le gouvernement et, par conséquent, c'est devant elle seule qu'il est responsable.

Il existe donc une incompatibilité certaine entre l'élection des sénateurs au suffrage direct, qui suppose que le Sénat ait les mêmes pouvoirs que la Chambre des communes, et la logique interne du système parlementaire, qui veut, au contraire, que la Chambre basse ait des pouvoirs supérieurs à la Chambre haute. Si, comme le réclament les tenants de la formule «Triple E», la Constitution était modifiée pour faire élire le Sénat canadien, on se trouverait donc placé devant des choix difficiles. Pour maintenir l'intégrité du système parlementaire, il faudrait refuser au Sénat le pouvoir de rejeter les lois adoptées par les Communes et ne lui attribuer qu'un simple droit de veto suspensif, ce qui reviendrait cependant à méconnaître le fait que les sénateurs représentent la population tout autant que les députés. Si, au contraire, on donnait au Sénat un droit de veto absolu sur les lois présentées par le gouvernement, cela serait contraire aux principes fondamentaux du système parlementaire.

Il faut également souligner qu'un Sénat doté de pouvoirs significatifs peut paradoxalement constituer un facteur de centralisation du système fédéral. En effet, l'expérience de l'Allemagne et des États-Unis tend à démontrer que les États constituants acceptent d'autant plus facilement de voir diminuer leurs compétences propres qu'ils obtiennent en contrepartie une plus grande participation au processus décisionnel central, par l'entremise de la Chambre fédérale. À cet égard, il est révélateur que les provinces canadiennes qui réclament le Sénat «Triple E» soient également opposées à un affaiblissement du rôle d'Ottawa. Bien au contraire, dans la mesure où ces provinces espèrent que la réforme du Sénat leur permettra d'exercer une influence accrue au sein des institutions du pouvoir central, elles veulent que ce dernier reste fort, ou même qu'il soit renforcé. Par ailleurs, il faut voir que l'élection des sénateurs au suffrage universel risque de renforcer encore le caractère centralisateur d'une réforme du Sénat. En effet, la légitimité des autorités fédérales s'en trouverait augmentée et des sénateurs fédéraux élus pourraient prétendre représenter les intérêts de la population provinciale au même titre que les politiciens provinciaux[42].

## 2. - *La procédure de nomination des juges de la Cour suprême*

Actuellement, les juges de la Cour suprême sont nommés de façon pratiquement discrétionnaire par le gouvernement fédéral. L'Accord du lac Meech prévoyait que celui-ci devrait les nommer sur proposition des gouvernements provinciaux[43]. Ne craignant pas le ridicule, certains adver-

---

42.   Pour une étude plus systématique des problèmes soulevés par la réforme du Sénat, voir: José WOEHRLING, «Les enjeux de la réforme du Sénat canadien», (1992) 23 *Revue générale de droit* 81-107.

43.   Conformément à l'article 6 de la *Loi sur la Cour suprême*, L.R.C. (1985), c. S-26, au moins trois des neuf juges sont choisis parmi les juges de la Cour d'appel ou de la Cour supérieure de la province de Québec ou parmi les avocats de celle-ci; l'Accord du lac Meech prévoyait également la constitutionnalisation de cette règle.

saires de l'Accord du lac Meech ont prétendu que cette modification enlèverait à la Cour suprême sa neutralité en tant qu'arbitre du fédéralisme. C'est plutôt le fait que les juges soient actuellement nommés par le gouvernement fédéral seulement qui empêche la Cour de se présenter de façon crédible comme une instance véritablement impartiale. À cet égard, on peut même penser qu'un système de nomination conjointe des juges de la Cour suprême par le gouvernement fédéral et les provinces donnerait à la Cour une légitimité fédérative qui lui fait actuellement défaut et pourrait donc avoir pour effet paradoxal de la mettre davantage à l'abri des critiques, sans véritablement modifier la portée centralisatrice de son intervention, celle-ci tenant à des facteurs économiques, sociaux et politiques bien plus profonds que les simples modalités de désignation des juges. Pour terminer, il faut souligner qu'en vertu de l'article 96 de la *Loi constitutionnelle de 1867* le gouvernement fédéral nomme discrétionnairement les juges des cours supérieures et des cours d'appel provinciales. Or, les membres de la Cour suprême du Canada sont désignés dans neuf cas sur dix parmi les juges de la Cour supérieure ou de la Cour d'appel. On constate donc que le fait de dresser les listes de candidats n'aurait pas conféré aux gouvernements provinciaux une très grande latitude.

*3. - Les ententes relatives à l'immigration*

Actuellement, la Constitution du Canada attribue des pouvoirs concurrents en matière d'immigration au Parlement canadien et aux législatures des provinces, mais prévoit également qu'en cas d'incompatibilité entre les lois provinciales et la législation fédérale, cette dernière est prépondérante[44]. Cette disposition permettrait donc au Parlement fédéral d'exercer une véritable hégémonie dans le domaine de l'immigration, puisqu'il lui suffirait de légiférer de façon incompatible avec les lois provinciales en vigueur pour rendre celles-ci inopérantes.

L'Accord du lac Meech prévoyait la constitutionnalisation de l'entente Cullen-Couture sur l'immigration qui avait été conclue en 1978 entre le Québec et le gouvernement fédéral. Par cette entente, ce dernier acceptait de laisser le Québec établir les critères de sélection de certaines catégories d'immigrants. L'entente n'était cependant valable que pour une

---

44. *Loi constitutionnelle de 1867*, art. 95.

période déterminée et pouvait être dénoncée moyennant un préavis. L'Accord du lac Meech prévoyait qu'après approbation par le Parlement fédéral et celui du Québec elle serait constitutionnalisée et ne pourrait plus être modifiée qu'avec l'accord de ces deux mêmes corps législatifs. En outre, le gouvernement fédéral s'engageait à négocier avec les autres provinces qui en feraient la demande des accords similaires et à les constitutionnaliser également.

Les adversaires de l'Accord du lac Meech ont prétendu que les autorités fédérales avaient ainsi abandonné aux mains des provinces leurs pouvoirs en matière d'immigration. Cette critique paraît cependant largement exagérée, si l'on tient compte du fait que l'Accord prévoyait également qu'une entente sur l'immigration ainsi conclue et constitutionnalisée «n'a d'effet que dans la mesure de sa compatibilité avec les dispositions des lois du Parlement du Canada qui fixent des normes et objectifs nationaux relatifs à l'immigration et aux aubains [étrangers], notamment en ce qui concerne l'établissement des catégories générales d'immigrants, les niveaux d'immigration au Canada et la détermination des catégories de personnes admissibles au Canada». Par conséquent, les autorités fédérales s'étaient réservé le pouvoir discrétionnaire de rendre inopérantes les dispositions les plus importantes des ententes susceptibles d'être conclues avec les provinces, même après que celles-ci fussent enchâssées dans la Constitution. Au surplus, ces mêmes ententes, et toutes les mesures prises sous leur régime, restaient assujetties à la *Charte canadienne des droits et libertés*, notamment à l'article 6 qui protège la liberté de circulation et d'établissement des citoyens canadiens et des résidents permanents[45].

## 4. - *La limitation du pouvoir fédéral de dépenser*

Le «pouvoir de dépenser» désigne la capacité d'un ordre de gouvernement d'affecter ses ressources financières à certains objectifs. Lorsque les buts poursuivis relèvent de la compétence de l'autorité qui engage les dépenses, il n'existe aucune difficulté particulière. Par contre, le problème se pose quand les dépenses ainsi faites permettent une intervention dans

---

45.   Le gouvernement fédéral et celui du Québec ont conclu en février 1991 une entente administrative en matière d'immigration qui est entrée en vigueur le 1er avril suivant; elle reprend les engagements que prévoyait l'Accord du lac Meech, mais sans aucune garantie constitutionnelle.

les compétences de l'autre ordre de gouvernement. Comme les ressources financières fédérales sont plus importantes que celles des provinces, ce sont ces dernières qui ont à craindre l'exercice du pouvoir de dépenser du gouvernement central, plutôt que l'inverse.

Dans l'exercice de son pouvoir de dépenser, le fédéral verse aux provinces des subventions qui doivent servir à des programmes précis (par opposition aux paiements de péréquation, que les provinces peuvent affecter librement aux fins qu'elles déterminent). En outre, ces subventions sont souvent conditionnelles au respect de certains objectifs ou normes fixés par les autorités fédérales. Enfin, les provinces sont parfois tenues de participer financièrement au programme, qui devient alors un programme «conjoint» (ou «cofinancé»). Des vérificateurs fédéraux contrôlent la bonne marche des opérations et l'utilisation des sommes versées par Ottawa. Le fédéral a commencé à proposer de tels programmes aux provinces dès l'époque de la Première Guerre mondiale, dans des domaines relevant de la compétence provinciale. Depuis lors, plus de 100 programmes de ce genre ont été établis, toujours à l'initiative des autorités fédérales, certains de nature temporaire, mais la plupart avec vocation à la permanence. Il est évidemment très difficile pour les provinces de refuser d'y participer, puisque cela désavantagerait leurs ressortissants, qui paient à Ottawa des impôts dont une partie sert à financer les programmes en question. Pourtant, en se pliant aux objectifs et aux normes imposés par les autorités fédérales, les provinces consentent à modifier leurs propres priorités budgétaires et à se laisser dicter la manière d'exercer les compétences que la Constitution leur attribue de façon exclusive. De plus, elles risquent, au bout d'un certain temps, de voir le fédéral se retirer unilatéralement du programme, ou diminuer sa participation, à un moment où il n'est plus politiquement possible de le supprimer à cause des attentes et des habitudes qu'il a créées dans la population.

Les trois programmes partagés les plus importants portent sur l'assurance-hospitalisation, les soins médicaux et l'enseignement post-secondaire. Les subventions fédérales versées pour les deux premiers sont conditionnelles au respect de certaines «normes nationales», établies dans la *Loi canadienne sur la santé*[46], alors que la contribution au troisième est restée inconditionnelle jusqu'à présent. Depuis 1977, le financement

---

46.  L.R.C. (1985), c. C-6.

fédéral de ces trois programmes, qualifiés depuis lors d'«établis», a pris la forme d'un transfert de points d'impôts assorti de versements en espèces basés sur la population de chaque province. En outre, la contribution fédérale ne dépend plus des coûts effectifs, mais elle est calculée à partir des coûts de l'année de base 1976, ajustés en fonction de la croissance du produit national brut. Par ailleurs, dans le cadre du Régime d'assistance publique du Canada, le fédéral a conclu avec les différentes provinces, en 1967, des accords bilatéraux, en vertu desquels il contribue pour moitié aux coûts d'un certain nombre de programmes d'assistance publique et de protection sociale. Enfin, il faut ajouter qu'en plus des subventions conditionnelles versées directement aux gouvernements provinciaux le pouvoir fédéral de dépenser s'exerce également, dans certains domaines de compétence provinciale, par des prestations à des individus (par exemple, les allocations familiales fédérales) ou à des entités, comme les municipalités.

Sur le plan juridique, les problèmes soulevés par le pouvoir de dépenser sont loin d'avoir été entièrement clarifiés. En doctrine, la grande majorité des auteurs est d'avis que le pouvoir de dépenser est valide en tant que mise en œuvre du droit de l'État, fédéral ou provincial, d'utiliser les biens qui lui appartiennent pour commercer, contracter, prêter ou donner, même conditionnellement, comme n'importe quelle personne physique ou morale. En jurisprudence, bien qu'il n'existe pas de décision véritablement concluante sur ce point, la tendance est de reconnaître qu'un ordre de gouvernement peut dépenser dans des domaines qui relèvent de l'autre ordre de gouvernement dans la mesure où, ce faisant, il ne *légifère pas* relativement à un sujet de compétence appartenant à ce dernier. Il est vrai que la distinction entre une loi autorisant des dépenses assorties de conditions et une loi de réglementation n'est pas toujours facile à faire et c'est précisément cette incertitude qui a amené jusqu'à présent le gouvernement fédéral à recourir habituellement à la négociation avec les provinces pour exercer un pouvoir dont l'étendue et les limites ne sont pas clairement précisées[47].

L'Accord du lac Meech prévoyait qu'une province qui refuserait de participer aux *futurs* programmes à frais partagés, créés par le gouver-

---

47. Sur le pouvoir de dépenser du gouvernement fédéral, voir: J.-Y. MORIN et J. WOEHRLING, *op. cit.*, note 2, p. 360 et suiv.

nement fédéral dans un domaine de compétence *provinciale exclusive*, recevrait une «juste» compensation, c'est-à-dire, si l'on comprend bien, correspondant au montant que le fédéral aurait dépensé chez elle si celle-ci avait accepté le programme. Les adversaires de l'Accord considéraient que cette limitation du pouvoir fédéral de dépenser menaçait la capacité d'Ottawa de créer à l'avenir de nouveaux programmes sociaux (comme, par exemple, un programme national de garderies) et d'en imposer l'implantation dans toutes les provinces. Il semble cependant que cette crainte était exagérée. En effet, l'Accord du lac Meech prévoyait également qu'une province qui se retire d'un programme à frais partagés et qui reçoit une compensation financière doit affecter celle-ci à «un programme ou une mesure compatible avec les objectifs nationaux». Il est vrai que la notion d'«objectifs nationaux» était imprécise et pouvait être diversement interprétée. Il aurait donc fallu attendre que les tribunaux en donnent la signification pour savoir quelles contraintes le respect des «objectifs nationaux» imposait réellement aux provinces.

En fait, même si l'Accord du lac Meech n'a pas été entériné et que le pouvoir de dépenser du fédéral n'a donc pas été limité sur le plan juridique, ce pouvoir a subi, depuis quelques années, une notable diminution sur le plan financier. En effet, on sait que le budget fédéral a été déficitaire sans interruption depuis 1975. Le déficit accumulé est désormais tel que près de 30 % des revenus fiscaux fédéraux doivent être consacrés au service de la dette publique. Cette situation a amené le gouvernement fédéral à limiter le montant des transferts financiers qu'il effectue au profit des provinces. La progression des paiements de péréquation a été assujettie à celle du produit national brut et la contribution fédérale aux trois «programmes établis» a été gelée à son niveau de l'année 1989-1990, ce qui signifie que tout versement en espèces (par opposition au transfert de points d'impôts) cessera d'ici un certain nombre d'années, variable selon la province considérée. Enfin, en 1990, le Parlement fédéral a modifié le régime d'assistance publique du Canada pour limiter la progression des versements effectués aux trois provinces les plus riches, qui ne sont pas bénéficiaires de paiements de péréquation, soit l'Ontario, l'Alberta et la Colombie-Britannique.

## 5. - *La procédure de modification de la Constitution*

La procédure de modification de la Constitution canadienne est prévue aux articles 38 à 49 de la *Loi constitutionnelle de 1982*. Dans certains cas, l'accord des dix provinces et du Parlement fédéral est nécessaire; dans d'autres, celui du Parlement fédéral et de toutes les provinces intéressées par la modification suffit; enfin, la procédure la plus courante exige l'accord du Parlement fédéral et d'au moins les deux tiers des provinces (c'est-à-dire sept sur dix), dont la population confondue représente au moins la moitié de la population de toutes les provinces. Par ailleurs, certaines modifications qui visent la constitution interne d'une province peuvent être faites par la législature de la province intéressée et d'autres, relatives au fonctionnement des organes fédéraux, par les deux chambres du Parlement fédéral.

L'Accord du lac Meech apportait certains changements à la procédure de modification de la Constitution. En premier lieu, il modifiait l'article 40 de la *Loi constitutionnelle de 1982* de façon à prévoir le versement d'une compensation financière dans tous les cas où une province peut exercer son droit de désaccord (ou «droit de retrait») à l'égard d'une modification ayant pour effet de transférer au Parlement fédéral une compétence législative provinciale; à l'heure actuelle, cette compensation n'intervient que lorsque le transfert porte sur l'éducation ou d'autres domaines culturels. En second lieu, l'Accord du lac Meech prévoyait que les modifications actuellement visées à l'article 42 de la *Loi constitutionnelle de 1982*, et relevant par conséquent de la procédure générale des deux tiers, seraient soumises à la règle de l'unanimité prévue à l'article 41. Ce faisant, il assujetissait notamment la réforme des institutions fédérales et la création de nouvelles provinces à l'exigence d'un accord unanime des dix provinces, alors que ces modifications ne nécessitent actuellement que l'accord du Parlement fédéral et des deux tiers des provinces (c'est-à-dire sept provinces sur dix), représentant la moitié de la population totale.

Il semble que les critiques adressées à ce dernier élément de l'Accord du lac Meech étaient justifiées. L'exigence de l'unanimité aurait conféré à la Constitution une rigidité excessive. En outre, elle aurait rendu pratiquement impossible la réforme du Sénat et l'accession des Territoires du Nord-Ouest et du Yukon au statut de province. C'est pourquoi l'opposition à ces dispositions de l'Accord fut particulièrement vive, notamment dans les territoires et dans les provinces de l'Ouest, lesquelles désirent beaucoup une réforme du Sénat. Le sort de l'Accord du lac Meech, qui a succombé à la règle de l'unanimité, démontre en quelque sorte par l'absurde les inconvénients qu'aurait entraînés l'extension de cette règle. Quant au Québec, s'il obtenait ainsi un droit de veto élargi, c'était au prix de la reconnaissance du même droit à toutes les autres provinces, ce qui risquait de constituer pour lui par la suite un inconvénient majeur s'il cherchait à obtenir une modification dans un des domaines soustraits à la règle de la majorité et ajoutés à celle de l'unanimité.

*6. - La reconnaissance de la dualité linguistique du Canada*
*et du caractère distinct du Québec*

L'Accord du lac Meech contenait également des dispositions reconnaissant la dualité linguistique du Canada et le caractère distinct de la société québécoise. Ce sont ces dispositions, surtout celles relatives au caractère distinct du Québec, qui ont attiré les critiques les plus virulentes. Les adversaires de l'Accord ont prétendu tout à la fois qu'elles avaient pour effet de conférer au Québec plus de pouvoirs qu'aux autres provinces, et qu'elles lui permettraient de limiter, ou même de supprimer, les droits et libertés garantis dans la Constitution canadienne. Ces craintes étaient très nettement exagérées.

D'abord, en ce qui concerne le partage des compétences, l'Accord du lac Meech contenait une disposition qui empêchait de façon très claire qu'on puisse faire découler de la reconnaissance du caractère distinct du Québec quelque modification que ce soit à l'actuelle répartition des pouvoirs entre le Parlement canadien et la législature du Québec. Par conséquent, l'Accord n'augmentait pas les pouvoirs du Québec, pas plus qu'il ne les diminuait.

Ensuite, il faut relativiser les dangers que l'Accord constitutionnel faisait prétendûment courir aux droits et libertés. À cet égard, il y a lieu de distinguer entre les droits individuels et les droits collectifs.

Les droits individuels, universels par nature, semblaient devoir être peu vulnérables: il eut été en effet fort difficile de prouver que le caractère distinct du Québec exigeait leur limitation, puisque par définition ils sont les mêmes partout. Voilà sans doute pourquoi certains groupes féministes du Canada anglais ont dû inventer des hypothèses farfelues pour essayer de démontrer que le droit à l'égalité sexuelle pourrait être restreint en vertu de la disposition relative au caractère distinct. Certains d'entre eux, par exemple, ont évoqué la possibilité que le Québec puisse, pour combattre la crise de la natalité, interdire l'avortement et limiter l'accès des femmes à la formation professionnelle et à l'éducation supérieure, afin de les inciter à rester au foyer pour y élever des enfants....

Par contre, les droits à portée culturelle et linguistique, de nature collective, étaient à première vue plus vulnérables, puisqu'ils portent sur les mêmes réalités que celles qui constituent le caractère distinct du Québec (la langue et la culture) et qu'ils ne sont pas eux-mêmes universels et fondamentaux, mais propres à une situation sociale et culturelle contingente. Cependant, toutes les précautions avaient été prises pour que la reconnaissance du caractère distinct du Québec ne vienne pas diminuer les droits reconnus, dans la *Charte canadienne des droits et libertés* ou dans d'autres dispositions constitutionnelles, aux minorités qui vivent sur le territoire québécois. Pour ce qui est des droits de la minorité anglophone du Québec, ils étaient réaffirmés par la reconnaissance de la dualité linguistique comme étant la «caractéristique fondamentale de la fédération canadienne». Par conséquent, il était clair que la protection de la minorité anglophone devrait toujours avoir priorité sur la promotion du caractère francophone distinct du Québec. Quant aux autres minorités ethniques et culturelles du Québec, elles sont protégées par l'article 27 de la Charte, qui garantit «le maintien et la valorisation du patrimoine multiculturel». Or cet article 27 avait été purement et simplement soustrait à la portée de l'Accord du lac Meech, tout comme d'ailleurs les dispositions constitutionnelles qui protègent les droits des peuples autochtones (articles 25 de la *Charte canadienne des droits et libertés* et 35 de la *Loi constitutionnelle de 1982*).

Ce bilan rapide tend donc à démontrer que l'impact des dispositions relatives au caractère distinct du Québec sur les droits garantis par la Constitution, qu'ils soient individuels ou collectifs, ne pouvait être que négligeable[48].

---

48.   Pour une analyse plus développée de l'impact de l'Accord du lac Meech sur les droits et libertés garantis par la Constitution du Canada, voir: José WOEHRLING, «La Modification constitutionnelle de 1987, la reconnaissance du Québec comme société distincte et la dualité linguistique du Canada», (1988) 29 *Cahiers de Droit* 3; José WOEHRLING, «La reconnaissance du Québec comme société distincte et la dualité linguistique du Canada: conséquences juridiques et constitutionnelles» dans: *The Meech Lake Accord - L'Accord du lac Meech*, numéro spécial de *Canadian Public Policy/Analyse de*

★

★  ★

De façon plus générale, les adversaires de l'Accord du lac Meech reprochaient à celui-ci d'affaiblir dangereusement le pouvoir de l'État central, menaçant même de le rendre incapable de remplir son rôle. Cependant, il paraît plus juste de dire que l'Accord du lac Meech créait plutôt la nécessité pour les provinces et le gouvernement fédéral de s'entendre, dans un certain nombre de domaines où Ottawa peut actuellement agir de façon unilatérale. C'était le cas pour la nomination des sénateurs et des juges de la Cour suprême, pour l'exercice des compétences en matière d'immigration et pour la mise en œuvre du pouvoir de dépenser. Dans tous ces domaines, l'Accord du lac Meech n'enlevait aucun pouvoir à Ottawa, mais introduisait seulement la nécessité pour le gouvernement central de collaborer avec les provinces. Cette vision «coopérative» du fédéralisme a été rejetée par les adversaires de l'Accord. Il semble que, pour eux, les rapports entre les deux ordres de gouvernement doivent reposer sur la subordination des provinces à Ottawa, plutôt que sur la coordination et la concertation.

## C. - Les causes de l'échec de l'Accord du lac Meech

Pour entrer en vigueur, l'Accord du lac Meech devait être ratifié par le Parlement fédéral et l'Assemblée législative de chacune des dix provinces. En fait, sur les cinq éléments contenus dans l'Accord, deux seulement exigeaient un consentement unanime (les changements à la procédure de modification constitutionnelle et les modalités de nomination des juges de la Cour suprême). Mais les premiers ministres s'étaient entendu pour lier

---

Politiques, septembre 1988, p. 43-62; José WOEHRLING, «L'Accord du lac Meech et l'application de la Charte canadienne des droits et libertés», dans Gérald-A. BEAUDOIN (dir.), Vues canadiennes et européennes des droits et libertés (Actes des journées strasbourgeoises de l'Institut canadien d'études juridiques supérieures - 1988), Cowansville, Éditions Y. Blais, 1989, p. 377-418; José WOEHRLING, «A Critique of the Distinct Society Clause's Critics» dans: The Meech Lake Primer: Conflicting Views of the 1987 Constitutional Accord (sous la direction de Michael D. Behiels), Ottawa, University of Ottawa Press, 1989, p. 171-207; José WOEHRLING, «Les droits linguistiques des minorités et le projet de modification de la Constitution du Canada (l'Accord du lac Meech)» dans: P. PUPIER et J. WOEHRLING, op. cit., note 6, p. 291-322.

indissolublement les différentes dispositions de l'Accord, de façon à ce que celui-ci soit adopté ou rejeté comme un tout. Dès lors, l'unanimité devenait nécessaire pour adopter l'ensemble. En outre, pour les mêmes raisons tenant à l'indissociabilité du contenu de l'Accord, le délai maximal de trois ans exigé pour certaines des modifications devenait applicable pour la totalité. La première résolution d'agrément ayant été adoptée le 23 juin 1987, par l'Assemblée nationale du Québec, la date limite pour l'adoption de l'Accord se trouvait donc fixée au 23 juin 1990.

Dans les deux ans suivant la conclusion de l'Accord, des élections provinciales au Nouveau-Brunswick, au Manitoba et à Terre-Neuve amenèrent au pouvoir des chefs de gouvernement qui n'avaient pas participé à la négociation et à la signature de l'Accord et qui refusèrent de le faire ratifier par leur assemblée législative ou même — dans le cas de Terre-Neuve — firent révoquer par cette dernière la résolution d'agrément qu'elle avait déjà adoptée[49].

L'échec de l'Accord du lac Meech s'explique en bonne partie par la «globalisation» du processus de modification de la Constitution qui, à l'origine, était exclusivement destiné à permettre l'adhésion du Québec à la *Loi constitutionnelle de 1982*. Mais la raison la plus importante de cet échec tient à l'incompatibilité profonde qui s'est manifestée entre les aspirations constitutionnelles du Québec et celles d'une grande partie du Canada anglais.

### 1. - La «globalisation» du processus de modification constitutionnelle

Le processus de modification de la Constitution, qui était à l'origine destiné à satisfaire les seules demandes du Québec, s'est rapidement «globalisé», c'est-à-dire que les revendications d'autres acteurs politiques se sont ajoutées à celles du Québec, ce qui devait évidemment entraîner une complexité accrue du débat. Ainsi, les trois provinces récalcitrantes liaient notamment leur acceptation de l'Accord à une réforme du Sénat. Il faut

---

49.    En fait, la législature du Nouveau-Brunswick finit par adopter, quelques jours avant la date limite du 23 juin 1990, la résolution d'agrément nécessaire pour ratifier l'Accord du lac Meech. Si celui-ci échoua en fin de compte, ce fut donc à cause de l'absence de ratification par les législatures du Manitoba et de Terre-Neuve. Pour plus de détails sur les péripéties de l'échec de l'Accord du lac Meech, voir J.-Y. MORIN et J. WOEHRLING, *op. cit.*, note 2, p. 553 et suiv.

reconnaître que cette attitude se justifiait par le fait que la réforme du Sénat serait devenue beaucoup plus difficile si l'Accord du lac Meech était entré en vigueur, puisqu'elle aurait été soumise à la règle de l'unanimité (alors qu'à l'heure actuelle une telle réforme n'exige que l'accord des autorités fédérales et de sept provinces, représentant 50 % de la population).

En outre, d'autres acteurs politiques ont voulu profiter de l'occasion pour obtenir la satisfaction de leurs propres revendications constitutionnelles. Ainsi, les peuples autochtones du Canada ont vivement combattu l'Accord du lac Meech. Leur opposition était en partie motivée par les dispositions portant sur la procédure de modification de la Constitution, qui faisaient en sorte, une fois l'accord entré en vigueur, que la création de nouvelles provinces au Yukon et dans les Territoires du Nord-Ouest exigerait l'assentiment de toutes les provinces, et non plus l'accord de sept d'entre elles comme c'est le cas à l'heure actuelle. Mais le principal grief des autochtones à l'égard de l'Accord se situait sur le plan de la symbolique constitutionnelle. En effet, de tous les groupes opposés à l'Accord du lac Meech, les autochtones étaient le seul qui revendique, lui aussi, d'être reconnu comme une «société distincte», parce qu'il est le seul, avec le Québec, à avoir des ambitions «nationales» ou, du moins, certaines revendications en matière d'autonomie gouvernementale. De fait, entre 1983 et 1987, à l'occasion de quatre conférences constitutionnelles successives (dont la dernière avait précédé de quelques semaines seulement l'Accord du lac Meech), les leaders autochtones avaient tenté, sans succès, d'obtenir du gouvernement fédéral et des gouvernements provinciaux la consécration de leur droit «inhérent» à l'autonomie gouvernementale (il s'agit d'un droit de se gouverner qui prendrait sa source dans le simple fait que les autochtones étaient présents sur le territoire avant l'arrivée des Européens). Les autochtones considéraient que leur reconnaissance comme «société distincte» aurait favorisé ces revendications sur un plan politique. Enfin, alors que les peuples autochtones peuvent invoquer une légitimité historique antérieure à celle des deux «peuples fondateurs», les anglophones et les francophones, leur existence n'a pas été reconnue comme une «caractéristique fondamentale» dans l'Accord du lac Meech, ni ailleurs dans la Constitution.

L'Accord du lac Meech a également entraîné l'intervention des associations féministes du Canada anglais, qui prétendaient que la limitation du pouvoir de dépenser du gouvernement fédéral empêcherait celui-ci de mettre sur pied un programme national de garderies. Ces associations craignaient également que la reconnaissance du caractère distinct du Québec ne menace le droit des femmes à l'égalité. De même, les Anglo-Québécois sont intervenus pour dénoncer l'Accord, dans la mesure où ils considéraient que les dispositions reconnaissant le caractère distinct du Québec menaçaient leurs droits linguistiques. De leur côté, les francophones du Nouveau-Brunswick ont cautionné l'opposition de leur gouvernement à l'Accord du lac Meech parce qu'ils voulaient profiter du processus pour faire inscrire dans la Constitution le principe de l'égalité de statut des communautés anglophone et francophone de la province, ce qui pouvait cependant être réalisé par simple entente entre les autorités fédérales et celles du Nouveau-Brunswick[50]. Enfin, de nombreuses minorités culturelles et ethniques ont eu le sentiment que l'Accord du lac Meech rabaissait le statut qui leur a été octroyé avec l'article 27 de la Charte canadienne, qui prévoit le maintien et la promotion du «multiculturalisme». C'est pourquoi ces groupes voulaient faire modifier l'Accord de façon à ce que le multiculturalisme soit également reconnu comme une «caractéristique fondamentale du Canada».

On peut donc constater que toute tentative de réforme constitutionnelle provoque désormais l'intervention quasi automatique de nombreux groupes d'intérêt qui exigent d'être consultés sur les modifications en discussion, voire de participer directement aux négociations. Toute légitime que soit cette tendance sur le plan démocratique, il n'en reste pas moins qu'elle augmente considérablement les difficultés de fonctionnement de la procédure de modification.

Les difficultés de fonctionnement de la procédure de modification qui ont été révélées par l'échec de l'Accord du lac Meech ont amené le gouvernement fédéral à rechercher les moyens de simplifier cette procédure et, en particulier, de diminuer les cas où l'unanimité est exigée. Le gouvernement fédéral a donc publié, en décembre 1990, un document de

---

50. L'article 43 de la *Loi constitutionnelle de 1982* permet de modifier les dispositions de la Constitution applicables à «certaines provinces» seulement par accord entre les autorités fédérales et celles de la province ou des provinces concernées. De fait, en 1993, le gouvernement fédéral et celui du Nouveau-Brunswick ont eu recours à la procédure de l'article 43 pour faire «enchâsser» dans la Constitution canadienne, à l'article 16.1 de la *Loi constitutionnelle de 1982*, les principes de la *Loi reconnaissant l'égalité des deux communautés linguistiques officielles du Nouveau-Brunswick*, précitée, note 27.

travail destiné à susciter la réflexion, dans lequel le modèle référendaire et celui de l'assemblée constituante sont présentés comme des solutions de rechange susceptibles d'accroître la participation du public au processus de modification[51]. Par ailleurs, la Chambre des communes et le Sénat ont créé, au début de 1991, un Comité mixte spécial sur le processus de modification de la Constitution du Canada. Le comité a présenté son rapport le 20 juin 1991. Il recommande notamment le remplacement de l'actuelle procédure de modification par la formule des «vetos régionaux» qui était contenue dans la Charte de Victoria de 1971[52]. On se souviendra qu'elle consistait à exiger l'accord des autorités fédérales, du Québec, de l'Ontario, d'au moins deux des quatre provinces atlantiques et, enfin, d'au moins deux des quatre provinces de l'Ouest. Il faut cependant rappeler qu'à partir de la fin des années 1970 les provinces de l'Ouest ont rejeté cette formule, en faisant valoir son incompatibilité avec le principe de l'égalité de toutes les provinces. De plus, le comportement récent du Manitoba et de Terre-Neuve, qui ont eu recours au droit de veto pour faire échouer l'Accord du lac Meech, amène à penser qu'il est peu vraisemblable que les provinces autres que le Québec et l'Ontario acceptent de remplacer le droit de veto prévu à l'article 41 de la *Loi constitutionnelle de 1982*, qui appartient à toutes les provinces, par un droit de veto régional que les provinces atlantiques et celles de l'Ouest ne pourraient exercer que de façon conjointe. Or, en vertu de l'article 41e), tout changement de la procédure de modification exige l'accord unanime des autorités fédérales et des dix provinces.

Une conclusion semble donc s'imposer: la procédure de modification de la Constitution ne pourra pas être modifiée dans un avenir prévisible pour la rendre moins rigide.

---

51. *La modification de la Constitution du Canada*, Document de travail, Ottawa, gouvernement du Canada (Bureau des relations fédérales-provinciales), décembre 1990.
52. *Le processus de modification de la Constitution du Canada*, Rapport du Comité mixte spécial du Sénat et de la Chambre des communes (Coprésidents : Gérald Beaudoin et Jim Edwards), 20 juin 1991, Ottawa, Approvisionnements et Services Canada. Le rapport recommande également l'adoption d'une loi fédérale qui permettrait la tenue d'un référendum consultatif sur les projets de modification constitutionnelle; le référendum devrait requérir une majorité nationale et une majorité dans chacune des quatre régions suivantes : Atlantique, Québec, Ontario et Ouest.

## 2. - *Le choc des aspirations et des identités nationales du Québec et du Canada anglais*

Il est vrai que deux provinces seulement (le Manitoba et Terre-Neuve), représentant moins de 8 % de la population canadienne, ont refusé l'Accord du lac Meech, alors que les assemblées législatives des sept autres provinces anglophones l'ont entériné. Cependant, les sondages démontrent que, dans ces provinces, une large majorité — entre 60 % et 70 % de la population — était fortement opposée à l'Accord. De la même façon, si celui-ci avait reçu l'approbation des chefs des deux partis d'opposition fédéraux, M. Broadbent pour le Nouveau Parti démocratique et M. Turner pour le Parti libéral du Canada, ceux-ci ont dû compter avec une opposition grandissante à l'Accord dans les rangs de leur députation et les nouveaux chefs de parti qui les ont par la suite remplacés, Mme McLaughlin (N.P.D.) et M. Chrétien (P.LC.), avaient nettement pris position contre l'Accord. Par conséquent, même si l'Accord du lac Meech a été adopté par la Chambre des communes[53] et les assemblées législatives de sept des neuf provinces anglophones, on peut cependant considérer qu'il a été rejeté par une forte majorité de la population canadienne anglaise et par une bonne partie des élites du Canada anglais. En fait, la controverse autour de l'Accord a révélé l'incompatibilité profonde qui existe entre les aspirations constitutionnelles du Québec et celles du Canada anglais, qu'il s'agisse de la répartition des pouvoirs entre l'État central et les provinces, du rôle reconnu à la Charte constitutionnelle, de la politique linguistique et des droits des minorités ou encore — et surtout — de la place du Québec au sein de la fédération canadienne.

### a.- La répartition des pouvoirs

En ce qui concerne le partage des pouvoirs entre les deux ordres de gouvernement, il semble que beaucoup de Canadiens anglais sont

---

53.    Le Sénat, où le Parti libéral du Canada était majoritaire à l'époque, a refusé de donner son assentiment à l'Accord du lac Meech; la Chambre des communes est cependant passée outre au défaut d'autorisation du Sénat en adoptant une deuxième résolution d'agrément, conformément à l'article 47(1) de la *Loi constitutionnelle de 1982*. Cette disposition prévoit que, dans le cadre des trois procédures réclamant un accord fédéral-provincial, le Sénat ne dispose que d'un droit de veto suspensif auquel la Chambre des communes peut passer outre si, après l'expiration d'un délai de 180 jours suivant l'adoption d'une première résolution d'agrément, elle adopte une nouvelle résolution dans le même sens.

désireux de voir s'établir une plus grande centralisation, notamment dans certains domaines comme l'éducation, la culture, les communications et la politique sociale, à l'égard desquels le Québec, au contraire, réclame une plus grande décentralisation[54]. En effet, de nombreux Canadiens anglais considèrent qu'un rôle accru d'Ottawa dans ces domaines est souhaitable, voire nécessaire, pour assurer une plus grande égalité entre les citoyens et consolider l'identité nationale canadienne face à l'influence des États-Unis. Cette opinion est particulièrement répandue chez les élites canadiennes-anglaises de gauche et de centre-gauche: bien que traditionnellement sympathiques aux revendications du Québec, celles-ci se sont opposées à l'Accord du lac Meech parce qu'elles y voyaient une diminution des pouvoirs du gouvernement fédéral[55].

Il faut également souligner que six des neuf provinces anglophones ont des revenus fiscaux inférieurs à la moyenne nationale et, par conséquent, bénéficient des paiements de péréquation et autres transferts fédéraux, au moyen desquels le gouvernement central procède à une certaine redistribution de la richesse nationale. Pour la plupart de ces provinces, les versements fédéraux constituent une part fort importante de leur budget et, pour cette raison, elles sont évidemment opposées à toute réforme constitutionnelle qui affaiblirait l'État central[56].

En outre, comme on l'a mentionné précédemment, les provinces atlantiques et celles de l'Ouest, moins peuplées que le Québec et

---

54.    Voir les résultats de sondages sur cette question cités par K. McROBERTS, *op. cit.*, note 25, p. 43.

55.    On peut également rappeler que, lors des élections fédérales du 21 novembre 1988, les Québécois appuyèrent massivement le Parti conservateur fédéral dans sa politique de conclusion d'un accord de libre-échange avec les États-Unis, ce qui semble avoir créé une certaine amertume dans les milieux progressistes et nationalistes du Canada anglais, qui craignaient qu'une plus grande ouverture à l'influence américaine ne menace l'identité canadienne et n'entraîne à la longue l'abandon de certaines politiques qui distinguent le Canada des États-Unis, notamment en matière d'assurances sociales et de sécurité du revenu. Sur ce point, voir notamment : Philip RESNICK, *Toward A Canada-Quebec Union*, Montreal-Kingston, McGill-Queen's University Press, 1991, p. 4-5.

56.    Ces six provinces sont le Manitoba, la Saskatchewan, le Nouveau-Brunswick, la Nouvelle-Écosse, l'Île-du-Prince-Édouard et Terre-Neuve. Le Québec bénéficie également des paiements de péréquation, mais il en est moins dépendant que les six autres provinces. L'Ontario, l'Alberta et la Colombie-Britannique ont des revenus supérieurs à la moyenne nationale et ne bénéficient donc pas de la péréquation.

l'Ontario, espèrent qu'une réforme du Sénat leur permettra d'exercer une influence accrue au sein des institutions du pouvoir central; dans cette mesure, elles veulent évidemment que ce dernier reste fort, ou même qu'il soit renforcé. Elles recherchent donc, non pas une augmentation des pouvoirs provinciaux, mais plus d'influence sur le processus politique fédéral par l'entremise d'une Chambre haute renforcée où elles seront davantage représentées qu'à la Chambre des communes.

Enfin, il faut constater que le sentiment d'identité nationale des Canadiens anglais est davantage associé à l'État central et à ses institutions qu'aux pouvoirs publics provinciaux[57]. Par conséquent, toute diminution du rôle et des pouvoirs d'Ottawa est perçue comme une menace ou une attaque contre cette identité. Les Québécois, au contraire, surtout depuis la «Révolution tranquille», accordent principalement leur confiance et leur loyauté à l'État provincial, ce qui est fort compréhensible puisque c'est le seul État qu'ils contrôlent de façon démocratique. Par conséquent, à l'inverse de ce qui se passe pour les Canadiens anglais, ce sont les visées centralisatrices qui menacent le sentiment d'identité nationale des Québécois francophones.

### b.- Les attitudes à l'égard de la *Charte canadienne des droits et libertés*

La même divergence existe en ce qui concerne les attitudes respectives des Canadiens anglais et des Québécois francophones à l'égard de la Charte constitutionnelle. Au Canada anglais, celle-ci sert désormais de symbole national. L'universalité des principes qui y sont enchâssés permet de transcender les nombreuses différences de culture et d'origine qui existent dans une population composée en grande partie d'immigrants venus de toutes les parties du monde. Cependant, dans la mesure précisément où les droits de l'homme sont généralement considérés comme devant être appliqués et interprétés partout de la même façon, l'application d'une charte constitutionnelle commune au Canada anglais et au Québec pourrait, à la longue, avoir des effets socialement uniformisateurs et, par conséquent, menacer le caractère distinct de la société québécoise. La mise en œuvre des droits et libertés touche des problèmes de culture et de civilisation et amène les tribunaux à se substituer au législateur pour effectuer

---

57. Sur ce point, voir P. RESNICK, *op. cit.*, note 55, p. 14-15.

certains «choix de société». Or, dans le cadre de la Charte canadienne, cette mise en œuvre se fait à l'échelle nationale, par le truchement d'une hiérarchie judiciaire centralisée qui utilise inévitablement une approche uniforme pour interpréter les standards constitutionnels (on a souligné précédemment que les juges des cours supérieures et des cours d'appel provinciales sont nommés, de façon discrétionnaire, par le gouvernement fédéral)[58]. Dans la mesure où l'application de la Charte canadienne est susceptible de limiter les pouvoirs et la liberté de choix des organes démocratiques de l'État québécois, on comprendra qu'elle ne suscite pas au Québec les mêmes sentiments de ferveur que dans les autres provinces[59]. En cherchant à faire reconnaître le caractère distinct de la société québécoise, le Québec voulait précisément se protéger contre les effets uniformisateurs de la Charte, dans la mesure où l'on espérait que celle-

58. Sur les effets potentiellement uniformisateurs de la *Charte canadienne des droits et libertés*, en particulier les dispositions relatives à l'égalité et à la non discrimination, voir : José WOEHRLING, «Le principe d'égalité, le système fédéral canadien et le caractère distinct du Québec», dans Pierre PATENAUDE (dir.), *Québec - Communauté française de Belgique: Autonomie et spécificité dans le cadre d'un système fédéral* (Actes du colloque tenu le 22 mars 1991, Faculté de droit, Université de Sherbrooke), Montréal, Wilson & Lafleur, 1991, p. 119. Un certain nombre de constitutionnalistes ont prédit que l'application de la *Charte canadienne des droits et libertés* entraînerait des effets uniformisateurs, principalement sur le droit d'origine provinciale; voir par exemple: R.R. KNOPFF & F.L. MORTON, «Le développement national et la Charte» dans A. CAIRNS & C. WILLIAMS (dir.), *Le constitutionnalisme, la citoyenneté et la société au Canada* (vol. 33 des études commandées dans le cadre du programme de recherche de la Commission royale sur l'union économique et les perspectives de développement du Canada, Ottawa, Centre d'édition du gouvernement du Canada, 1986; P.H. RUSSELL, «The Political Purposes of the Canadian Charter of Rights and Freedoms», (1983) 61 *Revue du Barreau canadien* 31; A. CAIRNS, «The Politics of Constitutional Conservatism» dans K. BANTING & R. SIMEON (dir.), *And No One Cheered: Federalism, Democracy and the Constitution Act*, Toronto, Methuen, 1983, p. 28. Les professeurs Knopff et Morton et le professeur Russell considèrent même que l'objectif caché du gouvernement fédéral de M. Trudeau, en faisant adopter la *Charte*, était précisément de provoquer une centralisation indirecte des pouvoirs qui résulterait de l'interprétation judiciaire: P.H. RUSSELL, *loc. cit.*, 32 et 33; R.R. KNOPFF & F.L. MORTON, *op. cit.*, p. 153 et 154.
59. Sur les différences d'attitude à l'égard de la *Charte* au Québec et dans le reste du Canada, voir notamment: F.L. MORTON, Peter H. RUSSELL et Michael J. WITHEY, «The Supreme Court's First One Hundred Charter of Rights Decisions: A Statistical Analysis», (1992) 30 *Osgoode Hall Law Journal* 1, 31-33 et 48.

ci devrait alors être interprétée en tenant compte des besoins particuliers du Québec[60].

En 1975, l'Assemblée nationale du Québec a adopté une *Charte des droits et libertés de la personne*[61] qui possède une valeur «quasi constitutionnelle» puisqu'elle a primauté sur les lois québécoises ordinaires. Les Québécois francophones considèrent généralement que cet instrument les protège adéquatement et que, s'il y a lieu de le constitutionnaliser, il devrait figurer dans une nouvelle constitution du Québec, laquelle pourrait être adoptée, soit dans l'actuel cadre fédéral canadien, soit à l'occasion de l'accession du Québec à la souveraineté[62].

c.- Les droits des minorités et les politiques linguistiques

En ce qui concerne la politique linguistique et les droits des minorités, le Canada anglais reproche au Québec de limiter les droits de sa minorité anglophone au moment même où le statut juridique des francophones hors Québec bénéficie d'une certaine amélioration. Cette vision «symétrique» méconnaît cependant le fait que les francophones, même s'ils sont en situation de majorité au Québec, constituent une minorité en perte d'influence au niveau du Canada tout entier. En effet, tous les efforts consentis par les autorités fédérales et certaines provinces pour améliorer le sort des minorités francophones hors Québec n'ont pas réussi à freiner le taux d'assimilation de ces groupes. Même au Québec, où 90 % des francophones du Canada sont désormais concentrés, le fait français n'est

---

60.    On peut également faire remarquer que la «rhétorique» des droits et libertés confère un caractère absolu et non débattable à des questions qui sont pourtant traditionnellement considérées comme pouvant faire l'objet de divergences légitimes entre personnes raisonnables. Ainsi, par exemple, si l'on présente la question de l'ouverture des commerces le dimanche comme un problème de politique économique et sociale ordinaire, il est évident qu'aucune solution uniforme ne s'impose d'une province à l'autre, étant donné que les conditions objectives et les mentalités peuvent varier grandement à propos d'un tel problème. Si l'on présente la même question comme une affaire de liberté de religion, il semble nécessaire d'adopter une solution universelle et impérative, car il est difficile d'admettre que la liberté de religion soit moindre dans certaines provinces que dans d'autres.

61.    Voir *supra*, note 15.

62.    Avant d'être constitutionnalisée, la Charte québécoise devrait cependant subir certaines modifications, notamment pour limiter le pouvoir de l'Assemblée nationale du Québec de déroger aux droits et libertés. Pour certaines propositions en ce sens, voir le chapitre 3 du présent ouvrage.

pas à l'abri des menaces, puisque les immigrants continuent en grande partie de s'assimiler à la communauté anglophone[63]. Pour protéger la langue française, les autorités québécoises considèrent donc qu'il faut parfois limiter les droits traditionnels des anglophones, dans la mesure où les deux langues sont en situation de concurrence. La plupart des Canadiens anglais rejettent cependant ces arguments et considèrent que la politique québécoise de la langue française viole le «pacte linguistique» tacite auquel ils ont consenti en acceptant la politique de bilinguisme officiel qui existe au niveau fédéral et dans deux des provinces anglophones (le Nouveau-Brunswick et, dans une moindre mesure, l'Ontario).

d.- La place du Québec au sein de la fédération

Enfin, l'opposition la plus radicale qui se manifeste entre le Canada anglais et le Québec concerne la reconnaissance de celui-ci comme communauté nationale distincte. Depuis 1867, mais plus encore à partir de la «Révolution tranquille», le Québec a cherché à obtenir une telle reconnaissance et à la faire traduire en un «statut particulier», c'est-à-dire en certains pouvoirs supplémentaires, considérés comme nécessaires à l'épanouissement de la société québécoise. Cependant, à cette revendication de l'égalité entre les deux «peuples fondateurs», le Canada anglais a toujours opposé le double principe d'égalité des provinces et des individus. L'insistance mise sur l'égalité juridique de toutes les provinces empêche évidemment de reconnaître à l'une d'entre elles un statut ou des pouvoirs particuliers. Mais il s'agit là d'un principe plutôt artificiel, qui ne correspond d'ailleurs pas au droit positif, puisque la Constitution canadienne contient déjà plusieurs dispositions qui traitent certaines provinces différemment des autres, notamment sur le plan des droits linguistiques. Quant à l'égalité des individus, garantie par la Charte constitutionnelle, l'interprétation radicale et quelque peu simpliste qu'on lui donne parfois rend également plus difficiles les arrangements institutionnels qui reconnaîtraient au Québec un statut particulier. En effet, comme le montrent certains arguments des opposants à l'Accord du lac Meech, de tels

---

63.  Sur l'évolution des groupes linguistiques, voir: Kenneth McROBERTS, op. cit., note 25, p. 13-14 et 20-21; M. TERMOTE, op. cit., note 1.

arrangements sont considérés au Canada anglais comme accordant aux Québécois plus de droits qu'aux Canadiens des autres provinces[64].

Il est donc permis de conclure en affirmant que l'opposition entre le Canada anglais et le Québec a pris les allures d'un choc entre deux «sociétés globales», deux communautés nationales distinctes, dont la coexistence devient de plus en plus difficile à l'intérieur des structures constitutionnelles actuelles[65]. Il faut alors se demander si une association — ou communauté — entre ces deux nations est encore possible, et sous quelle forme.

## D. - Le rejet de l'Accord de Charlottetown lors du référendum du 26 octobre 1992

Un peu plus de deux ans après l'échec de l'Accord du lac Meech, un nouvel accord constitutionnel, appelé «l'Accord de Charlottetown», était conclu par les onze premiers ministres, auxquels s'étaient joints cette fois les représentants des peuples autochtones du Canada. Soumis à référendum le 26 octobre 1992, l'Accord de Charlottetown a été rejeté par la population de façon décisive, tant au Québec que dans le reste du Canada. On examinera successivement la genèse et le contenu de l'Accord de Charlottetown, puis les causes et les conséquences de son échec.

### 1. - La genèse et le contenu de l'Accord de Charlottetown

En septembre 1990, le Parti libéral au gouvernement et le Parti québécois, dans l'opposition, s'accordaient pour créer une commission parlementaire élargie (la Commission Bélanger-Campeau, du nom de ses deux co-présidents) qui recevait le mandat d'étudier les options disponibles et de proposer des solutions pour l'avenir politique et constitutionnel du Québec. La Commission a remis son rapport en mars 1991, dans lequel elle concluait que les deux seules voies de solution s'ouvrant pour l'avenir

---

64. On pourrait ajouter que le principe du multiculturalisme, qui présuppose une certaine égalité de toutes les cultures, s'oppose également aux notions de «dualité linguistique» et de «deux peuples fondateurs».

65. Simon LANGLOIS, «Le choc de deux sociétés globales», dans Louis BALTHAZAR, Guy LAFOREST et Vincent LEMIEUX, *Le Québec et la restructuration du Canada - 1980-1992*, Sillery (Québec), Éditions du Septentrion, 1991, p. 95.

étaient la modification *en profondeur* du cadre constitutionnel actuel ou, sinon, l'accession du Québec à la souveraineté, avec ou sans l'accord du Canada anglais[66]. Les principales recommandations de la Commission B.C. ont été entérinées par le gouvernement quelques mois plus tard, lorsque celui-ci a fait adopter par l'Assemblée nationale, le 20 juin 1991, la *Loi sur le processus de détermination de l'avenir politique et constitutionnel du Québec*[67]. Celle-ci prévoyait la tenue d'un référendum sur la souveraineté du Québec au plus tard le 26 octobre 1992. D'ici ce référendum, il restait loisible au gouvernement fédéral et aux autres provinces d'offrir au Québec de nouveaux arrangements constitutionnels. La loi prévoyait également la création de deux commissions parlementaires spéciales ayant pour mandat, l'une d'étudier et d'analyser les modalités de l'accession du Québec à la pleine souveraineté, l'autre d'apprécier toute offre d'un nouveau partenariat de nature constitutionnelle qui serait faite par les gouvernements du Canada anglais.

Le 24 septembre 1991, le gouvernement fédéral de M. Brian Mulroney présentait ses propositions de renouvellement constitutionnel[68]. Un comité mixte spécial du Sénat et de la Chambre des communes était créé pour parcourir le Canada afin de recueillir les réactions à ces propositions et de suggérer, le cas échéant, des modifications. Le rapport du comité a été déposé le 28 février 1992[69]. En outre, à partir de la fin du mois de janvier, une série de cinq conférences fut organisée pour permettre à certains groupes d'intérêt et à des personnes choisies dans le grand public de discuter les propositions constitutionnelles du gouvernement fédéral. Entre le 12 mars et le 7 juillet 1992, les recommandations du Comité mixte allaient servir de base de discussion lors

---

66.   *Rapport de la Commission sur l'avenir politique et constitutionnel du Québec*, Québec, mars 1991, 180 pages.

67   L.Q. 1991, c. 34.

68.   *Bâtir ensemble le Canada - Propositions*, Ottawa, Ministre des Approvisionnements et Services Canada, 1991, 60 p. Pour une analyse de ces propositions, voir J.-Y. MORIN et J. WOEHRLING, *op. cit*, note 2, p. 564-571.

69.   *Un Canada renouvelé*, Rapport du comité mixte spécial du Sénat et de la Chambre des communes sur le renouvellement du Canada (Coprésidents: Gérald Beaudoin et Dorothy Dobie), Ottawa, Approvisionnements et Services Canada, 1992. Pour une analyse des recommandations du comité, voir: Peter H. RUSSELL, *Constitutional Odyssey - Can Canadians Become a Sovereign People?*, Toronto, University of Toronto Press, 1992, p. 181-189.

d'une série de rencontres entre les représentants des autorités fédérales, des provinces (le Québec excepté), des territoires et des quatre organisations représentant les peuples autochtones. À partir du 4 août 1992, se tinrent ensuite un certain nombre de réunions des premiers ministres, fédéral et provinciaux, auxquelles accepta de participer le chef du gouvernement du Québec, M. Robert Bourassa. Elles devaient aboutir, le 28 août, à un accord constitutionnel appelé «l'Accord de Charlottetown[70]». Cependant, ce n'est que le 9 octobre suivant que furent rendus publics les textes juridiques définitifs de l'entente, lesquels comportaient encore de nombreux points indéterminés, qui devaient par conséquent faire l'objet de négociations futures[71]. C'est sous cette forme quelque peu inachevée et programmatique que le projet de réforme constitutionnelle fut soumis à la population, qui le repoussa — tant au Québec que dans cinq autres provinces — lors d'un référendum qui eut lieu le 26 octobre 1992[72]. Étant donné le rejet de l'Accord de Charlottetown, il n'est pas nécessaire d'en analyser le contenu en détail. Nous en ferons cependant une brève description, pour tenter de comprendre pourquoi il a été rejeté.

Dans le nouveau projet de modification constitutionnelle, les dispositions relatives au caractère distinct du Québec étaient désormais inscrites dans une «clause Canada», destinée à être placée au début de la Constitution, qui énonçait huit «caractéristiques fondamentales» avec lesquelles devrait concorder l'interprétation de la Constitution, notamment la *Charte canadienne des droits et libertés*. Parmi les sept autres «caractéristiques fondamentales» ainsi consacrées, deux au moins risquaient d'entrer en conflit avec le caractère distinct du Québec: d'une part, le principe de l'égalité de toutes les provinces et, d'autre part, «l'attachement [*commitment* en anglais] des Canadiens et de leurs gouvernements à l'épanouissement et au développement des communautés minoritaires de langue officielle dans tout le pays» (c'est-à-dire, au Québec, de la minorité anglophone). Par ailleurs, le paragraphe 2 de la clause Canada affirmait que «[la] législature et le gouvernement du Québec ont le rôle de protéger et de promouvoir la société distincte».

---

70.    *Rapport du consensus sur la Constitution*, Charlottetown, 28 août 1992, texte définitif.
71.    *Projet de texte juridique*, 9 octobre 1992.
72.    Le 8 septembre 1992, la *Loi sur le processus de détermination de l'avenir politique et constitutionnel du Québec*, précitée, note 67, avait été modifiée pour permettre la tenue d'un référendum sur l'entente constitutionnelle du 28 août 1992, plutôt que sur l'accession du Québec à la souveraineté.

Toutes ces règles d'interprétation auraient eu sensiblement le même poids juridique. Par conséquent, il n'aurait pas été possible pour les tribunaux d'interpréter la Constitution de façon distincte pour le Québec, puisque cela aurait été contraire à l'égalité interprovinciale. De même, interpréter la Constitution comme permettant une mesure qui affecterait négativement le développement et l'épanouissement de la minorité anglo-québécoise serait allé à l'encontre de la disposition protégeant les minorités de langue officielle. Avec cette disposition, la minorité anglophone aurait même disposé d'une nouvelle arme pour contester les réglementations linguistiques québécoises considérées comme incompatibles avec la protection et l'épanouissement de la langue anglaise. Il est vrai que le Québec aurait alors pu tenter de se défendre en arguant que les mesures contestées étaient nécessaires pour protéger et promouvoir son caractère distinct. Les tribunaux auraient dès lors été obligés de constater qu'il y avait contradiction entre la promotion des droits de la majorité, fondée sur le caractère distinct du Québec, et l'épanouissement des droits de la minorité, et auraient donc dû déterminer laquelle de ces deux «caractéristiques fondamentales» devait se voir reconnaître la primauté sur l'autre.

Pour terminer, il faut souligner que, dans l'Accord de Charlottetown, contrairement à l'Accord du lac Meech, la «société distincte» était définie comme «comprenant notamment une majorité d'expression française, une culture qui est unique et une tradition de droit civil». Bien que n'étant pas exhaustive, cette énumération était de nature à limiter le contenu de la société distincte dans la mesure où les tribunaux auraient pu appliquer la règle voulant que seuls des éléments analogues à ceux qui sont énumérés peuvent être ajoutés par interprétation à une liste non exhaustive (règle *ejusdem generis*). Or le «genre» des trois éléments mentionnés, leur trait commun, était leur caractère traditionnel: il s'agissait de caractères particuliers du Québec qui existaient déjà au moment où celui-ci était entré dans la fédération en 1867. Par conséquent, on pouvait prétendre que le caractère distinct du Québec, tel qu'il était reconnu dans la clause Canada, était lié au passé et à l'histoire. Rien ne permettait évidemment de prétendre avec certitude que les tribunaux auraient retenu ce genre d'interprétation, mais cette possibilité ne pouvait pas davantage être exclue.

En tenant compte des différences qui viennent d'être mentionnées, il faut donc constater que la reconnaissance du caractère distinct du

Québec dans l'Accord de Charlottetown avait perdu de sa portée par rapport à l'Accord du lac Meech.

L'accord constitutionnel de Charlottetown comprenait également des dispositions relatives à la réforme du Sénat, de la Chambre des communes et de la Cour suprême.

Concernant la réforme du Sénat, l'accord constitutionnel prévoyait que celui-ci serait «égal», chaque province étant représentée par six sénateurs et chaque territoire par un. Dans un premier temps, la proportion des sièges du Québec au Sénat serait donc passée de 23,1 % à 9,7 %. Mais elle aurait ensuite continué à diminuer. En effet, l'accord constitutionnel prévoyait également de nouvelles négociations pour ajouter des sièges au Sénat afin d'y représenter les peuples autochtones. En outre, au fur et à mesure de la création de nouvelles provinces, il aurait fallu à nouveau augmenter le nombre des sièges de la Chambre haute. À cet égard, il faut souligner que le Québec n'avait pas obtenu, comme il le demandait, un droit de veto sur la création de nouvelles provinces. Au contraire, l'Accord de Charlottetown entraînait un recul de la position provinciale sur ce plan. Alors qu'à l'heure actuelle, en vertu de la *Loi constitutionnelle de 1982*, il faut le consentement de sept provinces représentant 50 % de la population pour créer une nouvelle province à partir d'un des deux territoires, l'Accord de 1992 prévoyait qu'il suffirait d'un accord entre les autorités fédérales et le territoire intéressé. Il est vrai, par contre, qu'il était également prévu que les provinces déjà existantes devraient consentir, à l'unanimité, aux modalités de participation de la nouvelle province à la procédure de modification de la Constitution ainsi qu'à l'augmentation de sa représentation au Sénat. Il aurait donc pu arriver, par exemple, que deux nouvelles provinces soient créées sur les Territoires du Nord-Ouest, mais qu'une ou plusieurs provinces déjà existantes s'opposent à l'augmentation du nombre des sénateurs, avec le résultat que le principe de l'égalité de représentation des provinces au Sénat n'aurait pas pu être respecté... Les pressions pour l'augmentation des membres de la Chambre haute seraient alors devenues très fortes et, sur un plan pratique et politique, les provinces récalcitrantes auraient eu beaucoup de difficulté à maintenir leur obstruction.

Selon l'Accord de Charlottetown, les sénateurs devaient être élus, soit par la population, soit par l'Assemblée législative provinciale, selon ce que chaque province déciderait.

En ce qui concerne les attributions législatives du nouveau Sénat, l'Accord de Charlottetown distinguait quatre catégories de projets de loi. Le Sénat aurait disposé d'un droit de veto absolu sur les projets de loi supposant «des changements fondamentaux du régime fiscal directement lié aux ressources naturelles». Par contre, pour les projets de loi traitant des recettes et des dépenses (les projets de loi de crédits), le nouveau Sénat n'aurait eu qu'un droit de veto suspensif de 30 jours, la Chambres des communes pouvant réadopter le projet au bout de cette période par une majorité ordinaire. Quant aux projets de loi «touchant de façon importante à la langue ou à la culture française», ils auraient du être adoptés par une majorité de tous les sénateurs *et* par une majorité des sénateurs francophones (les sénateurs francophones étant ceux qui se déclarent comme tels au moment de leur accession au Sénat). Enfin, pour ce qui est des projets de loi «ordinaires», c'est-à-dire n'entrant dans aucune des trois catégories précédentes, le rejet ou la modification d'un projet de loi par le Sénat aurait déclenché un processus de séance conjointe des deux chambres; un vote à la majorité simple en séance conjointe aurait alors décidé du sort du projet de loi. Par ailleurs, le nombre des députés aurait été augmenté substantiellement. Par conséquent, dans les cas où le gouvernement aurait disposé d'une solide majorité à la Chambre des communes, comme c'est normalement le cas, il n'aurait pas eu de difficulté à faire renverser par celle-ci le veto que le Sénat pouvait opposer à ses projets (autres que ceux portant sur la fiscalité des ressources naturelles et la langue ou la culture française). En revanche, dans les cas où le gouvernement fédéral aurait été minoritaire, ou n'aurait disposé que d'une faible majorité (comme cela est arrivé quelques fois depuis une quarantaine d'années), l'alliance entre les partis d'opposition aux Communes et un certain nombre de sénateurs aurait pu être fatale à de nombreux projets de loi, s'ils avaient fait l'objet d'un vote en séance conjointe. Dans un tel cas, le Cabinet aurait même pu être contraint de dissoudre le Parlement et de faire des élections, bien qu'en théorie, selon l'accord constitutionnel, le nouveau Sénat ne se voyait pas reconnaître le pouvoir de renverser le gouvernement.

On constate donc que la réforme du Sénat risquait de compliquer, voire d'entraver sérieusement le fonctionnement du système parlementaire canadien. On peut ajouter à cela que la réforme aurait mis en mouvement une dynamique dont il était fort difficile d'évaluer les effets futurs. Dans la mesure où les sénateurs auraient été titulaires d'une légitimité démocratique semblable à celles des députés fédéraux, ils auraient pu exercer un pouvoir politique et moral, sinon juridique, considérable (il est illogique de donner au Sénat une forte légitimité démocratique sans lui reconnaître également des pouvoirs importants). Cela risquait de susciter à l'avenir de fortes pressions en faveur de l'augmentation des prérogatives de la Chambre haute.

L'Accord de Charlottetown accordait au Québec la garantie de n'avoir jamais moins de 25 % des sièges à la Chambre des communes, quelles que soient les modifications dans le chiffre de sa population. Il s'agissait là d'une protection qui était loin d'être négligeable pour l'avenir. En effet, si la population québécoise représente actuellement un peu plus du quart de l'ensemble canadien, elle devrait, selon les estimations, bientôt tomber sous ce seuil et continuer de diminuer au cours du XXI$^e$ siècle. La Chambre des communes restant le principal lieu d'exercice du pouvoir législatif fédéral, il est important que le Québec y soit protégé contre une diminution de sa représentation. Cependant, il ne faut pas exagérer la portée de cette garantie. En effet, les députés sont généralement prisonniers de la discipline de parti et votent par conséquent bien plus en fonction des consignes de leur parti politique que des intérêts de la province qu'ils représentent. Par conséquent, la présence d'un fort contingent de députés québécois à Ottawa ne constitue pas nécessairement une garantie que le gouvernement fédéral respectera les orientations et les priorités du gouvernement du Québec.

Concernant la nomination des juges de la Cour suprême, l'Accord de Charlottetown reprenait essentiellement les dispositions de l'Accord du lac Meech. En effet, il était prévu de constitutionnaliser les dispositions de la *Loi sur la Cour suprême* voulant que trois des neuf juges de la Cour doivent avoir été reçus au barreau du Québec, c'est-à-dire être des civilistes, et l'on prévoyait que le gouvernement québécois pourrait présenter la liste à partir de laquelle le gouvernement fédéral devrait nommer les juges venant du Québec. Par contre, contrairement à ce que prévoyait l'Accord du lac Meech, les modifications futures du processus de sélection des juges de la Cour suprême n'exigeraient pas le consentement de toutes les provinces (ce qui aurait donné au Québec un droit de veto), mais seulement l'accord de sept d'entre elles, représentant la moitié de la population.

Au chapitre de la répartition des pouvoirs, où le Québec réclame depuis 30 ans une augmentation de ses compétences dans de nombreux domaines, ainsi qu'une véritable limitation du pouvoir fédéral de dépenser, l'accord constitutionnel consacrait essentiellement une forme de *statu quo* «remodelé». En outre, il faut noter que l'Accord n'énonçait dans ce domaine aucune règle propre au Québec, qui se trouvait donc traité exactement comme toutes les autres provinces.

En premier lieu, dans un certain nombre de domaines (forêts, mines, tourisme, logement, loisirs, affaires municipales et urbaines) où les provinces possèdent déjà les pouvoirs législatifs, ceux-ci étaient formellement réaffirmés, en même temps qu'était également consacré le pouvoir de dépenser du gouvernement fédéral, lequel s'engageait à négocier son retrait par des accords valables pour cinq ans et renouvelables.

Ensuite, la compétence législative exclusive provinciale était reconnue dans le domaine du développement et de la formation de la main-d'œuvre, le fédéral conservant cependant le droit d'établir — de concert avec les provinces — des objectifs nationaux pour le premier de ces domaines. Là encore, la cessation d'exercice du pouvoir fédéral de dépenser devait d'abord être négociée par les provinces. En outre, le fédéral conservait sa compétence exclusive à l'égard de l'assurance-chômage, y compris le soutien du revenu et les services connexes qu'il fournit dans ce cadre.

En troisième lieu, en matière de culture, l'Accord prévoyait une nouvelle disposition constitutionnelle reconnaissant la compétence exclusive des provinces sur «le domaine de la culture dans la province»; en réalité, il ne s'agissait que d'une explicitation de la solution jurisprudentielle en vigueur, qui a été développée par les tribunaux sur la base de l'article 92 de la *Loi constitutionnelle de 1867*. Par ailleurs, la responsabilité des autorités fédérales sur les «affaires culturelles nationales» était également confirmée, le gouvernement fédéral conservant, là encore, son pouvoir de dépenser et s'engageant seulement à négocier des ententes visant à assurer aux provinces la «maîtrise d'œuvre» de la politique culturelle sur leur territoire. Le même engagement fédéral de négocier des ententes de coordination et d'harmonisation s'appliquait aux domaines du développement régional et des télécommunications.

En matière d'immigration, l'Accord de Charlottetown reprenait la substance des dispositions de l'Accord du lac Meech, c'est-à-dire que les ententes conclues dans ce domaine entre le gouvernement fédéral et les provinces étaient «protégées» constitutionnellement, de façon à ne pouvoir être modifiées, en principe, que par entente entre les deux parties. En fait, les autorités fédérales conservaient la possibilité de les modifier unilatéralement sur certains points en adoptant des normes nationales portant notamment sur les niveaux généraux d'immigration et les catégories d'immigrants admissibles.

Enfin, dans tous les autres domaines de compétence exclusive des provinces, comme la santé ou l'éducation par exemple, le gouvernement fédéral conservait son pouvoir de dépenser, les provinces se voyant seulement reconnaître, comme dans l'Accord du lac Meech, le droit de refuser de participer à un *nouveau* programme cofinancé créé à l'avenir par le gouvernement fédéral dans un domaine de compétence provinciale exclusive et d'obtenir une compensation financière, mais uniquement à condition de mettre elles-mêmes sur pied un programme «compatible avec les objectifs nationaux».

En résumé, le principe général qui inspirait les dispositions de l'Accord relatives à la répartition des pouvoirs semble avoir été que toutes les compétences provinciales, y compris celles que la Constitution attribue aux provinces de façon «exclusive», sont en réalité perméables à l'intervention fédérale en raison de son pouvoir de dépenser. Lorsque le fédéral acceptait de limiter ce pouvoir, c'était toujours de façon conditionnelle, par des accords temporaires qu'un nouveau gouvernement, autrement disposé, pourrait refuser de renouveler.

Parmi les autres dispositions de l'Accord de Charlottetown, qu'il serait trop long et inutile de toutes énumérer ici, il suffira de dire quelques mots de celles qui portaient sur les droits des peuples autochtones. L'Accord prévoyait la consécration du droit «inhérent» des peuples autochtones à l'autonomie gouvernementale et la création, à cet effet, d'un troisième niveau de gouvernement. Pendant une période de cinq ans, les onze gouvernements et les intéressés devraient négocier afin de préciser la teneur de ce droit, à défaut de quoi celui-ci deviendrait exécutoire et pourrait alors être être défini par les tribunaux. Outre le fait qu'un tel projet aurait ainsi délégué un pouvoir trop considérable aux tribunaux, trois autres aspects étaient de nature à inspirer des inquiétudes. En premier lieu, il n'était pas précisé dans quelle mesure les lois autochtones devraient être compatibles avec les lois fédérales et provinciales[73]. Ensuite, l'accord prévoyait que les autorités autochtones pourraient déroger à la *Charte canadienne des droits et libertés*, ce qui inquiétait vivement les femmes autochtones qui avaient peur que l'égalité sexuelle ne soit pas toujours respectée par les futurs gouvernements autochtones. Enfin, il semble que l'Accord aurait permis aux gouvernements autochtones de refuser les droits politiques aux non-autochtones vivant sur leur territoire; il se serait donc agi de gouvernements fondés sur une forme d'appartenance raciale.

### 2. - Les causes du rejet de l'Accord de Charlottetown

Comme on vient de le constater, l'Accord de Charlottetown ne répondait aucunement aux demandes traditionnelles du Québec en matière de répartition des pouvoirs. Par ailleurs, sur de nombreux autres points, comme par exemple la réforme du Sénat, la reconnaissance du caractère distinct du Québec, le droit de veto sur les modifications de la Constitution, l'Accord constituait un recul par rapport à celui du lac Meech. Non seulement le Québec ne se voyait pas reconnaître les nouveaux pouvoirs considérés comme nécessaires à son développement, mais pire encore, il n'obtenait pas même toutes les garanties nécessaires pour protéger efficacement sa position minoritaire à l'intérieur des institutions fédérales. Il n'est donc pas étonnant que l'Accord ait été rejeté au Québec par une majorité de 56,7 % des électeurs, parmi lesquels on trouvait bien sûr les souverainistes, mais également un grand nombre de fédéralistes insatisfaits.

Par ailleurs, l'Accord de Charlottetown contenait une réforme de la Chambre haute qui devait fatalement mécontenter les tenants du Sénat «Triple E» puisque, si le Sénat proposé était «égal» et «élu», il n'était de loin pas aussi «efficace» que ces derniers l'auraient voulu. Il n'est donc pas étonnant de constater que l'Accord a également été rejeté dans les quatre provinces de l'Ouest, de façon encore plus décisive qu'au Québec (par une majorité de 68,3 % des électeurs en Colombie-Britannique, 60,2 %

---

73.  Il était prévu que les lois autochtones ne pourraient pas être incompatibles «avec les lois fédérales ou provinciales essentielles au maintien de la paix, de l'ordre et du bon gouvernement du Canada». Cette expression n'ayant aucune signification connue dans un tel contexte, il était impossible de savoir d'avance avec quelles lois fédérales ou provinciales au juste les lois autochtones devraient être compatibles.

en Alberta, 55,3 % en Saskatchewan et 61,6 % au Manitoba). La mesure garantissant 25 % des sièges de la Chambre des communes à perpétuité au Québec a été particulièrement mal reçue dans la province de Colombie-Britannique, qui aurait ainsi continué d'avoir une proportion des sièges moindre que ne le justifie sa forte croissance démographique. Les trois seules provinces où l'Accord a été accepté par une nette majorité sont Terre-Neuve (63,2 %), l'Île-du-Prince-Édouard (73,9 %) et le Nouveau-Brunswick (61,8 %). L'Accord a été rejeté en Nouvelle-Écosse, par une mince majorité il est vrai (51,2 %), et accepté en Ontario, par une majorité encore plus réduite (50,1 %). Au niveau du Canada tout entier, le Québec compris, l'Accord a été rejeté par 55,07 % des électeurs; en exceptant le Québec, c'est-à-dire au Canada anglais, la majorité contre l'Accord a été de 54,3 %[74].

En fait, l'Accord de Charlottetown était en quelque sorte condamné d'avance, puisqu'il heurtait de front les revendications des deux principaux «demandeurs» en matière de réforme constitutionnelle: le Québec, qui n'obtenait aucunement les nouveaux pouvoirs qu'il réclame depuis 30 ans; les provinces de l'Ouest, qui se voyaient frustrées d'un véritable Sénat «Triple E» qui constitue leur principale revendication depuis le milieu des années 1970. Même les peuples autochtones ont majoritairement voté contre l'Accord, ce qui est plus difficile à comprendre étant donné qu'ils avaient réalisé des gains considérables, encore impensables il y a deux ou trois ans.

Avec le bénéfice du recul, on comprend que, pour avoir quelque chance de succès, les rédacteurs de l'Accord de Charlottetown auraient dû accepter d'augmenter les pouvoirs du Québec de façon «asymétrique» et donner en échange satisfaction aux provinces de l'Ouest pour ce qui est du Sénat «Triple E». Sans doute chacun des deux camps aurait-il encore eu des raisons de s'opposer à l'entente, mais également certains motifs puissants pour l'appuyer, ce qui n'était pas le cas avec l'Accord de Charlottetown. Bien sûr, pour en arriver là, il fallait d'abord accepter le principe d'un «statut particulier» pour le Québec, ce que la majorité au Canada anglais ne semble pas encore disposée à faire. Pourtant, il s'agit

---

74.  L'Accord de Charlottetown a été rejeté par 56,3 % des électeurs au Yukon et accepté par une majorité de 61,3 % dans les Territoires du Nord-Ouest.

probablement de la seule avenue de changement qui reste encore ouverte pour l'avenir, mis à part l'accession du Québec à la souveraineté.

Pour conclure sur le référendum du 26 octobre 1992, il faut souligner que celui-ci constitue, sur le plan politique, un précédent qu'il sera sans doute difficile d'ignorer à l'avenir. Toute nouvelle tentative de réforme constitutionnelle devra donc vraisemblablement être soumise à la population. Peu de politiciens fédéraux ou provinciaux voudront désormais encourir l'impopularité résultant d'une tentative de modifier la Constitution sans recourir au référendum. Par ailleurs, l'association des leaders autochtones et des dirigeants des territoires aux négociations qui ont conduit à l'Accord de Charlottetown risque fort de constituer un autre précédent. Par conséquent, les modifications de la Constitution seront désormais encore beaucoup plus ardues que cela n'était le cas depuis 1982, puisque les négociations devront associer onze premiers ministres, deux leaders des territoires et un certain nombre de représentants autochtones. S'il y a entente, celle-ci devra être approuvée par la population, au niveau pancanadien bien sûr, mais également, pour certains cas, dans chaque province, ou, pour d'autres cas, dans chacune des quatre «régions[75]».

## E. – L'avenir des rapports entre le Québec et le Canada anglais

Dans son rapport remis en mars 1991[76], la Commission Bélanger-Campeau concluait que les deux seules voies de solution s'ouvrant encore pour l'avenir étaient le renouvellement en profondeur du cadre constitutionnel actuel ou, sinon, l'accession du Québec à la souveraineté, avec ou sans l'accord du Canada anglais. Étant donné que le Canada anglais ne veut pas d'une décentralisation générale du système fédéral, la seule manière de réformer celui-ci dans un sens conforme aux demandes du Québec consisterait donc en la création d'un statut particulier ou, comme il convient de dire à présent, d'un «fédéralisme asymétrique». Après avoir examiné cette hypothèse, on analysera les modalités d'une éventuelle accession du Québec à la souveraineté.

---

75. Les quatre «régions» traditionnelles sont le Québec, l'Ontario, les provinces de l'Atlantique et les provinces de l'Ouest. Il faut cependant souligner que, depuis quelques années, la Colombie-Britannique réclame d'être considérée comme une cinquième «région».

76. *Op. cit.*, note 66.

*1. - La redéfinition du statut du Québec au sein du régime fédéral canadien: le fédéralisme «asymétrique» (ou statut particulier)*

Au cours des discussions constitutionnelles qui ont eu lieu en 1992, certains membres de l'*intelligentsia* et des milieux dirigeants canadiens-anglais ont avancé l'hypothèse d'un «fédéralisme asymétrique», qui permettrait au Québec d'exercer certains pouvoirs qui ne seraient pas étendus aux autres provinces. Ce statut particulier devrait cependant être «compensé» par une diminution correspondante de l'influence du Québec dans les institutions du gouvernement central. Ainsi, les représentants du Québec au Parlement canadien — députés et sénateurs — ne voteraient plus sur les lois relatives à des domaines où la compétence aurait été transférée des autorités fédérales à celles de la province[77]. De même, les ministères correspondants ne devraient plus être dirigés par des Québécois et, à toutes fins utiles, ceux-ci ne pourraient plus prétendre occuper le poste de Premier ministre fédéral ou celui de chef d'un parti politique national[78].

Selon les modalités retenues, un tel système pourrait constituer soit un marché de dupes pour le Québec, soit une transformation profonde du système canadien, qui ferait évoluer celui-ci d'une fédération à dix vers une quasi-confédération à deux.

Le Québec perdrait évidemment au change si le transfert de pouvoirs en sa faveur n'était que minime et, par conséquent, insuffisant pour

---

77.    Cela impliquerait évidemment de modifier les règles de mise en jeu de la responsabilité ministérielle.

78.    Voir, par exemple: Alan C. CAIRNS, «Constitutional Change and the Three Equalities», dans Ronald L. WATTS et Douglas M. BROWN, *Options for a New Canada*, Toronto, University of Toronto Press, 1991, p. 77 et suiv.; David MILNE, «Equality or Asymmetry : Why Choose?», dans le même ouvrage, p. 285 et suiv.; K. McROBERTS, *op. cit.*, note 25, p. 44-46. L'hypothèse du fédéralisme asymétrique a également recueilli un certain appui auprès des participants de la Conférence sur le renouvellement du Canada organisée à Halifax (Nouvelle-Écosse) du 17 au 19 janvier 1992 par le Conseil économique des provinces de l'Atlantique pour le compte du gouvernement fédéral canadien (il s'agissait de la première d'une série de conférences devant permettre à certains groupes d'intérêt et à des personnes choisies dans le grand public de discuter les propositions constitutionnelles déposées au mois de septembre précédent par le gouvernement fédéral [voir *supra*, note 68]); voir: *Le renouvellement du Canada — Répartition des pouvoirs: Rapport de la Conférence*, Halifax, Conseil économique des provinces de l'Atlantique, 22 janvier 1992, p. 22-25.

compenser la perte d'influence subie au niveau des institutions fédérales. Pour être satisfaisant, le transfert devrait porter sur la majeure partie des pouvoirs que les gouvernements québécois successifs revendiquent avec constance depuis une trentaine d'années. La liste en est longue[79]. Par ailleurs, le pouvoir de dépenser des autorités fédérales devrait être aboli — ou du moins ne s'exercer qu'avec l'accord du gouvernement québécois — autant dans les nouveaux domaines transférés au Québec que dans ceux qui sont traditionnellement de sa compétence exclusive. En effet, si ce pouvoir demeurait intact, il ne servirait pas à grand-chose au Québec d'acquérir de nouvelles compétences, puisque le pouvoir de dépenser permet au fédéral d'obliger les provinces à se plier aux objectifs et aux normes qu'il fixe, même dans leurs champs de compétence exclusive. En outre, le transfert au Québec de nouvelles compétences législatives devrait s'accompagner du transfert correspondant de ressources financières, sous forme de ressources fiscales. Par conséquent, les Québécois bénéficieraient d'une réduction d'impôts fédéraux, ce qui permettrait un supplément de taxation provinciale correspondant aux services désormais fournis par la province. Étant donné que le Québec est la deuxième plus importante province (25 % de la population canadienne), un tel bouleversement fiscal et financier exigerait également des modifications au système de la péréquation. Pour ce qui est de la réforme du Sénat, l'asymétrie pourrait être poussée jusqu'au point où celui-ci ne réunirait que les représentants du Canada anglais et, dès lors, n'interviendrait plus que pour les lois

---

[79] Pour une liste des revendications traditionnelles du Québec en matière de réaménagement des pouvoirs, voir *supra*, p. 33 et 34. En 1985, le gouvernement du Québec, alors formé par le Parti québécois, avait indiqué ses conditions pour adhérer à la *Loi constitutionnelle de 1982*. Dans le domaine du réaménagement des pouvoirs, il réclamait que le Québec soit confirmé comme maître d'œuvre de l'ensemble du domaine de la main-d'oeuvre, que soit reconnue sa responsabilité première quant à l'orientation générale de son développement économique, y compris celui de ses régions, que soit reconnue la compétence prépondérante du Québec en matière de sélection et d'établissement des immigrants, qu'un accroissement significatif des pouvoirs en matière de communications lui soit consenti, que le Québec soit doté d'une compétence exclusive en matière de mariage et de divorce et, enfin, que soit reconnue, en matière internationale, la situation particulière du Québec en tout ce qui touche à ses compétences et à son identité, notamment dans le cadre de la Francophonie. Voir: *Projet d'accord constitutionnel: Propositions du Gouvernement du Québec*, mai 1985, p. 26-30.

s'appliquant uniquement en dehors du Québec[80]. En outre, la Charte constitutionnelle pourrait être déclarée inapplicable au Québec et la Charte québécoise, en échange, se voir attribuer un véritable statut constitutionnel en étant «enchâssée» par une procédure spéciale de modification. La Cour suprême du Canada pourrait perdre sa compétence à l'égard des affaires de droit civil québécois, la Cour d'appel du Québec devenant la juridiction de dernière instance dans ce domaine, et l'on pourrait créer au sein de la Cour suprême une chambre spécialisée en matière constitutionnelle dont les membres seraient nommés conjointement par le gouvernement fédéral et le gouvernement du Québec. Enfin, la proportion des sièges du Québec à la Chambre des communes devrait être garantie et le Québec devrait obtenir un droit de veto sur les modifications constitutionnelles affectant sa place au sein des institutions centrales, ainsi que le droit de recevoir une pleine compensation financière dans *tous* les cas où il exercerait son droit de «désaccord» (ou droit de retrait) contre une modification constitutionnelle transférant une compétence provinciale au Parlement fédéral[81].

Si le «fédéralisme asymétrique» respectait ces conditions, il aurait pour effet, à moyen et à long terme, d'instaurer entre le Québec et le Canada anglais des relations de nature quasi confédérale, plutôt que fédérale. Le Parlement et le gouvernement canadiens pourraient en quelque sorte jouer deux rôles différents: celui d'institutions fédérales pour le

---

80.   En fait, on peut se demander si la réforme du Sénat ne deviendrait pas inutile. En effet, le retrait des votes des 75 députés québécois à la Chambre des communes, sur certaines questions importantes, augmenterait considérablement le poids relatif des députés de l'Ouest, des provinces de l'Atlantique, du Yukon et des Territoires du Nord-Ouest, qui compteraient alors un total de 121 voix, par opposition à l'Ontario qui en aurait 99. Les régions «périphériques» obtiendraient donc, dans les cas où les députés québécois ne voteraient pas, la majorité des voix, ce qui satisferait leur désir d'exercer une plus grande influence au sein des institutions fédérales. Elles pourraient par conséquent abandonner leurs exigences en ce qui concerne la réforme du Sénat sur le modèle «Triple E». Sur cette question, voir : Gordon LAXER, «Un statut radicalement distinct pour le Québec», *Le Devoir*, Montréal, 28 décembre 1991, p. B-12.

81.   À l'heure actuelle, l'article 40 de la *Loi constitutionnelle de 1982* ne prévoit de compensation financière que dans le seul cas où une province exerce son «droit de désaccord» contre une modification constitutionnelle transférant au Parlement fédéral la compétence législative provinciale «en matière d'éducation ou dans d'autres domaines culturels». Sur le «droit de désaccord», voir : J.-Y. MORIN et J. WOEHRLING, *op. cit.*, note 2, p. 523 et suiv.

Canada anglais, et celui d'institutions confédérales pour le nouvel ensemble formé par le Québec et le Canada. Le Québec et le Canada ne maintiendraient alors que le degré d'union politique nécessaire pour permettre le fonctionnement de l'union économique et monétaire et chacun d'eux pourrait poursuivre plus librement ses aspirations et développer davantage sa propre identité nationale. Il s'agirait en somme d'une forme de «souveraineté-association», avec la différence qu'elle serait négociée à partir de l'actuelle situation fédérale plutôt qu'après la séparation du Québec. C'est précisément pour cette raison qu'il est peu probable que le Canada anglais accepte cette solution à l'heure actuelle. Elle sera sûrement décriée comme constituant l'«antichambre du séparatisme». Cependant, si la menace d'une séparation du Québec devenait à nouveau plus réelle, la solution du fédéralisme asymétrique pourrait gagner des adeptes au Canada anglais, dans la mesure où elle serait alors la seule solution à l'éclatement du Canada. En outre, le Canada anglais pourrait y trouver son compte en voyant ainsi diminuer l'influence, souvent considérée comme disproportionnée, du Québec en matière de politique fédérale. En effet, les Québécois ont tendance à voter massivement pour le même parti politique aux élections fédérales et décident donc souvent du sort de celles-ci. Par conséquent, ils jouent également un rôle considérable au Cabinet fédéral. Comme on le sait, depuis une génération, le Premier ministre fédéral a toujours été un Québécois, sauf pendant deux brèves périodes de quelques mois. L'influence que le Québec exerce sur la politique fédérale est ainsi parfois supérieure à son poids démographique, ce qui provoque des ressentiments au Canada anglais.

Pour terminer sur ce point, il faut ajouter qu'une certaine «dose» d'asymétrie pourrait être introduite dans le fédéralisme canadien de façon indirecte, tout en sauvegardant formellement le principe de l'égalité entre les provinces. Un premier mécanisme permettant d'arriver à un tel résultat existe d'ores et déjà. Il s'agit du «droit de désaccord» (mieux connu sous le nom de «droit de retrait») prévu à l'article 38(3) de la *Loi constitutionnelle de 1982*, en vertu duquel une province peut rendre inapplicables à son égard les modifications constitutionnelles «dérogatoires» à ses droits, compétences ou privilèges, notamment celles destinées à transférer une compétence provinciale au Parlement fédéral. Autrement dit, cette province est soustraite à la modification, laquelle s'applique cependant aux provinces qui ont donné leur accord, à condition qu'elles soient au moins au nombre de sept et regroupent la moitié de la population. Par ailleurs, ainsi que cela a souvent été proposé, on pourrait modifier la Constitution pour permettre aux deux ordres de gouvernement de se déléguer leurs compétences législatives respectives[82]. Cela permettrait aux provinces qui le voudraient de confier certaines de leurs compétences aux autorités fédérales, alors que d'autres, au contraire, les conserveraient ou, même, s'en feraient déléguer par Ottawa. Une troisième technique pourrait consister à reconnaître dans certains domaines au Parlement fédéral et aux provinces une compétence législative concurrente avec prépondérance provinciale. Dès lors, les provinces qui le voudraient pourraient légiférer de façon à exclure l'application des lois fédérales sur leur territoire, d'autres provinces pouvant, au contraire, s'abstenir de légiférer, ce qui entraînerait chez elles le maintien de l'application de la législation fédérale[83]. Par l'effet combiné de ces mécanismes de retrait, de délégation et de concurrence, on pourrait, le temps aidant, voir apparaître une certaine asymétrie en matière de répartition des pouvoirs.

Cependant, l'Accord de Charlottetown démontre que le Canada anglais n'est pas actuellement disposé à accorder un statut particulier au Québec, ni directement ni même de la façon indirecte qui vient d'être évoquée. En effet, mis à part la reconnaissance du caractère distinct du Québec, qui ne changeait rien au partage des pouvoirs, l'accord avait été soigneusement rédigé afin que rien de ce qui était consenti au Québec ne le soit pas dans les mêmes termes à toutes les autres provinces. Au surplus, il avait été prévu que toutes les provinces devraient être traitées sur un pied d'égalité dans les futurs accords intergouvernementaux par lesquels le fédéral pourrait négocier son retrait des domaines de compétence provinciale exclusive qu'il envahit actuellement au moyen de son pouvoir de dépenser[84]. Par conséquent, on craignait même d'accorder un statut

---

82.    Sur l'interdiction de la délégation interparlementaire à l'heure actuelle, voir : J.-Y. MORIN et J. WOEHRLING, op. cit., note 2, p. 329 et suiv.
83.    Soulignons que la compétence sur les pensions de vieillesse a été attribuée de façon concurrente au Parlement et aux législatures provinciales — les lois provinciales ayant prépondérance en cas de conflit avec la législation fédérale — par l'*Acte de l'Amérique du Nord britannique, 1951*,14 & 15 George VI, R.-U., c. 32; L.R.C. (1985), app. II, n° 35, modifié ensuite par la *Loi constitutionnelle de 1964*, 12 & 13 Elizabeth II, R.-U., c. 73; L.R.C. (1985), app. II, n° 38; cette compétence figure à présent à l'article 94A de la *Loi constitutionnelle de 1867*.
84.    *Rapport du consensus sur la Constitution*, Charlottetown, 28 août 1992, texte définitif, p. 9-14.

particulier au Québec sur le plan purement administratif. Quant à la délégation de compétences législatives entre le Parlement fédéral et les législatures provinciales, qui constitue un des moyens d'arriver de façon indirecte et progressive à un statut particulier, elle était prévue dans les propositions fédérales de renouvellement constitutionnel déposées le 24 septembre 1991[85], mais elle a par la suite été abandonnée et on n'en trouvait plus trace dans l'Accord de Charlottetown[86].

Par conséquent, il semble clair qu'à court terme le Québec n'obtiendra rien de plus comme «statut particulier» que ce qui était contenu dans l'Accord de Charlottetown. Cela pourrait cependant changer si la menace d'une sécession du Québec devenait plus réelle; peut-être l'opinion publique au Canada anglais préférerait-elle alors un véritable statut particulier à la séparation pure et simple. Nous examinerons d'abord l'hypothèse de l'accession du Québec à la souveraineté *avec* l'accord du Canada anglais, puis celle de la *sécession unilatérale*. En effet, si le Québec décidait de faire sécession du Canada pour devenir souverain, il pourrait en théorie y parvenir en utilisant la procédure de modification contenue dans la *Loi constitutionnelle de 1982*, à condition d'obtenir l'accord des autorités fédérales et d'un certain nombre de provinces. Si cet accord lui était refusé, le Québec devrait alors s'engager dans un processus de sécession unilatérale[87].

## 2. - *L'accession du Québec à la souveraineté avec l'accord du Canada anglais*

Pour opérer quelque changement que ce soit au statut constitutionnel actuel du Québec en respectant la Constitution canadienne, il est

---

85.    *Bâtir ensemble le Canada - Propositions*, *op. cit.*, note 68, p. 58.

86.    Quant aux garanties linguistiques, une certaine asymétrie favorable au Québec était contenue dans la clause Canada de l'Accord de Charlottetown, en vertu de laquelle le Québec était la seule province se voyant reconnaître le rôle de protéger et de promouvoir la langue de sa population majoritaire. Mais l'asymétrie s'arrêtait là, comme le montre le fait que la clause de l'épanouissement et du développement des minorités de langue officielle avait été rendue applicable, de façon symétrique, tant au Québec qu'aux autres provinces.

87.    La *sécession* peut être définie comme le détachement et l'accession à l'indépendance d'un État membre d'une fédération. Par contre, le terme *séparation* devrait être réservé au détachement d'une région d'un État unitaire. L'usage n'est cependant pas fixe et l'on rencontre souvent des auteurs qui englobent dans le terme «sécession» non seulement les hypothèses de sécession au sens strict du terme, mais également celles de séparation.

nécessaire d'utiliser la procédure de modification prévue dans la Partie V (articles 38 à 49) de la *Loi constitutionnelle de 1982*. On commencera par établir quelle modalité de cette procédure devrait être utilisée, pour examiner ensuite le problème de l'intégrité territoriale du Québec et le règlement des problèmes soulevés par l'accession à l'indépendance, la succession d'États et la continuité de l'ordre juridique.

a. - Les modalités de la procédure de modification constitutionnelle permettant la sécession du Québec avec l'accord du Canada anglais

La procédure de modification constitutionnelle qui figure dans la Partie V de la *Loi constitutionnelle de 1982* se divise en cinq modalités. Les articles 44 et 45 permettent la modification de certaines parties de la Constitution du Canada par simple loi fédérale ou provinciale. Les trois autres procédures sont plus complexes et nécessitent une proclamation du gouverneur général sous le grand sceau du Canada, autorisée par des résolutions du Sénat, de la Chambre des communes et des assemblées législatives d'un nombre variable de provinces. Parmi les trois procédures complexes, deux peuvent être considérées comme «spéciales», dans le sens qu'elles ne s'appliquent qu'à certaines questions qui sont expressément énumérées ou spécifiquement définies: il s'agit, d'une part, de la procédure de l'unanimité, qui exige le consentement de toutes les provinces (article 41), et, d'autre part, de la procédure de «l'unanimité sélective», qui exige le consentement de toutes les provinces «concernées» et uniquement de celles-ci (article 43). La troisième procédure, qui réclame l'accord des deux tiers des provinces (regroupant au moins la moitié de la population), peut être qualifiée de «générale», puisqu'elle s'applique à toutes les modifications pour lesquelles aucune des quatre autres procédures n'est utilisable (articles 38 à 40 et 42)[88].

Comme la tentative d'adoption de l'Accord du lac Meech l'illustre bien, le processus de modification de la Constitution donne inévitablement lieu à des négociations mettant aux prises le gouvernement central et les provinces, au cours desquelles les amendements désirés par chacun des protagonistes font l'objet d'un marchandage. Plusieurs modifications, portant chacune sur des questions différentes, seront par conséquent

---

88. Pour une analyse détaillée de la procédure de modification constitutionnelle, voir: J.-Y. MORIN et J. WOEHRLING, *op. cit.*, note 2, p. 487 et suiv.

incluses dans la même résolution destinée à être adoptée par les chambres fédérales et les assemblées législatives provinciales. Ainsi, comme on l'a déjà souligné, l'Accord du lac Meech constituait un projet de modification unique — inséré dans une seule résolution — et contenant au total cinq catégories de dispositions, dont certaines relevaient de la procédure générale des articles 38 et 42, les autres tombant sous le coup de l'article 41[89].

Pareille situation appelle de façon évidente la superposition ou le cumul des diverses procédures de modification applicables. Par «superposition», nous entendons le fait de retenir la règle la plus contraignante, dont les exigences «contiennent» ou «dépassent» celles des formules plus simples. Ainsi, un projet comme l'Accord du lac Meech, qui contenait certaines dispositions exigeant l'unanimité et d'autres qui n'auraient nécessité normalement que l'accord de sept provinces, devait être entièrement adopté à l'unanimité. Dans le cas contraire, il serait trop facile de contourner l'exigence de l'unanimité en associant des dispositions qui relèvent de l'article 41 avec d'autres qui sont tributaires des articles 38 et 42. La même raison explique pourquoi il est parfois nécessaire de cumuler les conditions posées par les différentes procédures dont relève un projet de modification composite. Par «cumul», nous entendons l'addition des conditions de deux ou plusieurs procédures différentes, dont chacune est — à sa façon — plus exigeante que l'autre. Ainsi, dans le cas d'un projet composite regroupant des modifications relevant, les unes de la procédure des deux tiers, les autres de la procédure de «l'unanimité sélective» prévue à l'article 43, le projet dans son ensemble ne pourrait être adopté qu'avec l'accord de sept provinces représentant la moitié de la population, à condition que ce nombre comprenne toutes les provinces concernées par certaines des modifications contenues dans le projet.

Aucune disposition de la Partie V de la *Loi constitutionnelle de 1982* ne prévoit expressément la sécession d'une province. Le pouvoir de modification constitutionnelle de la législature provinciale ne permet manifestement pas à celle-ci de réaliser la sécession de la province par simple loi provinciale. L'article 43, qui vise les modifications qui ne concernent

---

89. Les deux modifications contenues dans l'Accord du lac Meech qui exigeaient l'unanimité étaient, d'une part, la participation des provinces à la nomination des juges de la Cour suprême et, d'autre part, les changements à la procédure de modification.

que certaines provinces, ne permettrait pas davantage de réaliser la sécession d'une province par accord entre les autorités fédérales et celles de la province en cause. En effet, la sécession d'une province affecterait un grand nombre de dispositions constitutionnelles qui intéressent également d'autres provinces. Enfin, de toute évidence, le pouvoir de modification constitutionnelle du Parlement fédéral, prévu à l'article 44, n'autorise pas celui-ci à opérer la sécession d'une province. Par conséquent, seules la procédure de l'unanimité de l'article 41 et celle de la majorité des deux tiers de l'article 38 restent à envisager. L'une de ces deux modalités doit forcément permettre la sécession d'une province, étant donné que *toute* la Constitution du Canada peut être modifiée conformément aux pouvoirs conférés par elle.

À première vue, l'article 41 ne s'applique pas à la sécession d'une province, puisque cette question ne fait pas partie de l'énumération qu'il contient et que celle-ci est limitative[90]. Par élimination, il faudrait donc conclure que c'est la procédure générale de l'article 38 qui s'applique. Par ailleurs, ceux qui s'opposeront à la sécession d'une province voudront évidemment rendre celle-ci la plus difficile possible. Ils tenteront donc de démontrer que la sécession affecte de façon indirecte, mais suffisamment importante, une des questions énumérées à l'article 41, auquel cas la procédure de l'unanimité serait requise. L'on pourrait par exemple prétendre que le départ d'une province a des effets sur la «charge» de son lieutenant-gouverneur ou sur le fonctionnement de la procédure générale de modification, puisque la règle des deux tiers et des 50 % s'appliquerait dorénavant de façon différente. Dans le cas du Québec, certains songeront peut-être à invoquer l'article 41c), qui exige l'unanimité pour la

---

90. L'article 41 de la *Loi constitutionnelle de 1982* énonce:
«Toute modification de la Constitution du Canada portant sur les questions suivantes se fait par proclamation du gouverneur général sous le grand sceau du Canada, autorisée par des résolutions du Sénat, de la Chambre des communes et de l'assemblée législative de chaque province:
a) la charge de Reine, celle de gouverneur général et celle de lieutenant-gouverneur;
b) le droit d'une province d'avoir à la Chambre des communes un nombre de députés au moins égal à celui des sénateurs par lesquels elle est habilitée à être représentée lors de l'entrée en vigueur de la présente partie;
c) sous réserve de l'article 43, l'usage du français ou de l'anglais;
d) la composition de la Cour suprême du Canada;
e) la modification de la présente partie».

modification des dispositions relatives au statut du français et de l'anglais dans les institutions fédérales et au droit à l'instruction dans la langue de la minorité, pour prétendre que celles-ci seraient affectées par la sécession de la seule province où vivent une majorité francophone et une minorité anglophone. Cependant, de tels arguments paraissent très artificiels et il semble raisonnable de conclure que la sécession du Québec pourrait être réalisée par le biais de la procédure générale de modification prévue à l'article 38[91].

b. - L'intégrité territoriale du Québec
en cas de sécession approuvée par le Canada anglais

Si la sécession d'une province avait pour effet de modifier ses frontières avec une province voisine, le consentement des deux provinces serait requis en vertu de l'article 43a)[92]. Si l'on admet la possibilité du «cumul des procédures» dans un tel cas, la sécession exigerait donc l'accord de sept provinces, représentant la moitié de la population totale, au nombre desquelles devraient obligatoirement figurer la province sécessionniste et la province voisine dont la frontière subit une modification. L'intégrité territoriale de la province sécessionniste serait garantie sur le plan juridique, les autres provinces et les autorités fédérales ne pouvant profiter de la situation pour diminuer son territoire sans son consentement. Même si l'article 43a) ne vise que les frontières *interprovinciales*, il faut également tenir compte de l'article 3 de la *Loi constitutionnelle de 1871*[93] qui énonce:

91.    Cette opinion est partagée par certains des plus éminents constitutionnalistes québécois et canadiens; voir notamment: Henri BRUN et Guy TREMBLAY, *Droit constitutionnel*, 2e éd., Cowansville, Éditions Yvon Blais, 1990, p. 236; Peter W. HOGG, *Constitutional Law of Canada*, 3e éd., Toronto, Carswell, 1992, p. 126.

92.    L'article 43 de la *Loi constitutionnelle de 1982* énonce:
«Les dispositions de la Constitution du Canada applicables à certaines provinces seulement ne peuvent être modifiées que par proclamation du gouverneur général sous le grand sceau du Canada, autorisée par des résolutions du Sénat, de la Chambre des communes et de l'assemblée législative de chaque province concernée. Le présent article s'applique notamment:
a) aux changements du tracé des frontières interprovinciales;
b) aux modifications des dispositions relatives à l'usage du français ou de l'anglais dans une province».

93.    *Loi constitutionnelle de 1871* (anciennement *Acte de l'Amérique du Nord britannique, 1871*), 34 & 35 Vict., R.-U., c. 28; L.R.C. (1985), app. II, n° 11. Sur le contenu de cette loi et les circonstances entourant son adoption, voir : J.-Y. MORIN et J. WOEHRLING, *op. cit.*, note 2, p. 402-406.

> Avec le consentement de toute province [...], le Parlement du Canada pourra de temps à autre augmenter, diminuer ou autrement modifier les limites de telle province, à tels termes et conditions qui pourront être acceptés par ladite législature, et il pourra de même avec son consentement établir les dispositions touchant l'effet et l'opération de cette augmentation, diminution ou modification de territoire de toute province qui devra la subir.

Cette disposition n'a pas fait l'objet d'une abrogation expresse lors de l'entrée en vigueur de la *Loi constitutionnelle de 1982* et il ne semble pas qu'elle soit abrogée implicitement ou rendue désuète par son article 43a), pas entièrement en tout cas. En effet, alors que l'article 43a) ne vise que les frontières *interprovinciales*, l'article 3 vise *toute* frontière provinciale, peu importe qu'elle sépare la province considérée d'une autre province, d'un territoire fédéral ou d'un pays étranger. En outre, alors que l'article 43a) ne permet que la modification des «dispositions de la Constitution du Canada», l'article 3 vise la modification des «limites» des provinces peu importe que celles-ci soient prévues dans la Constitution elle-même ou dans un autre instrument, comme par exemple une loi fédérale[94].

L'article 42(1)e), qui prévoit la procédure de modification des deux tiers pour le rattachement aux provinces existantes de tout ou partie des territoires, ajoute un argument à la thèse du maintien en vigueur de l'article 3 de la *Loi constitutionnelle de 1871*. Dans le cas contraire, en effet, un tel rattachement pourrait être opéré, avec le consentement de sept provinces, *contre* la volonté de la province intéressée. Par contre, si l'article 3 s'applique, il exige le consentement de cette dernière puisque sa frontière avec les territoires subira une modification.

Si, par conséquent, en vertu des dispositions de la Constitution canadienne, les frontières actuelles du Québec ne peuvent être modifiées

---

94.    Le Québec est entré dans la fédération canadienne avec le territoire que possédait le Bas-Canada sous le régime de l'*Acte d'Union*. La *Loi constitutionnelle de 1871* a par la suite prévu la modification des frontières provinciales par le Parlement fédéral, avec le consentement de la ou des provinces intéressées. Conformément à cette procédure, le territoire du Québec a été prolongé, en 1898 et en 1912, jusqu'à la rive de la baie et du détroit d'Hudson et jusqu'à la rive de la baie d'Ungava, par deux lois fédérales dont l'adoption a été acceptée par deux lois de la Législature du Québec : *Loi concernant la délimitation des frontières nord-ouest, nord et nord-est de la province de Québec*, S.Q. 1898, c. 6; *Acte concernant la délimitation des frontières nord-ouest, nord et nord-est de la province de Québec*, S.C. 1898, c. 3; *Loi de l'extension des frontières du Québec*, S.Q. 1912, sess. 1, c. 7; *Loi à l'effet d'étendre les frontières de la province de Québec*, S.C. 1912, c. 45.

sans son consentement, il en va évidemment de même pour les frontières des autres provinces. Il serait donc illusoire de croire que les négociations précédant l'indépendance puissent permettre au Québec d'obtenir une modification de la frontière avec Terre-Neuve au Labrador. Celle-ci ayant été confirmée par une loi impériale de 1949, la *Loi sur Terre-Neuve*[95], et se trouvant donc «enchâssée» dans la Constitution du Canada, elle ne peut être modifiée que selon la procédure de l'article 43 de la *Loi constitutionnelle de 1982*, c'est-à-dire avec l'accord des deux chambres fédérales et des assemblées législatives de Terre-Neuve et du Québec.

Il faut remarquer que le droit constitutionnel canadien n'apporte pas, aujourd'hui encore, de réponses parfaitement claires et fermes en ce qui concerne la délimitation des zones maritimes faisant respectivement partie du territoire canadien, des territoires fédéraux et du territoire québécois. Ces questions devront donc faire l'objet de négociations et d'ententes avant l'accession du Québec à la souveraineté, à défaut de quoi elles provoqueront inévitablement, une fois celle-ci réalisée, de nombreux litiges frontaliers et territoriaux entre les deux États.

Enfin, il faut souligner que l'accession du Québec à la souveraineté entraînerait la rupture de la continuité géographique entre l'Ontario et les provinces maritimes; une telle conséquence serait évidemment considérée comme fort indésirable par la population et les dirigeants du Canada anglais. Par ailleurs, si les négociations entre le Canada et le Québec aboutissaient à la conclusion d'une union douanière ou, encore mieux, d'une union économique (laquelle comprendrait les quatre libertés de circulation des biens, des personnes, des capitaux et des services), la rupture de la continuité géographique du Canada n'emporterait plus aucune conséquence négative pour les citoyens canadiens ou l'économie canadienne.

## c. - Le règlement des problèmes soulevés par l'accession à l'indépendance, la succession d'États et la continuité juridique en cas de sécession approuvée par le Canada anglais

Si la sécession du Québec était approuvée par le Canada anglais et réalisée en respectant la Constitution canadienne, la solution des problèmes sou-

---

95.   *Loi sur Terre-Neuve* (anciennement : *Acte de l'Amérique du Nord britannique, 1949*), 12 & 13 George VI, R.-U., c. 22; L.R.C. (1985), app. II, n° 32. Sur le contenu de cette loi et les circonstances entourant son adoption, voir : J.-Y. MORIN et J. WOEHRLING, *op. cit.*, note 2, p. 407 et 408.

levés par la séparation du Québec et du Canada serait grandement facilitée. Malgré tout, les questions à résoudre resteraient extrêmement
nombreuses et complexes[96].

### i) Les mesures précédant l'accession à l'indépendance

Le principe même de l'accession à l'indépendance devrait recevoir
une approbation démocratique préalablement à toute négociation véritable entre le gouvernement québécois et les gouvernements du Canada
anglais, fédéral et provinciaux. Seul un mandat clair et fort de la population créerait un rapport de force susceptible de placer le gouvernement
du Québec dans une bonne position de négociation. Cette approbation
pourrait être donnée par la population à l'occasion d'un référendum ou
d'une élection générale portant sur l'indépendance.

Les négociations avec le Canada anglais devraient nécessairement
respecter le cadre établi par la procédure de modification prévue aux
articles 38 à 49 de la *Loi constitutionnelle de 1982*, qui ont été analysés
précédemment. Cela signifie que les autres provinces joueraient à l'égard
du Québec, du moins si elles le désiraient, le même rôle d'interlocuteur
que les autorités fédérales, puisque l'accord de six d'entre elles serait
nécessaire pour permettre au Québec de se séparer dans le respect de la
légalité constitutionnelle. Cependant, rien n'interdirait aux provinces qui
le voudraient de déléguer aux autorités fédérales le soin de négocier la
séparation avec le Québec, quitte pour elles par la suite à faire adopter
formellement par leur assemblée législative les modifications constitution-

---

96.    Cette partie de l'étude est inspirée de l'ouvrage de Jacques BROSSARD, *L'accession
à la souveraineté et le cas du Québec*, Montréal, Presses de l'Université de Montréal, 1976.
Sur les questions soulevées par l'accession du Québec à la souveraineté, voir également le
*Projet de rapport* de la Commission d'étude des questions afférentes à l'accession du Québec
à la souveraineté (Assemblée nationale), Québec, 16 septembre 1992, ainsi les études
réalisées pour la Commission et publiées en annexe du Rapport sous le titre *Exposés et
études* (volume 1 : «Les attributs d'un Québec souverain»; volume 2: «Les implications de
la mise en œuvre de la souveraineté : les aspects juridiques; les services gouvernementaux»;
volume 3: «Les implications de la mise en oeuvre de la souveraineté: les aspects économiques et les finances publiques (Première partie)»; volume 4: «Les implications de la
mise en œuvre de la souveraineté : les aspects économiques et les finances publiques
(Deuxième partie)». Pour un point de vue canadien-anglais, voir: Daniel DRACHE et
Roberto PERIN (dir.), *Negotiating with a Sovereign Québec*, Toronto, James Lorimer & Co.,
1992.

nelles nécessaires. Il faut cependant ajouter que, dans le contexte politique actuel, il serait étonnant que beaucoup de gouvernements provinciaux décident d'adopter pareille attitude. Il paraît plus vraisemblable qu'ils voudraient participer directement aux négociations avec le Québec, ce qui rendrait évidemment celles-ci plus complexes.

Les négociations avec le Canada anglais devraient *nécessairement* porter sur le transfert des compétences et de la souveraineté, la succession d'États (succession interne aux dettes et aux biens publics, etc.; succession externe aux traités et aux droits acquis des étrangers, etc.), sur les relations bilatérales futures ainsi que, *si les différentes parties le désiraient*, sur la conclusion d'une association économique plus ou moins étroite. En outre, elles porteraient sur les institutions politiques communes que le Québec et le Canada pourraient décider soit de conserver, soit d'instituer à l'avenir. Tous ces traités ne pouvant être conclus formellement que par un État souverain, ils n'entreraient en vigueur qu'au moment de l'accession du Québec à la souveraineté. Ils devraient par contre être entérinés avant cette date par le Parlement canadien et celui du Québec.

Les négociations entre le Québec et les gouvernements du Canada anglais, fédéral et provinciaux, pourraient également porter sur les droits respectifs de la minorité anglophone du Québec et des minorités francophones du reste du Canada. Elles devraient de préférence conduire à la conclusion d'accords de réciprocité dans lesquels le Québec, d'une part, l'État central et les autres provinces, d'autre part, s'engageraient à reconnaître des droits et privilèges comparables aux minorités respectivement placées sous leur juridiction[97].

Les droits des peuples autochtones du Québec soulèveraient sûrement des difficultés particulières. Ces derniers réclament d'ores et déjà, dans le cadre constitutionnel actuel, l'exercice du droit à l'autodétermination interne sous la forme d'une autonomie gouvernementale et l'on peut facilement prévoir qu'ils continueraient d'en faire autant à l'occasion

---

97. Sur cette question, voir le chapitre 3 du présent ouvrage. Voir également: José WOEHRLING, «Convergences et divergences entre les politiques linguistiques du Québec, des autorités fédérales et des provinces anglophones: le nœud gordien des relations entre les Québécois francophones, la minorité anglo-québécoise et les minorités francophones du Canada»; étude présentée au Conseil de la langue française (en cours de publication).

des efforts du Québec pour accéder à l'indépendance, ou encore après cette accession. En outre, on sait que les peuples autochtones tendent à considérer le gouvernement fédéral comme leur interlocuteur privilégié. Aussi n'est-il pas exclu qu'ils insistent pour que ce dernier continue d'exercer un certain rôle à leur égard, même après l'accession du Québec à la souveraineté. Une des solutions possibles consisterait pour le Canada et le Québec à reconnaître conjointement le droit des peuples autochtones à l'autonomie gouvernementale et à conclure un accord confiant à un organisme mixte le soin d'entendre et de trancher les litiges futurs pouvant s'élever entre le Québec ou le Canada, d'une part, et leurs peuples autochtones, d'autre part. Un tel arrangement permettrait sans doute d'améliorer les rapports difficiles qui existent actuellement entre ces peuples et les deux ordres de gouvernement.

En même temps que se dérouleront les négociations avec le Canada anglais, une nouvelle Constitution d'un Québec souverain devra être préparée et adoptée en vue de son entrée en vigueur lors de l'accession à l'indépendance. La nouvelle Constitution québécoise pourrait être préparée par une assemblée constituante ou par l'Assemblée nationale du Québec, pour être ensuite soumise à l'approbation de la population du Québec par voie de référendum. D'autres modalités sont également imaginables. Une fois approuvée, la Constitution n'entrerait cependant en vigueur qu'au moment de l'accession du Québec à l'indépendance.

Pour ce qui est du choix du régime politique, il y aurait sûrement intérêt à maintenir, au moins pour commencer, l'essentiel du système parlementaire actuel, en y apportant seulement les modifications rendues nécessaires par le changement de statut politique (comme le remplacement du lieutenant-gouverneur, représentant de la Reine, par un autre chef d'État). Une telle continuité serait rassurante et éviterait de bouleverser trop de choses à la fois. Par la suite, une fois réglées toutes les questions soulevées par l'accession à la souveraineté, les Québécois pourraient s'interroger sur l'opportunité de changer de système politique pour adopter, par exemple, un régime présidentiel à l'américaine.

Avant l'accession du Québec à l'indépendance, la législature provinciale pourrait modifier le régime constitutionnel du Québec dans la mesure jugée nécessaire, mais uniquement en autant que le lui permet le pouvoir de modification constitutionnelle prévu à l'article 45 de la *Loi constitutionnelle de 1982*[98].

L'accession à la souveraineté du Québec, si elle était réalisée dans le cadre de l'actuelle procédure de modification de la Constitution, coïnciderait avec l'entrée en vigueur de la modification en vertu de laquelle le Québec cesserait d'être une province canadienne. Idéalement, la nouvelle Constitution québécoise devrait entrer en vigueur en même temps que la modification constitutionnelle faisant accéder le Québec à l'indépendance. Sinon, l'ancienne Constitution provinciale devrait être maintenue afin d'éviter le vide juridique, mais on comprend facilement les inconvénients et les complications d'une telle situation. Le nouvel État pourrait notifier son accession à la souveraineté aux États étrangers, en vue d'obtenir leur reconnaissance, et demander son admission à l'Organisation des Nations Unies et dans les autres organisations internationales.

L'expression «succession d'États» s'entend de la substitution d'un État (l'État «successeur») à un autre (l'État «prédécesseur») dans la souveraineté à l'égard d'un territoire et dans la responsabilité des relations internationales de celui-ci. Sur le plan international, cette situation pose notamment le problème de la succession aux traités et celui du respect par l'État successeur des droits des étrangers sur son territoire («droits acquis»). Ces questions sont principalement régies par le droit international public. Sur le plan interne, les problèmes relatifs à la succession d'États portent essentiellement sur le remplacement de l'ordre juridique de l'État prédécesseur par celui de l'État successeur en ce qui concerne le territoire, la population et les pouvoirs publics. Ces questions ne sont régies par le droit international qu'à titre supplétif; elles doivent donc faire l'objet d'accords bilatéraux entre l'État prédécesseur et l'État successeur.

Jusqu'à une date assez récente, les règles relatives à la succession d'États étaient demeurées fort confuses. Cependant, avec la pratique abondante favorisée par la décolonisation et les travaux de codification réalisés depuis 1967 par la Commission du droit international des Nations Unies, cette matière est désormais plus claire, bien qu'on ne

---

98.   Sur les limites du pouvoir des provinces canadiennes de modifier leur propre constitution dans le cadre du régime constitutionnel actuel, voir le chapitre 2 du présent ouvrage; sur la même question, voir également : J.-Y. MORIN et J. WOEHRLING, *op. cit.*, note 2, p. 488-509.

puisse pas encore affirmer qu'un régime cohérent et complet soit apparu. Une première convention a été signée à Vienne en 1978 sur la succession d'États en matière de traités, tandis qu'une autre convention, sur la succession en matière de biens, d'archives et de dettes, a été adoptée en 1983. Ces deux conventions ne sont pas encore entrées en vigueur, mais certaines de leurs dispositions peuvent être considérées comme une codification du droit coutumier.

Nous traiterons à tour de rôle de la succession sur le plan interne et sur le plan international, en ne retenant chaque fois que des principes extrêmement généraux, car chacune de ces questions pourrait faire à elle seule l'objet d'une étude complète.

ii) La succession d'États sur le plan interne

• La continuité de l'ordre juridique

Le Québec ne pourrait évidemment pas, au moment où il accéderait à l'indépendance, adopter toute la législation nécessaire dans les domaines qui relevaient auparavant de la compétence fédérale, comme le droit criminel, les brevets d'invention et les droits d'auteurs, les banques et ainsi de suite. Pour assurer la continuité de l'ordre juridique et le maintien de l'ordre public, il faudrait donc que l'Assemblée nationale adopte, dès l'accession à la souveraineté, une loi stipulant qu'à moins d'être incompatibles avec la nouvelle Constitution québécoise les lois fédérales existantes continueront de s'appliquer au Québec, comme si elles avaient été réadoptées par le Parlement du Québec, jusqu'à ce que ce dernier juge opportun de les modifier. Soulignons dès maintenant que le même mécanisme pourrait être utilisé en cas de sécession unilatérale, puisque l'adoption des lois d'un Parlement par un autre Parlement ne nécessite nullement l'assentiment du premier.

• Le système judiciaire et les procédures en cours

L'accession du Québec à l'indépendance ferait perdre toute juridiction sur le territoire du Québec aux cours fédérales établies sous l'empire du droit canadien, notamment la Cour suprême et la Cour fédérale. Par contre, les tribunaux provinciaux continueraient d'exister, mais il conviendrait de faire renommer (ou remplacer) les juges de la Cour d'appel et de la Cour supérieure par les autorités du nouvel État québécois; en effet, dans la mesure où ils ont été nommés par le gouvernement canadien, leurs fonctions prendraient fin le jour de l'accession à la souveraineté. Les juges actuellement désignés par le gouvernement du Québec — ceux de la Cour du Québec, des cours municipales et des tribunaux administratifs — pourraient également faire l'objet d'une nouvelle nomination. Lors de leur nomination (ou renomination) sous le régime de la nouvelle constitution, tous les juges — qu'ils soient présentement nommés par le gouvernement fédéral ou celui du Québec — auraient à déclarer leur allégeance au nouvel État, ce qui contribuerait sûrement à faciliter l'application effective du nouvel ordre juridique.

Pour maintenir les trois niveaux de juridiction actuels en matière civile et criminelle, le Québec devrait créer son propre tribunal suprême, qui entendrait en dernier ressort les appels des décisions de la Cour d'appel. Il conviendrait également de mettre sur pied de nouveaux tribunaux administratifs pour assumer les juridictions des tribunaux administratifs fédéraux qui disparaîtraient (dans des domaines comme l'aéronautique, les télécommunications, etc.).

Pour ce qui est des affaires civiles et pénales en cours, ainsi que de l'exécution des décisions rendues par les tribunaux fédéraux avant l'indépendance, il serait évidemment préférable que le Québec et le Canada conviennent d'avance des règles applicables, en concluant un accord de coopération judiciaire. À défaut d'accord et afin d'assurer la sécurité juridique sur son territoire, le nouvel État québécois devrait adopter unilatéralement certaines mesures pour prévoir le sort des instances pendantes devant un tribunal fédéral au moment de la sécession.

• Le sort des fonctionnaires fédéraux en poste au Québec

Les fonctionnaires fédéraux en poste sur le territoire du Québec, y compris les membres des forces armées canadiennes, perdraient automatiquement leur fonction et leurs pouvoirs le jour de l'accession à la souveraineté. Le Québec n'aurait, selon le droit de la succession d'États, aucune obligation à leur égard et, s'il décidait de les réengager dans des fonctions équivalentes, il le ferait à ses propres conditions et selon ses propres lois. Par contre, toujours selon la théorie de la succession d'États, le Canada devrait reconnaître leurs droits acquis en ce qui concerne leurs pensions. Il est cependant raisonnable de penser que le Québec devrait assumer une partie équitable du déficit des régimes de retraite de l'État prédécesseur, correspondant au nombre des employés et retraités de la fonction publique fédérale résidant au Québec.

• Le sort des représentants du Québec au Parlement canadien

Les députés élus au Québec et les sénateurs nommés pour représenter le Québec avant l'accession à l'indépendance cesseraient d'être les mandataires du peuple québécois au moment de l'indépendance, *du point de vue du Québec.* Par contre, les autorités fédérales pourraient décider de continuer à les considérer comme les représentants légitimes du peuple québécois, ce qui constituerait d'ailleurs un comportement logique si elles refusaient d'accepter la sécession unilatérale. Par contre, si la sécession était négociée dans le respect de la Constitution canadienne, les deux parties pourraient prévoir les modalités de la cessation des fonctions des membres québécois du Parlement canadien, y compris leur indemnisation pour la perte de leurs revenus. Par ailleurs, le Québec et le Canada pourraient en théorie conclure une union politique, de nature confédérale ou fédérale, prévoyant le maintien d'une certaine représentation du Québec aux deux Chambres du Parlement canadien ou à l'une d'entre elles.

• La politique de défense

L'accession du Québec à la souveraineté exigerait l'adoption d'une politique de défense propre à permettre au nouvel État d'assurer sa sécurité et le contrôle effectif de son territoire. À cet égard, il serait souhaitable que le Québec et le Canada négocient une entente au sujet du transfert des effectifs, des installations et du matériel présentement affectés au territoire québécois. Il faudrait également s'interroger sur l'adhésion éventuelle d'un Québec souverain aux alliances auxquelles appartient actuellement le Canada : l'Organisation du traité de l'Atlantique Nord (OTAN) et le Commandement de la défense aérienne de l'Amérique du Nord (NORAD). Le Québec pourrait décider soit d'adhérer à ces alliances, donc de poursuivre la politique de défense actuelle du Canada, soit d'adopter une politique de neutralité non armée, soit enfin de choisir un engagement militaire axé sur le maintien de la paix (de type «onusien»), ce qui constituerait une solution intermédiaire entre les deux précédentes. Dans tous les cas, la politique retenue devra être telle qu'elle ne représente pas un risque d'insécurité pour les États–Unis. Une solution provisoire pourrait consister pour le Québec, après l'accession à la souveraineté, à offrir aux gouvernements canadien et américain, et aux autres pays membres de l'OTAN, de respecter les engagements militaires actuels du Canada pour une période de transition à déterminer.

• La nationalité

Dans l'état actuel du droit international, chaque État détermine librement qui sont ses nationaux; il appartiendrait donc au Québec, une fois devenu souverain, d'établir les règles jugées appropriées à cet égard.

S'il suivait la pratique habituelle des États en la matière, le Québec devrait normalement attribuer la nationalité québécoise à tous les citoyens canadiens établis sur le territoire québécois au jour de l'indépendance. Il serait également possible d'étendre l'attribution de la nationalité québécoise aux personnes originaires du Québec, mais établies à l'extérieur de son territoire pour des raisons professionnelles.

Le Canada, s'il suivait la pratique habituelle en la matière, retirerait sa nationalité aux personnes établies au Québec. Les citoyens canadiens établis au Québec pourraient donc perdre leur statut à moins de quitter le territoire québécois dans un délai raisonnable et de s'établir sur le territoire canadien. Il serait aussi possible pour le Canada de continuer à reconnaître ces personnes comme ses nationaux, même si elles décidaient de demeurer au Québec. Cependant, on envisage mal l'hypothèse où l'ensemble des Québécois continueraient à détenir la nationalité canadienne, en plus de la nationalité québécoise, après l'accession du Québec à la souveraineté. Une telle situation créerait de nombreuses difficultés pratiques et ne correspondrait pas à la théorie de la souveraineté étatique. Si de nombreux États permettent à leurs nationaux d'acquérir ou de conserver une autre citoyenneté, il est par contre difficile d'imaginer le cas où la totalité — ou la très grande majorité — des citoyens d'un État détiendraient également la nationalité d'un autre État.

Il serait souhaitable que le Québec et le Canada s'entendent pour conclure un accord sur la citoyenneté, qui pourrait prévoir un droit d'option des personnes affectées par le changement de souveraineté. Un tel droit permettrait d'éviter que certaines personnes se voient imposer une nationalité, ou s'en voient priver, contre leur gré.

En l'absence d'une entente à l'effet contraire, les citoyens canadiens auraient au Québec le même statut que les autres étrangers et il en irait de même pour les citoyens québécois au Canada.

Enfin, pour l'avenir, le Québec devrait prévoir les règles d'attribution de sa nationalité aux enfants nouveau-nés. Deux principaux critères pourraient être utilisés, séparément ou en combinaison: la naissance sur le sol québécois (*jus soli*), d'une part, et, d'autre part, la filliation, c'est-à-dire la naissance d'une mère ou d'un père québécois (*jus sanguinis*). C'est la première solution qui favoriserait le plus l'intégration des immigrants dans la société québécoise.

• Les droits des minorités

En l'absence de tout accord de réciprocité avec le Canada sur les droits des minorités, le Québec souverain ne serait tenu de respecter à l'égard de sa minorité anglophone (et des autres minorités, linguistiques, ethniques, religieuses ou raciales) que les seules garanties découlant du droit international coutumier ou contenues dans les traités auxquels il deviendrait partie. Au nombre de ces derniers, l'instrument le plus important en ce qui concerne la protection des minorités est le *Pacte international relatif aux droits civils et politiques*, que le Québec a d'ailleurs déjà ratifié en tant que province canadienne. Les articles 2(l) et 26 du Pacte établissent les principes d'égalité et de non-discrimination et l'article 27 contient précisément le droit des minorités ethniques, religieuses et linguistiques «d'avoir, en commun avec les autres membres de leur groupe, leur propre vie culturelle, de professer et de pratiquer leur propre religion, ou d'employer leur propre langue». Selon une étude concernant la mise en œuvre de l'article 27 du Pacte, préparée par le rapporteur spécial à la *Sous-commission de la lutte contre les mesures discriminatoires et de la protection des minorités* de l'Organisation des Nations Unies, cette disposition garantit essentiellement aux minorités le droit de préserver et de développer leur langue et leur culture en mettant en œuvre leurs propres ressources, l'État se voyant donc surtout imposer l'obligation *de ne pas s'opposer* aux efforts que les minorités elles-mêmes sont susceptibles de faire dans ce sens. Il est vrai que l'étude en cause affirme également — mais de façon moins ferme — que les États parties ont parfois l'obligation, dans la limite de leurs ressources, de venir en aide aux minorités, en mettant à leur disposition les moyens matériels nécessaires pour la préservation et le développement de la culture et de la langue minoritaires[99].

---

99.   F. CAPOTORTI, *Étude des droits des personnes appartenant aux minorités ethniques, religieuses et linguistiques*, p. 38-39 et 105, Doc. N.U E/CN 4 Sub. 2/384/Rev. 1 (1979). Sur le contenu de cette étude et sur la portée de l'article 27 du *Pacte international relatif aux droits civils et politiques*, voir le chapitre 3 du présent ouvrage.

Par ailleurs, il serait évidemment souhaitable que la Constitution du Québec souverain garantisse certains droits à la minorité anglophone et aux autres minorités[100].

• Les droits des peuples autochtones

À dater de l'indépendance et en l'absence d'une entente avec le Canada qui limiterait ses pouvoirs à cet égard, le Québec exercerait pleinement sa compétence sur les peuples autochtones établis sur son territoire. Il devrait cependant respecter les règles du droit international relatives aux droits de ces peuples. Le Québec devrait évidemment chercher à conclure des arrangements avec les peuples autochtones, notamment en ce qui concerne l'autonomie gouvernementale que ces derniers réclament sur le plan interne. Il va sans dire que de tels arrangements pourraient également être conclus avant l'accession du Québec à l'indépendance. Dans ce cas, les négociations devraient cependant inclure les autorités fédérales puisque ces dernières ont, en vertu de la Constitution canadienne actuelle, la compétence principale dans ce domaine. Si les négociations avaient lieu après l'accession du Québec à la souveraineté, elles seraient par contre bilatérales et ne mettraient en présence que les autorités québécoises et les représentants des peuples autochtones établis sur le territoire du Québec.

• La succession aux biens publics

Pour la succession aux biens publics[101], il faut distinguer selon qu'ils sont situés sur le territoire de l'État successeur ou reliés à celui-ci, auquel cas il ressort clairement des règles relatives à la succession d'États qu'ils passent à ce dernier sans compensation, ou selon qu'ils se trouvent sur le

---

100. Sur les droits susceptibles d'être garantis aux minorités dans la Constitution d'un Québec souverain, voir le chapitre 3 du présent ouvrage.
101. Les biens «publics», c'est-à-dire ceux qui servent à l'État en tant qu'entité politique, comprennent notamment des portions de territoire (le «domaine public»), des ports et installations portuaires, des aéroports, des installations et de l'équipement militaires, des canaux, des voies ferrées, des routes, des ponts, des parcs, des stations agricoles expérimentales, des ouvrages hydrauliques et des oléoducs, des stations de radio et de télévision publiques, des édifices divers ainsi que les biens meubles qui y sont contenus ou affectés, du matériel roulant, des avions, des bateaux, des placements et créances, des fonds publics et avoirs de trésorerie, des réserves d'or et de devises, des signes monétaires de toute nature, des archives, bibliothèques et collections publiques, des droits miniers et forestiers, des actions de sociétés publiques, etc.

territoire de l'État prédécesseur, ou encore à l'étranger, auquel cas l'État successeur pourra tenter de les réclamer s'ils ont été acquis grâce à des fonds provenant de son territoire. Dans tous les cas, il vaut évidemment mieux que la situation soit réglée par des accords bilatéraux de succession, afin d'éviter le plus possible les litiges après l'indépendance.

• La succession aux dettes

Pour la succession aux dettes, il faut distinguer la *dette générale*, que l'État prédécesseur a contractée dans l'intérêt de l'ensemble du territoire (dans le cas d'une fédération, dans l'intérêt de tous les États membres), et les *dettes localisées*, qui se rattachent au seul territoire de l'État successeur ou qui ont été contractées, dans le cas de la sécession d'un État membre d'une fédération, par le gouvernement de ce dernier ou par des entités publiques qui lui sont subordonnées (comme les municipalités ou les commissions scolaires, par exemple). Les dettes localisées sont transmises à l'État successeur. Quant à la dette générale, les règles traditionnelles du droit international prévoyaient que celui-ci n'était pas obligé d'en assumer quelque part que ce soit. La Convention de Vienne de 1983 (qui n'est pas en vigueur) change cependant cette solution, sauf pour les États nouveaux issus de la décolonisation, et prévoit que l'État successeur doit assumer une proportion équitable de la dette générale, compte tenu notamment des biens, droits et intérêts qui lui échoient. Dans les faits, cette question de la succession aux dettes sera le plus souvent réglée dans des ententes bilatérales, parallèlement au règlement de la succession à l'actif. La répartition de la dette générale obéit évidemment à des critères fort complexes, qui sont généralement fondés sur une combinaison des éléments suivants: la population, le territoire, la contribution fiscale, le revenu national, le produit national, la capacité de payer du nouvel État, la part des biens publics qui lui reviennent (principe de la proportionnalité entre les dettes assumées par l'État successeur et l'actif qu'il reçoit de l'État prédécesseur), etc.

iii) La succession d'États sur le plan international

• La succession aux traités

Concernant la succession aux traités, il faut d'abord distinguer entre les traités «personnels», conclus *intuitu personae* (traités d'alliance, par exemple), et les traités «réels», qui portent sur un territoire et en fixent le régime (traités de frontières, traités relatifs au statut d'un fleuve, traités de démilitarisation, par exemple). On admet traditionnellement que seuls les seconds suivent le territoire objet de la succession et peuvent être invoqués par l'État successeur ou lui être opposables. Ce principe de la continuité pour les traités territoriaux a été consacré par la Convention de Vienne de 1978. C'est ainsi que le Québec se trouverait lié notamment par les traités créant des frontières internationales, tels que le traité de 1908 établissant la frontière Canada–États-Unis, et par les traités relatifs au régime juridique de la voie maritime du Saint-Laurent. Par contre, il ne succéderait pas, par exemple, au traité de l'Atlantique Nord; s'il voulait faire partie de l'O.T.A.N., il devrait par conséquent poser sa candidature.

Il faut ensuite envisager différemment le sort des traités bilatéraux et celui des conventions multilatérales. Selon les règles traditionnelles, les premiers ne restent en vigueur que si l'État successeur et l'autre État partie en conviennent, expressément ou implicitement. Quant aux secondes, l'État successeur peut en principe, par une notification de succession, établir sa qualité de partie à ces traités sauf s'il s'agit d'un traité restreint, comme le traité sur l'Antarctique, ou si la participation de l'État successeur est incompatible avec le but ou l'objet du traité, ou encore s'il s'agit d'un acte constitutif d'une organisation internationale, auquel cas l'État successeur doit poser sa candidature selon les règles normales s'il désire devenir membre de l'organisation. Ces principes ont été confirmés par la Convention de Vienne pour les États nouvellement indépendants mais, en ce qui concerne les territoires qui font sécession, la Convention pose le principe de la continuité *ipso jure* de toutes les obligations conventionnelles, sauf si les États intéressés en conviennent autrement ou s'il ressort d'un traité que son application à l'égard de l'État successeur serait incompatible avec l'objet ou le but du traité. L'adoption d'un tel principe semble s'expliquer par le désir de la Conférence de ne pas encourager les mouvements sécessionnistes et, au contraire, de favoriser le principe de l'intégrité territoriale. Cependant, comme on l'a mentionné, cette solution va à l'encontre de la pratique traditionnelle des États à ce chapitre; par conséquent, on ne peut prétendre qu'elle codifie le droit coutumier. Par ailleurs, il faut rappeler que le Canada n'a pas signé la Convention et que celle-ci n'est pas en vigueur.

Soulignons en terminant que le Canada et le Québec pourraient signer un accord de dévolution en vertu duquel le second accepterait de succéder à tous ou à certains des traités du premier. Cependant, un tel accord ne pourrait pas être opposé aux États tiers sans leur consentement.

• L'admission du Québec dans les organisations internationales

Comme on vient de le voir à propos de la succession aux traités, l'entrée dans une organisation internationale correspond à une adhésion, acceptée par les membres de l'organisation, à un traité multilatéral. La règle générale est donc que tout État nouveau doit demander son admission et se soumettre aux procédures habituelles d'acceptation de sa candidature. Ainsi, par exemple, l'adhésion à l'Organisation des Nations Unies suppose que le nouvel État notifie sa volonté d'en devenir membre au Secrétaire général et ratifie la Charte de l'organisation; cette adhésion doit ensuite être acceptée par un vote de l'Assemblée générale des Nations Unies sur la recommandation du Conseil de sécurité.

• Les droits des étrangers sur le territoire québécois

À compter du jour de l'indépendance, les étrangers se trouvant au Québec seraient soumis aux seules lois québécoises. Celles-ci devraient cependant respecter les règles du droit international général relatives à la protection des étrangers, qui garantissent la liberté individuelle, la liberté de circuler, la sécurité de la personne et des biens, l'égalité de traitement avec les nationaux en matière de droits civils et le droit d'accès aux tribunaux[102].

Le problème du sort des droits acquis par les étrangers sous l'empire de la réglementation de l'État prédécesseur est celui qui divise le plus l'opinion. La théorie traditionnelle, soutenue par la plupart des États développés, retient le principe de la sauvegarde des droits patrimoniaux acquis par les étrangers en vertu de la législation de l'État prédécesseur ou des contrats de droit privé conclus avec lui, ainsi que de certains contrats de droit public (concessions de service public, par exemple). Les États du Tiers-Monde et les États socialistes critiquent cette théorie classique du respect absolu des droits acquis en s'appuyant sur le principe de la souveraineté de l'État successeur, surtout dans sa dimension économique. Ils font remarquer que la doctrine classique fait peser sur les États nou-

---

102. Il serait évidemment souhaitable que la Constitution du Québec garantisse aux étrangers les mêmes droits fondamentaux qu'aux citoyens du Québec, ce qui serait le cas si l'actuelle *Charte des droits et libertés de la personne* était enchâssée dans la nouvelle Constitution.

vellement indépendants, souvent pauvres, une lourde hypothèque financière qui amoindrit leur liberté réelle. Soulignons par ailleurs qu'il a toujours été admis que l'État successeur peut nationaliser les propriétés étrangères. Mais la difficulté, dans le contexte de la controverse qui vient d'être mentionnée, consiste à préciser les conditions dans lesquelles il devra payer une indemnisation pour l'expropriation ou la rupture des contrats.

On peut cependant faire remarquer que cette discussion ne présente qu'un intérêt purement théorique pour le Québec, qui n'est pas un pays colonisé, ni un pays pauvre. En outre, étant donné l'importance des États-Unis pour l'économie québécoise et la nécessité impérative d'obtenir la sympathie, ou du moins l'absence d'hostilité, de ce pays pour assurer le succès de l'indépendance du Québec, ce dernier n'aurait guère d'autre choix que de respecter les principes de l'économie de marché et les droits acquis des personnes et sociétés étrangères sur son territoire, y compris les contrats que ces dernières auraient conclus avec les autorités fédérales avant l'indépendance relativement au territoire québécois. Il pourrait mettre fin à ces droits, à condition d'indemniser leurs détenteurs de façon équitable.

Après son accession à la souveraineté, le Québec devrait, sur le plan interne, mettre en place ses nouvelles institutions et, sur le plan international, établir des relations diplomatiques, consulaires et commerciales avec les États qui le voudraient. Dans la mesure où l'indépendance aurait été réalisée avec l'accord du Canada anglais, les autorités fédérales pourraient assister grandement le Québec dans son entrée sur la scène internationale, notamment grâce aux consulats et ambassades du Canada à l'étranger, en particulier là où n'existent pas de délégations du Québec. Le cas échéant, il faudrait également établir les nouvelles institutions communes résultant de l'association économique et politique qui aurait été conclue avec le Canada. Par ailleurs, il serait nécessaire de régler avec le Canada et les gouvernements étrangers les nombreuses questions qui resteraient inévitablement en suspens relativement à la succession d'États. La création d'un tribunal canado-québécois faciliterait la solution des litiges qui ne manqueraient pas de surgir.

Avant de passer à l'examen de l'hypothèse de la sécession unilatérale, il faut souligner que celle-ci comporterait très probablement, pour commencer, certaines des étapes qui viennent d'être décrites. Ainsi, les autorités québécoises, après en avoir reçu le mandat lors d'une élection ou d'un référendum, commenceraient par négocier avec les autorités fédérales et celles des autres provinces en vue d'arriver à l'indépendance en utilisant la procédure de modification constitutionnelle. S'il constatait qu'il lui est impossible de s'entendre avec ses interlocuteurs du Canada anglais, le gouvernement québécois pourrait alors proclamer l'indépendance du Québec de façon unilatérale, c'est-à-dire sans respecter le droit constitutionnel canadien. Dans un premier temps, le Canada anglais refuserait presque certainement de reconnaître cette sécession illégale. Cependant, si le gouvernement québécois réussissait à établir effectivement son autorité sur le territoire du Québec, puis à faire reconnaître l'indépendance de ce dernier par un nombre suffisant de gouvernements étrangers, le gouvernement canadien finirait par être obligé de s'incliner devant la réalité des faits et de reconnaître le Québec à son tour. À partir de ce moment, les deux gouvernements pourraient entamer les négociations relatives à la succession d'État et à toutes les autres questions restées en suspens au moment de la déclaration unilatérale d'indépendance.

Il faut à présent examiner de plus près cette hypothèse où le Québec serait amené à déclarer son indépendance de façon unilatérale ou, si l'on préfère, à faire sécession unilatéralement du reste du Canada.

*3. - L'accession du Québec à la souveraineté*
*sans l'accord du Canada anglais: la sécession unilatérale*

On verra en premier lieu s'il est possible de prétendre qu'un droit de sécession découle des règles de droit international qui reconnaissent le droit à l'autodétermination (ou droit des peuples à disposer d'eux-mêmes). En admettant que le droit de sécession existe, que le Québec puisse en bénéficier et qu'il l'exerce conformément au droit international, le Canada pourrait malgré tout refuser de reconnaître la sécession unilatérale du Québec, qui resterait évidemment illégale au regard du droit constitutionnel canadien. Aussi faudra-t-il examiner les conséquences qu'une sécession unilatérale entraînerait en droit interne avant qu'elle ne réussisse, ou encore si elle finissait par échouer, c'est-à-dire si le Québec était réintégré de gré ou de force dans la fédération canadienne. On se posera également la question de l'intégrité territoriale du Québec en cas de sécession refusée par le Canada anglais.

Notons qu'en cas de sécession unilatérale, si celle-ci réussissait et que le Canada finissait par devoir reconnaître l'indépendance du Québec, les règles de la succession d'États seraient les mêmes que celles qui ont été examinées précédemment, relativement à l'hypothèse d'une sécession négociée à l'intérieur de la Constitution canadienne. Autrement dit, que les ententes relatives à la succession d'États soient conclues *avant* l'indépendance, en vertu d'une accession légale à la souveraineté, ou qu'elles le soient *après* une sécession unilatérale, une fois que celle-ci aurait «réussi», les problèmes à régler seraient les mêmes, ainsi que les principes et les réalités dont les deux parties devraient tenir compte. Il sera donc inutile de revenir sur toutes ces questions, déjà traitées dans la partie précédente.

a. - Le droit des peuples à disposer d'eux-mêmes
et le droit de sécession en droit international

Les conventions internationales qui reconnaissent le droit des peuples à disposer d'eux-mêmes sont, d'une part, la Charte des Nations Unies de 1945 et, d'autre part, les deux pactes internationaux relatifs aux droits de l'homme de 1966. Le Canada est partie à ces trois instruments, lesquels ont été précisés et complétés — pour ce qui est du droit des peuples — par plusieurs résolutions de l'Assemblée générale des Nations Unies[103].

La Charte des Nations Unies mentionne à deux reprises le «principe de l'égalité des droits des peuples et de leur droit à disposer d'eux-mêmes» (articles 1(2) et 55). L'évolution postérieure à 1945 en a essentiellement fait un *droit à la décolonisation*, comme le montre notamment l'adoption, par l'Assemblée générale de l'Organisation, le 14 décembre 1960, de la *Déclaration sur l'octroi de l'indépendance aux pays et aux peuples coloniaux* (résolution 1514 (XV)), qu'on a pu appeler la «Charte de la décolonisation» et qui a été suivie, en 1961, en 1966 et en 1970, par d'autres résolutions venant préciser les modalités de la décolonisation à l'intérieur des Nations Unies. Il n'est donc pas possible de prétendre que la Charte des Nations Unies confère un droit de sécession général, qui pourrait être exercé en dehors des cas de décolonisation.

---

103. L'égalité de droit des peuples et leur droit à disposer d'eux-mêmes sont également reconnus à l'article VIII de l'*Acte final de la Conférence sur la sécurité et la coopération en Europe* (connu sous le nom d'«Acte d'Helsinki») du 1er août 1975, signé par le Canada à cette même date. Il faut cependant souligner que la nature juridique de cet instrument est difficile à déterminer; même s'il contient des engagements précis, les signataires lui ont toutefois refusé la qualité de traité.

En 1966, l'Assemblée générale a adopté les deux pactes internationaux relatifs aux droits de l'homme, le *Pacte international relatif aux droits civils et politiques* et le *Pacte international relatif aux droits économiques, sociaux et culturels*, qui sont venus donner une base conventionnelle supplémentaire au droit des peuples à disposer d'eux-mêmes. Selon certains auteurs, dans la mesure où les Pactes sont plus explicites que la Charte des Nations Unies relativement au droit à l'autodétermination des peuples (qui est reconnu à «tous les peuples»), il faudrait conclure qu'ils «ont introduit le droit à l'autodétermination sécessionniste et en ont fait une expression légitime du droit des peuples à disposer d'eux-mêmes[104]». Il faut cependant mentionner que cette opinion est loin d'être partagée par tous, la très grande majorité des auteurs considérant que l'application utile du droit des peuples à disposer d'eux-mêmes est limitée aux peuples coloniaux et à quelques très rares hypothèses d'occupation étrangère ou de régimes racistes. Dans l'opinion dominante, il n'est donc pas possible de faire découler le droit de sécession (ou de séparation) en contexte non colonial du droit des peuples à l'autodétermination[105].

---

104. Daniel TURP, «Le droit de sécession en droit international public», (1982) 20 *Annuaire canadien de droit international* 24, 47; au même effet, voir également: Daniel TURP, «Le droit à la sécession : l'expression du principe démocratique» dans Alain-G. GAGNON et François ROCHER (dir.), *Répliques aux détracteurs de la souveraineté du Québec*, Montréal, VLB éditeur, 1992, note 133, p. 49, p. 55; dans le même sens, voir : Jacques BROSSARD, *op. cit.*, note 96, p. 99 et suiv. Pour l'opinion contraire, voir notamment: T. CAREY, «Self-Determination in the Post-Colonial Era: The Case of Quebec», (1977) 1 *Association of Student International Law Societies International Law Journal* 47, 53; L.C. BUCHHEIT, *Secession: The Legitimacy of Self-Determination*, New Haven, Yale University Press, 1978, p. 83 et 84.
105. Voir, par exemple : NGUYEN QUOC DINH, Patrick DAILLIER et Alain PELLET, *Droit international public*, 3ᵉ éd., Paris, L.G.D.J., 1987, p. 467: «La sécession est un fait politique et le droit international se contente d'en tirer les conséquences lorsqu'elle aboutit à la mise en place d'autorités étatiques effectives et stables»; Thomas FRANCK, Rosalyn HIGGINS, Alain PELLET, Malcolm N. SHAW et Christian TOMUSCHAT, «L'intégrité territoriale du Québec dans l'hypothèse de l'accession à la souveraineté», Assemblée nationale du Québec, Commission d'étude des questions afférentes à l'accession du Québec à la souveraineté, *Exposés et études*, volume 1 («Les attributs d'un Québec souverain»), *op. cit.*, note 96, p. 377, à la p. 430; les auteurs concluent ainsi leur analyse de la question : «Ce qui précède peut être résumé assez aisément: - hormis les situations coloniales, le droit des peuples à disposer d'eux-mêmes ne confère pas à ceux-ci le droit d'accéder à l'indépendance; - mais, à l'inverse, le droit international et, en particulier, le principe de l'intégrité territoriale ne font pas obstacle à l'accession de peuples non

Le 24 octobre 1970, l'Assemblée générale des Nations Unies a adopté la *Déclaration relative aux principes du droit international touchant les relations amicales et la coopération entre les États conformément à la Charte des Nations Unies* (communément désignée comme la *Déclaration sur les relations amicales* ou la résolution 2625)[106]. Cette déclaration, qui a été l'occasion pour les États qui n'avaient pas pu participer à l'élaboration de la Charte des Nations Unies en 1945 de préciser, en les mettant à jour, les buts et principes que l'on retrouve aux articles 1 et 2 de la Charte, constitue le document officiel le plus important et le plus élaboré sur le droit des peuples à disposer d'eux-mêmes. Après avoir rappelé le principe de l'égalité des droits et du droit des peuples à disposer d'eux-mêmes et énoncé que «[la] création d'un État souverain et indépendant, la libre-association ou l'intégration avec un État indépendant ou l'acquisition de tout autre statut politique librement décidé par un peuple constituent pour ce peuple des moyens d'exercer son droit à disposer de lui-même», la Déclaration ajoute:

> Rien dans les paragraphes précédents ne sera interprété comme autorisant ou encourageant une action, quelle qu'elle soit, qui démembrerait ou menacerait, totalement ou partiellement, l'intégrité territoriale ou l'unité politique de tout État souverain et indépendant se conduisant conformément au principe de l'égalité de droits et du droit des peuples à disposer d'eux-mêmes énoncé ci-dessus et doté ainsi d'un gouvernement représentant l'ensemble du peuple appartenant au territoire sans distinction de race, de croyance ou de couleur.
>
> Tout État doit s'abstenir de toute action visant à rompre partiellement ou totalement l'unité nationale et l'intégrité territoriale d'un autre État ou d'un autre pays.

Quelles sont les conditions d'exercice du droit à l'autodétermination que l'on peut faire découler de la *Déclaration sur les relations amicales* et des autres instruments pertinents? Une première condition est implicitement contenue dans l'énoncé même du droit: seuls les «peuples» peuvent bénéficier du droit de disposer d'eux-mêmes.

---

coloniaux à l'indépendance. Dans le cas du Québec, il en résulte que le peuple québécois ne saurait fonder une éventuelle revendication à la souveraineté sur son droit à disposer de lui-même, mais qu'il ne serait pas, pour autant, empêché d'y accéder par des motifs juridiques».

106. Résolution 2625 (XXV) de l'Assemblée générale des Nations Unies, 24 octobre 1970.

On peut tirer de la doctrine et de la pratique modernes et contemporaines les éléments constitutifs suivants de la qualité de «peuple»[107]:

- une collectivité unie par la langue, la religion, l'histoire, la culture, le mode de vie, la «conception du monde» et par une conscience commune (c'est-à-dire par des éléments objectifs et subjectifs);
- une collectivité concentrée et amplement majoritaire dans un certain territoire, capable d'exprimer un vouloir commun et qui a la volonté de durer et de le faire en conservant ses valeurs et ses caractères particuliers;
- une collectivité disposant d'une dimension politique, d'une organisation interne, symbolisant son particularisme;
- la capacité de cette collectivité de former un État viable du point de vue de la population, des ressources économiques et de l'appui de la société internationale.

Il faut remarquer que le droit des peuples à disposer d'eux-mêmes peut s'exercer non seulement par l'accession à la *souveraineté externe*, mais également par *l'autodétermination sur le plan interne*, à l'intérieur d'un État englobant, c'est-à-dire par divers régimes d'autonomie gouvernementale. Une collectivité qui ne remplirait pas toutes les conditions nécessaires pour être considérée comme un peuple aux fins d'accession à la souveraineté externe (celle par exemple de la viabilité internationale) pourrait par contre remplir les conditions nécessaires pour avoir le droit de s'autodéterminer sur le plan interne. Par ailleurs, il ne fait pas de doute que la population québécoise constitue un «peuple» dans la mesure nécessaire pour revendiquer la souveraineté internationale. Même les auteurs les moins sympathiques à la cause de l'indépendance québécoise le reconnaissent. Cette condition du droit à l'autodétemination *externe* peut donc être considérée comme satisfaite dans le cas du Québec.

Certains auteurs québécois prétendent que la qualité de «peuple» est la seule condition d'exercice du droit à l'autodétermination[108]. Cependant,

---

107. J. BROSSARD, *op. cit.*, note 96, p. 64-70 et 83-89.
108. Daniel TURP, *Le droit de sécession en droit international public et son application au cas du Québec*, mémoire de maîtrise en droit, Université de Montréal, septembre 1979, p. 242. Cependant, l'auteur semble inquiet des conséquences pratiques susceptibles de découler de son point de vue. En effet, il souligne que l'absence de conditions supplémentaires à la qualité de «peuple» pour l'exercice du droit à l'autodétermination «nous place dans une

il est peu douteux que, si le Québec voulait faire sécession du Canada de façon unilatérale, ce dernier exigerait que les autorités québécoises démontrent que *toutes* les conditions posées dans la *Déclaration sur les relations amicales* pour l'exercice du droit à l'autodétermination soient remplies. Le Québec pourrait alors sans doute prétendre que cette Déclaration ne constitue pas du droit positif, mais il paraît évident que, sur le plan politique, cette position serait difficile à défendre aux yeux de l'opinion publique internationale et qu'elle ne pourrait qu'affaiblir la position québécoise face aux États tiers, dont l'attitude serait fort importante pour le succès ou l'échec ultime de la tentative de sécession du Québec. C'est pourquoi on ne peut ignorer les autres conditions contenues dans la Déclaration en matière d'exercice du droit à l'autodétermination.

À première vue, ces conditions semblent être au nombre de deux. En réalité, la seconde est une exception à la première. Lues ensemble, elles signifient qu'un peuple ne saurait exercer le droit à l'autodétermination s'il en résultait le démembrement de l'intégrité territoriale ou de l'unité politique de l'État englobant, *à moins* que ce dernier ne respecte *pas* à son égard le droit des peuples à disposer d'eux-mêmes. Étant donné qu'une sécession produit inévitablement la rupture de l'unité politique de l'État englobant et le démembrement de son intégrité territoriale, il faut en conclure que la sécession n'est permise que dans les cas où l'État englobant contrevient au droit du «peuple» sécessionniste de disposer de lui-même. Une telle exigence pourrait paraître circulaire — voire tautologique — si la conduite non conforme au droit des peuples n'était pas elle-même définie sous trois angles différents, qui constituent donc autant de conditions d'exercice du droit à l'autodétermination: d'une part, le refus de l'autodétermination *sur le plan interne*; d'autre part, le traitement inégalitaire et discriminatoire et l'atteinte aux droits de l'homme; enfin,

---

situation d'une gravité particulière puisqu'il nous est obligé (sic) de constater l'unicité de condition d'exercice d'un droit aussi révolutionnaire et perturbateur de l'ordre international que le droit de sécession». Et il ajoute: «Faut-il croire que la société internationale accepte de vivre avec une telle épée de Damoclès suspendue au-dessus de sa tête et que le droit international peut s'accommoder d'une telle situation?» (p. 302). Le professeur Brossard considère également que le droit de sécession existe indépendamment des exigences posées par la *Déclaration sur les relations amicales*, à condition que la population concernée exprime sa volonté de façon incontestable et démocratique: J. BROSSARD, *op. cit.*, note 96, p. 109.

l'absence de gouvernement représentatif. Il est nécessaire, si l'on tient compte de la Déclaration, de prouver l'existence d'une seule de ces trois conditions pour qu'un peuple puisse exercer le droit de sécession, en dépit du fait que celle-ci entraînera le démembrement de l'État englobant.

Il est évident que la sécession du Québec aurait pour conséquence de rompre l'intégrité territoriale et l'unité politique de l'État canadien. Il faut donc se demander si l'une des trois conditions qui justifieraient malgré tout la sécession du Québec est remplie. En premier lieu, même si le peuple québécois a subi dans le passé des injustices flagrantes, celles-ci n'ont pas été graves au point de constituer une atteinte aux droits de l'homme au sens de la *Déclaration sur les relations amicales*. On sait que le Canada jouit dans le reste du monde d'une excellente réputation en ce qui concerne le respect des droits humains et le Québec aurait beaucoup de difficulté à démontrer que sa situation justifie une sécession de ce point de vue[109]. Ensuite, il ne fait pas de doute que le Canada possède un gouvernement représentant l'ensemble de sa population sans distinction de race, de croyance et de couleur. Par conséquent, seule reste la possibilité de démontrer que le Canada a contrevenu au droit du peuple québécois à disposer de lui-même sur le plan interne. À première vue, cela semble difficile, dans la mesure où le peuple québécois a le contrôle d'un État fédéré et de son appareil politique et jouit par conséquent d'une autonomie interne importante. Il faut cependant se demander si l'adoption de la *Loi constitutionnelle de 1982*, sans l'assentiment des autorités constituées du Québec, et le rejet de l'Accord du lac Meech (et des cinq conditions du Québec) peuvent être considérés comme un refus, par le Canada, de permettre au peuple québécois de s'autodéterminer sur le plan interne. Certains considèrent que c'est le cas[110]. Il nous semble cependant

---

109. Il faut cependant rappeler que les autorités fédérales canadiennes ont parfois omis de respecter certaines libertés fondamentales lorsqu'elles s'estimaient justifiées d'agir ainsi pour sauvegarder l'unité nationale. On songe ici aux opérations illégales de la Gendarmerie royale du Canada contre le Parti québécois, et plus généralement contre le mouvement indépendantiste au Québec, dans les années 1970.
110. D. TURP, «Le droit de sécession en droit international public», *loc. cit.*, note 104, 58. Quant au professeur Brossard, il en arrivait dès 1976 à la conclusion que le Québec pourrait remplir «au moins une sinon deux ou trois» des conditions posées par la *Déclaration sur les relations amicales* pour l'exercice du droit des peuples à disposer d'eux-mêmes : J. BROSSARD, *op. cit.*, note 96, p. 203-230.

que la réponse doit être plus nuancée, dans la mesure où, malgré l'échec de l'Accord du lac Meech, le Québec n'a pas mis fin aux négociations constitutionnelles avec le reste du Canada. Au contraire, le Premier ministre québécois, M. Robert Bourassa, a signé l'Accord de Charlottetown du 28 août 1992 et, si celui-ci est devenu caduque, c'est parce que le peuple québécois, ainsi que la population de cinq autres provinces l'ont majoritairement rejeté lors du référendum du 26 octobre suivant. Il n'est donc pas possible d'affirmer que l'échec de l'Accord de Charlottetown équivaut à une négation du droit des Québécois à l'auto-détermination interne.

On peut conclure de tout ce qui précède que l'existence du droit de sécession, les conditions de sa mise en œuvre ainsi que l'application de ces conditions au cas du Québec prêtent à controverse. Il n'est guère possible, par conséquent, d'affirmer de façon sûre que le Québec peut validement exercer, à l'heure actuelle, un droit de sécession au regard du droit international. Cependant, si le droit international ne confère pas le droit d'accéder à l'indépendance aux peuples qui ne sont pas en situation coloniale, il ne les empêche pas davantage de la revendiquer et de l'obtenir. S'ils y réussissent et que la sécession devient effective, le droit international prendra acte de l'existence du nouvel État.

Pour relativiser l'importance de ce débat juridique, il faut souligner que diverses autorités fédérales ont déjà reconnu le droit des Québécois à l'indépendance, à condition qu'il soit exprimé de façon démocratique[111]. Si cette attitude se confirmait à l'avenir, l'exercice éventuel de ce droit ne devrait donc pas soulever de difficultés dans son principe même. Dans le cas contraire, si les autorités fédérales canadiennes étaient amenées à nier l'existence du droit des Québécois à l'indépendance, la controverse se réglerait beaucoup plus en fonction de considérations politiques que d'arguments juridiques. En effet, le succès ou l'insuccès d'une sécession unilatérale du Québec dépendrait de la capacité des autorités québécoises d'exercer leur autorité sur le territoire pour lequel elles revendiquent la

---

111. Voir, par exemple, les déclarations du ministre des Affaires constitutionnelles de l'époque, M. Joseph Clark (*Vancouver Sun*, 28 nov. 1991), du Premier ministre de l'époque, M. Brian Mulroney (*La Presse*, 2 déc. 1991) ou du Chef d'état-major de l'armée (*La Presse*, 7 déc. 1991). On peut également considérer que les autorités fédérales ont acquiescé à la démarche référendaire de 1980 et ont ainsi reconnu aux Québécois le droit de décider seuls de leur statut politique.

souveraineté. Quant à la reconnaissance internationale de l'indépendance du Québec, elle dépendrait de l'attitude des autres États, qui se comporteraient évidemment en fonction d'une analyse politique de la situation et de leurs propres intérêts. Les arguments respectifs du Québec et du Canada relatifs à l'existence juridique du droit de sécession ne constitueraient donc qu'un élément parmi d'autres, et sûrement pas le plus important. Deux facteurs politiques l'emporteraient sur toute considération juridique: *la volonté du peuple québécois* qui, si elle était incontestable et démocratiquement exprimée, aurait pour effet de conférer à la sécession unilatérale du Québec une légitimité populaire essentielle aux yeux de l'opinion publique canadienne et internationale; *l'efficacité et l'effectivité de la sécession*, c'est-à-dire la capacité des autorités québécoises d'exercer le monopole de l'autorité publique sur le territoire du Québec; en effet, une telle situation attesterait de la réussite de la sécession du Québec sur le plan interne. Sur le plan international, elle amènerait inévitablement les autres États, ou du moins un certain nombre d'entre eux, à reconnaître après un certain temps l'existence du Québec comme État souverain.

b. – Les conséquences de la réussite
ou de l'échec d'une sécession unilatérale

En cas de sécession unilatérale, l'État englobant commencera pratiquement toujours par s'opposer à celle-ci. S'il décide de le faire par les armes, ce que le droit constitutionnel lui permet et ce que le droit international ne lui interdit pas, les organisations internationales s'abstiendront généralement d'intervenir, comme le montrent les précédents, à moins que le conflit ne s'internationalise. Le gouvernement sécessionniste sera alors considéré comme étant en état d'insurrection du point de vue du droit interne, avec toutes les conséquences pénales qui en découlent. Du point de vue du droit international, il pourra faire l'objet, de la part des États étrangers, si ceux-ci le désirent, d'une reconnaissance de belligérance qui permet d'accorder la personnalité internationale à un gouvernement «de fait» lorsque celui-ci réussit à prendre le contrôle d'une partie du territoire et à mener une véritable guerre contre les autorités centrales. Nous n'insisterons pas sur cette hypothèse, d'abord parce qu'il faut espérer que le gouvernement fédéral s'abstiendrait de tout recours à la force en cas de sécession unilatérale et démocratique du Québec, ensuite parce que le Québec ne dispose pas des forces militaires ou paramilitaires qui lui permettraient de résister avec succès à l'armée canadienne, si le gouvernement fédéral décidait d'utiliser celle-ci pour réduire une éventuelle sécession québécoise.

Sans recourir à la force, les autorités fédérales pourraient également choisir de combattre la sécession du Québec par tous les moyens non belliqueux que le droit canadien met à leur disposition: organisation d'un référendum pancanadien pour consulter la population des autres provinces sur le départ du Québec; contestation systématique devant les tribunaux de tous les actes du gouvernement sécessionniste; mise en vigueur de la *Loi sur les mesures d'urgence*[112] et suspension des libertés civiles en vertu de la clause dérogatoire de la *Charte canadienne des droits et libertés*[113]; poursuites pénales contre les membres du gouvernement sécessionniste et tous ceux qui refusent de respecter les lois canadiennes, etc. Autrement dit, deux ordres juridiques antagonistes s'affronteraient alors sur le territoire du Québec: l'ordre fédéral et la Constitution canadienne, d'une part; les lois et la Constitution québécoises, de l'autre. S'ouvrirait alors pour les Québécois une période plus ou moins longue d'insécurité juridique, puisque chacun devrait décider à quelle «légalité» il choisirait d'obéir lorsque, par exemple, une autorité fédérale lui enjoindrait de se conformer à une norme fédérale qui contredit une norme québécoise, ou inversement.

La sécession serait considérée comme réussie si, durant un temps suffisamment long, les autorités québécoises parvenaient à exclure l'application du droit canadien sur leur territoire et, au contraire, réussissaient à y faire régner l'ordre juridique découlant de leurs propres lois et décisions. Le Québec devrait alors être considéré comme un nouvel État souverain. En effet, l'existence d'un État souverain ne dépend pas des

---

112. *Loi sur les mesures d'urgence*, L.R.C., c. 22, 4e suppl.; la loi confère au gouvernement fédéral le pouvoir d'intervenir par décret dans les situations de crise, notamment dans toute situation qui «menace gravement la capacité du gouvernement du Canada de garantir la souveraineté, la sécurité et l'intégrité territoriale du pays». Dans les situations d'urgence, la Constitution canadienne reconnaît au Parlement fédéral le pouvoir de légiférer sur toute matière dans la mesure nécessaire pour remédier à la situation; les règles du partage des compétences législatives sont alors temporairement suspendues et aucun champ de compétence n'échappe au Parlement canadien, y compris ceux que la Constitution attribue normalement de façon exclusive aux législatures des provinces. Sur ce point, voir: J.-Y. MORIN et J. WOEHRLING, *op. cit.*, note 2, p. 289 et suiv.
113. Voir *supra*, note 17.

reconnaissances qui lui sont accordées[114]. Toute entité qui comprend les trois éléments constitutifs de l'État (population, territoire et gouverne-ment) peut prétendre à la souveraineté et, ainsi, accéder au statut d'État. Le refus de la reconnaissance n'interdit pas à un État d'exister, de même que l'octroi de la reconnaissance ne suffit pas pour créer un État, si les éléments constitutifs ou l'un d'entre eux font défaut. Cependant, même si la naissance d'un nouvel État est un fait dont l'existence ne dépend pas de la reconnaissance par les États existants, celle-ci conditionne dans une certaine mesure les *effets* internationaux de la souveraineté de l'État nou-veau. Malgré son caractère principalement déclaratif, la reconnaissance est donc plus qu'une simple formalité, car elle modifie la situation juridique de l'État reconnu sur le plan de *l'exercice* de ses compétences étatiques. Tant qu'il n'est pas reconnu, en effet, l'État peut exercer ses compétences à l'égard de ses propres ressortissants et sur son propre territoire, mais il ne peut contraindre les autres États à en reconnaître les effets sur leur territoire. De même, ces derniers peuvent refuser d'entrer en relations juridiques avec lui tant qu'ils ne l'ont pas reconnu comme État souverain.

La pratique internationale récente, alimentée par l'apparition de nouveaux États en Europe orientale et dans l'ancienne Union soviétique, suggère qu'un nouveau pays doit respecter, pour obtenir la reconnaissance internationale, un certain nombre de conditions nouvelles qui viennent s'ajouter à la réunion des trois éléments constitutifs traditionnels, énoncés précédemment. En premier lieu, la reconnaissance sera accordée d'autant plus volontiers que l'accession à la souveraineté aura été le fruit d'une décision claire, prise de façon démocratique. En outre, le nouvel État devra garantir les droits des minorités présentes sur son territoire. Il devra également s'engager à respecter les frontières existantes. Enfin, d'autres conditions peuvent s'ajouter, notamment en ce qui concerne le maintien d'un état de droit et le respect des valeurs démocratiques et des libertés fondamentales.

Même si un nouvel État remplit toutes les conditions qui viennent d'être mentionnées, le droit international n'oblige pas les autres États à le reconnaître. En effet, la reconnaissance est un acte juridique libre et

---

114. Sur le droit international en matière de reconnaissance d'État, voir par exemple: NGUYEN QUOC DINH, P. DAILLIER et A. PELLET, *op. cit.*, note 105, p. 492 et suiv.

discrétionnaire. Chaque État décide donc de l'opportunité de la reconnaissance d'un État nouveau. Aussi connaît-on beaucoup d'exemples de reconnaissance prématurée, intervenant avant l'achèvement du processus de création de l'État, et de reconnaissance tardive. D'autant plus que les États sont souvent tentés de faire de la reconnaissance ou de la non-reconnaissance un instrument de politique diplomatique, autant à l'égard de l'État nouveau que de l'État dont ce dernier s'est séparé, lorsqu'il s'agit d'une sécession.

Le droit international ne prévoit aucune forme précise pour la reconnaissance d'État. La reconnaissance peut être expresse ou implicite; dans ce dernier cas, elle se déduit de certains faits ou de certains actes normalement réservés aux relations interétatiques.

En cas de sécession unilatérale, dans un premier temps, le Canada refuserait probablement de reconnaître la souveraineté du Québec. Cependant, les pays ayant intérêt à la normalisation de la situation, notamment les États-Unis et la France, feraient vraisemblablement des pressions pour qu'Ottawa reconnaisse le nouvel État. En outre, à moyen et à long terme, si l'existence du Québec était reconnue par d'autres États et que le Québec était admis dans certaines organisations internationales, le Canada finirait probablement par trouver opportun de le reconnaître à son tour. Étant donné l'imbrication géographique et économique des deux pays, la non-reconnaissance finirait en effet très rapidement par entraîner pour le Canada plus d'inconvénients qu'elle ne lui apporterait d'avantages.

La sécession échouerait si les autorités fédérales réussissaient, par des moyens pacifiques ou par la force, à maintenir le respect de l'ordre juridique canadien sur le territoire du Québec et à empêcher l'application des lois et des décisions des autorités sécessionnistes. Les responsables de la sécession pourraient alors être poursuivis devant les tribunaux canadiens pour les infractions commises.

Par contre, il serait nécessaire d'avaliser la plupart des actes posés par les autorités sécessionnistes, avant le rétablissement de l'ordre public fédéral, à l'égard des personnes privées (perception de taxes, délivrance d'autorisations, contrats, etc.). Le droit canadien connaît déjà certains concepts juridiques qui permettent précisément de reconnaître et de confirmer les situations et les actes juridiques formellement illégaux, lorsqu'il s'agit de protéger les droits des tiers de bonne foi. Certains de ces concepts ont été rappelés par la Cour suprême dans le *Renvoi relatif aux droits linguistiques au Manitoba*[115]. Si nécessaire, les tribunaux canadiens qui auraient à juger ces situations pourraient également s'inspirer des principes retenus par les tribunaux britanniques dans les affaires décidées dans le contexte de la déclaration d'indépendance unilatérale de la Rhodésie du Sud en 1965. En vertu de ces principes, les ressortissants du territoire rebelle qui obéissent aux lois des autorités sécessionnistes, les juges qui appliquent ces lois et même les fonctionnaires subalternes du régime illégal ne doivent pas être pénalisés par les autorités légales lorsqu'elles reprennent le pouvoir. Par contre, les autorités politiques et les hauts fonctionnaires du régime illégal peuvent se voir appliquer les lois relatives à la sédition et à la trahison.

c. - L'intégrité territoriale du Québec en cas de sécession unilatérale

Si une éventuelle sécession unilatérale échouait, le Québec serait à nouveau réuni à la fédération canadienne et le problème de son intégrité territoriale se poserait à l'intérieur de la Constitution du Canada. On a vu précédemment qu'en vertu de celle-ci le territoire d'une province ne peut être modifié sans le consentement de ses autorités législatives.

Si la sécession réussissait et que le Québec devenait un État souverain, le principe de l'intégrité territoriale des États et de la stabilité des frontières que pose le droit international (principe de l'*uti possidetis juris*) empêcherait les autres États, y compris le Canada, de porter atteinte au territoire québécois. Celui-ci se verrait garanti dans les frontières existant au moment de l'accession du Québec à la souveraineté[116].

Par ailleurs, certains prétendent qu'en cas de sécession unilatérale les autorités fédérales pourraient «reprendre» au Québec les territoires septentrionaux que celui-ci a acquis en 1898 et en 1912, à la suite d'un accord avec le gouvernement fédéral et par rattachement au territoire québécois de la partie contiguë des Territoires du Nord-Ouest (l'ancien district de l'Ungava)[117]. Le raisonnement avancé à cette fin consiste à souligner que le Québec ne possédait pas ces territoires au moment de

---

115. Voir *supra*, note 31.
116. Pour plus de détails sur ce point, voir notamment : T. FRANCK, R. HIGGINS, A. PELLET, M.N. SHAW et C. TOMUSCHAT, *loc. cit.*, note 105, p. 426 et suiv.
117. Voir, par exemple : David J. BERCUSON et Barry COOPER, *Goodbye … et bonne chance! Les adieux du Canada anglais au Québec*, Montréal, Le Jour éditeur, 1991.

son entrée dans la fédération en 1867 et qu'ils lui ont été «attribués» en sa qualité de province canadienne. Cependant, de tels arguments sont de nature purement politique et n'ont aucune valeur sur le plan juridique. Peu importe le moment ou les circonstances du transfert de ces territoires au Québec, les principes de droit constitutionnel et de droit international rappelés précédemment empêchent qu'ils puissent lui être enlevés contre sa volonté[118].

Une menace plus sérieuse contre l'intégrité territoriale du Québec pourrait résulter de l'attitude des peuples autochtones — Inuit et Amérindiens — qui habitent la partie septentrionale du territoire québécois[119]. En effet, ces peuples, qui sont les premiers occupants de ces territoires, pourraient prétendre exercer leur propre droit à l'autodétermination afin de continuer à faire partie du Canada et de se séparer du Québec, si celui-ci décidait de quitter la fédération canadienne. Sans doute le Québec pourrait-il répondre que certaines conditions requises pour l'auto-détermination des peuples autochtones *sur le plan international* ne sont pas réunies, voire même qu'un tel droit n'existe tout simplement pas[120]. Il

---

118. Pour une réfutation convaincante de la thèse voulant que le Canada puisse reprendre au Québec les territoires transférés en 1898 et en 1912, voir: Henri BRUN, «L'intégrité territoriale d'un Québec souverain» dans *Répliques aux détracteurs de la souveraineté du Québec, op. cit.*, note 104, p. 69.

119. Quelque 55 000 Amérindiens et 7 000 Inuit, répartis en onze nations, vivent au Québec; 18 000 d'entre eux, appartenant aux communautés crie, naskapi et inuit, sont établis dans la partie septentrionale du territoire québécois. En vertu de la Convention de la Baie-James et du Nord québécois et de la Convention du Nord-Est québécois, les Cris, les Naskapis et les Inuit bénéficient d'une certaine autonomie en matière d'éducation et d'administration locale ou régionale, ainsi que d'un soutien pour contrer la diminution progressive de leurs activités traditionnelles. En outre, le 20 mars 1985, l'Assemblée nationale a adopté une résolution reconnaissant notamment le droit des nations autochtones à l'autonomie au sein du Québec. Une étude comparative de la situation des autochtones dans les différentes provinces canadiennes, réalisée pour la Commission d'étude des questions afférentes à l'accession du Québec à la souveraineté, conclut que leur situation au Québec est généralement plus avantageuse que dans les autres provinces; voir: Bradford MORSE, «Comparative Assessments of Indigenous Peoples in Québec, Canada and Abroad», *Exposés et études*, volume 1 («Les attributs d'un Québec souverain»), *op. cit.*, note 96, p. 307.

120. On peut en effet prétendre que les peuples autochtones, qu'ils soient établis dans le Nord québécois ou dans la partie méridionale du territoire, ne sont pas en nombre suffisant pour remplir les conditions exigées par le droit international pour l'exercice du droit à l'autodétermination externe. Quant à la communauté anglophone, concentrée

n'en reste pas moins que la cause des autochtones leur attirerait beaucoup de sympathie, tant au Canada qu'ailleurs dans le monde. En outre, les autorités fédérales trouveraient là une bonne raison pour affirmer le maintien de leur souveraineté sur le Nord québécois, la Constitution leur attribuant une responsabilité de fiduciaire à l'égard des peuples autochtones et ceux-ci considérant traditionnellement le gouvernement fédéral comme leur interlocuteur privilégié[121]. Comme le Canada dispose d'une armée, ce qui n'est pas le cas du Québec, le maintien de la souveraineté canadienne et l'exclusion de la souveraineté québécoise sur les territoires septentrionaux s'avéreraient aisés sur le plan militaire et, sur le plan juridique, finiraient par éteindre les droits du Québec, par application du principe de l'effectivité (en vertu duquel l'exercice effectif de la souveraineté est nécessaire pour conserver le titre juridique sur un territoire).

Par conséquent, il semble que l'accession pacifique du Québec à la souveraineté, sans diminution de son assiette territoriale, serait beaucoup plus facile si elle était précédée d'un accord entre les autorités québécoises, les autorités fédérales et les peuples autochtones établis au Québec. Pour favoriser la conclusion d'une pareille entente, le Québec devrait dès maintenant s'engager à enchâsser dans une future constitution québécoise les droits des autochtones, qui ne pourraient plus ensuite être modifiés qu'avec le consentement de ces derniers. Ces droits devraient être

---

principalement à Montréal, son autodétermination externe serait impraticable dans la mesure où elle nécessiterait la création d'enclaves au sein du territoire québécois. Certains vont même plus loin et affirment qu'en vertu du droit international les peuples autochtones et les minorités ne disposent *jamais*, quelles que soient les circonstances, du droit à l'autodétermination *externe*; cette thèse est défendue dans un avis juridique émis par cinq spécialistes de réputation internationale; voir: T. FRANCK, R. HIGGINS, A. PELLET, M.N. SHAW et C. TOMUSCHAT, *loc. cit.*, note 105, p. 430-443.

121  En vertu de l'article 91(24) de la *Loi constitutionnelle de 1867*, le Parlement fédéral est exclusivement compétent pour légiférer sur «les Indiens et les terres réservées aux Indiens». L'article 35 de la *Loi constitutionnelle de 1982* confère une garantie constitutionnelle aux droits existants, ancestraux ou issus de traités, des peuples autochtones du Canada. Selon les tribunaux, cette disposition accorde à ces peuples une protection contre toute législation, fédérale ou provinciale, qui aurait pour effet d'éteindre ou de nier ces droits, ou de leur imposer des restrictions jugées non raisonnables. En 1983, une modification constitutionnelle est venue préciser que cette protection comprend les droits issus d'accords sur des revendications territoriales. Ces dispositions ont notamment eu pour effet de garantir aux nations autochtones signataires que les conventions du Nord (*supra*, note 119) ne seront pas modifiées sans leur consentement.

formulés, à tout le moins, de la même façon que dans l'actuelle constitution canadienne et, de préférence, plus clairement et plus géné-
reusement, en incluant notamment une certaine autonomie gouvernementale interne. Par ailleurs, les autochtones québécois craignent sans
doute que l'accession du Québec à la souveraineté ne rende plus difficiles
les contacts et la solidarité avec leurs frères et sœurs du Canada. Pour les
rassurer sur ce point, l'accord tripartite entre le Québec, le Canada et les
peuples autochtones pourrait prévoir la liberté de circulation de ces
derniers de part et d'autre de la nouvelle frontière. Comme on l'a mentionné précédemment, un tel accord pourrait également consigner les
droits des nations autochtones à l'égard des deux États signataires et
confier à un organisme mixte canado-québécois le soin d'entendre et de
trancher les litiges futurs pouvant s'élever entre le Québec ou le Canada,
d'une part, et leurs peuples autochtones, d'autre part.

# Conclusion

Depuis plus de 30 ans, tous les gouvernements québécois, de quelque parti qu'ils soient, ont tenté d'obtenir pour le Québec les nouveaux pouvoirs considérés comme nécessaires afin de lui permettre de se développer en tant que société nationale distincte. Non seulement ces revendications n'ont eu aucun succès, mais elles se sont heurtées à une évolution en sens inverse au Canada anglais, où l'on privilégie de plus en plus l'augmentation du rôle et des pouvoirs d'Ottawa. Cet affrontement entre les aspirations du Québec et celles du reste du Canada s'est soldé, dans la dernière décennie, par une double défaite du Québec, la première en 1982, lorsque la Constitution a été «rapatriée» et modifiée contre la volonté du gouvernement de René Lévesque, la seconde en 1990, avec l'échec de l'Accord du lac Meech, dans lequel le gouvernement de M. Robert Bourassa avait pourtant accepté une réduction draconienne des demandes constitutionnelles présentées traditionnellement par le Québec.

Ces échecs répétés expliquent que les Québécois, malgré l'attachement réel que beaucoup d'entre eux continuent d'éprouver pour le Canada, rejettent désormais de façon très majoritaire le maintien du *statu quo* constitutionnel et, *a fortiori*, l'évolution que souhaite le Canada anglais vers une plus grande centralisation. L'opinion publique québécoise reste cependant hésitante dans la mesure où elle se divise, dans une proportion variable selon les sondages, entre les partisans d'un renouvellement du système fédéral et ceux de la souveraineté du Québec[122]. En outre, la très grande majorité des «souverainistes» insistent sur le maintien de l'union

---

122. Selon un sondage CROP publié par le journal *La Presse* en mars 1992, à la question «Voulez-vous que le Québec devienne un État souverain?», 42 % répondaient oui et 39 % disaient non, 20 % restant indécis; la marge d'erreur était de 3 %. Par ailleurs, de nombreux répondants semblent avoir nagé dans la confusion, puisque 31 % d'entre eux

douanière, du marché commun et de l'union économique et monétaire entre le Canada et un futur Québec indépendant[123]. Il est cependant loin d'être clair quelles institutions communes doivent être considérées comme nécessaires pour permettre le maintien de l'intégration économique à son niveau actuel. Ceux qui prônent le *statu quo* ou le «fédéralisme renouvelé» estiment que seules des institutions véritablement fédérales, similaires à celles qui existent présentement, permettent d'arriver à ce résultat. Quant aux tenants de la souveraineté politique du Québec, combinée avec le maintien de l'association économique avec le Canada, certains estiment qu'il suffirait d'institutions intergouvernementales de coordination, du type de celles qui existent présentement en vertu de l'Accord de libre-échange nord-américain (ALENA)[124], alors que d'autres semblent penser

---

croyaient qu'un Québec souverain continuerait à faire partie du Canada, 40 % pensaient qu'advenant la souveraineté du Québec ils pourraient néanmoins conserver la nationalité canadienne et 20 % s'imaginaient qu'ils continueraient d'élire des députés à la Chambre des communes d'Ottawa; voir: Denis LESSARD, «Un Québec souverain ferait toujours partie du Canada», *La Presse*, 30 mars 1992, p. A-12; Maurice PINARD, «Séparation, indépendance, souveraineté : il y a beaucoup de confusion sur le sens des termes», *La Presse*, 27 mai 1994, p. B-3. Sur l'évolution et les fluctuations de l'appui populaire à la souveraineté dans les sondages, voir : Édouard CLOUTIER, Jean H. GUAY et Daniel LATOUCHE, *Le virage ou comment le Québec est devenu souverainiste* (L'évolution de l'opinion publique au Québec depuis 1960), Montréal, Québec/Amérique, 1992.
123. Le Canada constitue actuellement une *union douanière* où les biens circulent librement et dans laquelle l'existence d'une politique tarifaire et commerciale commune à l'égard des pays tiers supprime la nécessité de contrôles douaniers entre les provinces. En second lieu, il est également un *marché commun* dans lequel existe, à des degrés divers et de manière parfois imparfaite, la libre-circulation des personnes, des services et des capitaux. Le Canada forme en troisième lieu une *union économique* dans laquelle différentes politiques économiques et sociales sont *harmonisées* (par la concertation entre les provinces) ou *mises en commun* (pour ce qui est des questions relevant de la compétence fédérale). Enfin, dans la mesure où il existe une monnaie commune, le dollar canadien, le Canada constitue également une *union monétaire*.
124. Le Parti québécois a manifesté son intention, s'il forme le gouvernement et si le Québec accède à la souveraineté, de proposer au Canada anglais, sous la forme d'un traité d'association ou par la voie d'ententes particulières, le maintien de l'espace économique canadien tel qu'il existe présentement. Pour la gestion de cet espace économique commun, il évoque la mise en place de trois organismes communs principaux : un *Conseil*, formé de ministres ou de représentants désignés et délégués par les deux gouvernements, qui exercerait un pouvoir de décision sur les matières qui lui seraient confiées par le traité d'association; un *secrétariat* qui serait chargé d'assurer l'application du traité selon les directives du Conseil; enfin, un *tribunal* qui verrait à assurer le règlement des différends.

qu'il faudrait une intégration institutionnelle plus poussée, de nature supraétatique, comme celle qui caractérise actuellement l'Union européenne (l'ancienne Communauté économique européenne)[125].

Ironiquement, l'exemple de l'Union européenne est d'ailleurs invoqué, pour des raisons inverses, autant par les tenants que par les adversaires de l'accession du Québec à la souveraineté. Les premiers s'en servent pour tenter de démontrer qu'un degré élevé d'intégration économique n'exige pas nécessairement un degré comparable d'union politique. Les seconds soulignent les progrès de l'intégration européenne pour essayer de démontrer précisément le contraire, ainsi que pour prouver que la souveraineté du Québec irait contre le «sens de l'histoire[126]». En fait, une comparaison moins polémique entre la situation

---

Il serait également possible de prévoir un mode de participation du Québec à la Banque du Canada. Le contrôle démocratique de l'action de ces organismes serait assuré par le fait que les ministres ou les délégués membres du Conseil de l'association demeureraient responsables devant leur Parlement respectif. Par conséquent, selon un tel projet, il n'existerait pas d'organe parlementaire commun aux deux pays, élu au suffrage universel. Voir: Parti québécois, *Le Québec dans un monde nouveau*, Montréal, VLB éditeur, 1993, p. 79-84.

125. Le Bloc québécois prône une association économique Québec-Canada dont les modalités institutionnelles seraient, semble-t-il, fortement inspirées de celles de l'Union européenne et comporteraient un Conseil, une Commission, un Tribunal et une «Conférence parlementaire commune». Voir: Lucien BOUCHARD (sous la direction de), *Un nouveau parti pour l'étape décisive*, Montréal, Fides, 1993, p. 119 et 120.

126. L'Union européenne (l'Europe des douze) constitue un système complexe, qui présente certaines caractéristiques fédérales (par exemple, l'existence d'un Parlement commun élu au suffrage universel direct, mais qui ne possède encore — il est vrai — aucun pouvoir législatif réel) et d'autres qui sont plutôt confédérales (par exemple, la règle de l'unanimité pour certaines décisions du Conseil des ministres). Dans le cas d'une éventuelle association économique entre le Canada et un Québec souverain, la principale difficulté consisterait à déterminer le mode de prise de décision. Si les décisions devaient être prises par consensus — ce qui constitue le mode de fonctionnement normal entre deux États souverains —, cela reviendrait à donner au Québec un poids décisionnel disproportionné par rapport à son importance économique et démographique vis-à-vis du reste du Canada. En outre, une relation bilatérale fondée sur un double droit de veto comporterait des risques de blocage évidents, susceptibles de paralyser le fonctionnement de l'association. Au sein de l'Union européenne, la prise de décision est progressivement passée de l'unanimité à la majorité qualifiée; une telle évolution est cependant difficilement imaginable à l'intérieur d'une association bilatérale Canada-Québec. Ces difficultés politiques et institutionnelles pourraient amener le Canada et le Québec à devoir accepter un niveau d'intégration économique moindre qu'à l'heure actuelle, ce qui n'irait pas sans dommages pour les économies des deux pays.

canado-québécoise et celle de l'Europe permet de constater que les Européens semblent actuellement tout aussi hésitants à renforcer l'amorce d'union politique qui existe déjà entre leurs pays que les Québécois le sont à diminuer les liens qui les unissent au reste du Canada. C'est que ni les uns ni les autres n'échappent aux deux grands courants qui caractérisent l'évolution du monde en cette fin du XXe siècle, à savoir l'élargissement des espaces économiques, d'une part, et, d'autre part, l'affirmation — ou la réaffirmation — des identités nationales[127]. Ces deux tendances sont évidemment liées entre elles, dans la mesure où les menaces d'homogénéisation qui accompagnent l'unification économique provoquent en réaction la défense des spécificités nationales menacées. Mais les deux mouvements sont peut-être moins contradictoires qu'il n'y paraît à première vue. En effet, l'appartenance à un espace économique qui dépasse les frontières nationales n'est pas incompatible avec le maintien — ou, dans le cas du Québec, l'élargissement — de la souveraineté politique dans les domaines où existent des spécificités importantes qui distinguent les communautés nationales les unes des autres.

On peut donc espérer qu'à plus long terme la raison prévaudra et que le Québec et le reste du Canada réussiront à réaménager leurs relations de façon mutuellement bénéfique et satisfaisante. Le sens démocratique du Canada anglais devrait faire en sorte que cette transformation se produise de façon pacifique, le Québec se voyant reconnaître le droit de décider de son avenir sans être soumis à des menaces de représailles économiques, voire de diminution de son territoire. Ainsi, c'est aux Québécois eux-mêmes que reviendra le dernier mot, à condition qu'ils réussissent à faire preuve d'une volonté incontestable et clairement exprimée. Après l'échec de l'Accord de Charlottetown, étant donné la lassitude de l'opinion à l'égard des questions constitutionnelles, il est fort probable que le Canada anglais refusera pendant un temps plus ou moins long de reprendre les négociations, ce qui pourrait avoir pour effet de faire augmenter les appuis à la souveraineté au Québec. Cependant, comme on l'a mentionné, dans la mesure où de nombreux Québécois sont encore

---

127. Sur le dilemme de l'affirmation et de l'unification, de la diversité et de l'homogénéisation, auquel sont actuellement confrontés les pays membres de l'Union européenne, voir notamment: Dominique SCHNAPPER et Henri MENDRAS (dir.), *Six manières d'être européen*, Paris, Éditions Gallimard, 1990.

attachés au système fédéral et où la plupart d'entre eux insistent sur le maintien de l'intégration économique avec le reste du Canada à son niveau actuel, il n'est pas assuré que l'accession à la souveraineté par une séparation pure et simple, sans union économique et monétaire négociée d'avance, puisse l'emporter dans un avenir prévisible. Par conséquent, il se pourrait que la véritable échéance soit une nouvelle fois reportée.

# CHAPITRE II

## POUR UNE NOUVELLE CONSTITUTION DU QUÉBEC*

Jacques-Yvan MORIN

* *Note de l'éditeur.* Ce chapitre comprend deux essais, publiés respectivement en 1985 et en 1991, dans des perspectives très différentes. Le premier, intitulé comme ci-dessus, tentait de répondre à la question de savoir s'il était possible à un État autonome, membre d'une fédération, comme le Québec, de se donner une constitution formelle. Cet exposé a été présenté à la Faculté de droit de l'Université McGill en 1984 et publié dans la *Revue de droit de McGill*, vol. 30, n° 2 (mars 1985). Le second essai vient compléter le premier, mais cette fois dans la perspective de l'accession du Québec à la souveraineté. Il a été rédigé à la demande de la Commission d'étude des questions afférentes à l'accession du Québec à la souveraineté et présenté devant celle-ci. Voir : Assemblée nationale du Québec, *Journal des débats* de la Commission, 17 décembre 1991 (n° 17). Les deux exposés forment ici les deux parties d'un tout et ont été révisés en conséquence.

# Introduction

Bien que maintes fois dictée de l'extérieur et infléchie par les contrecoups de l'histoire coloniale française et anglaise, la Constitution du Québec est antérieure de plus de deux siècles à la Constitution canadienne[1]. Contrairement à celle-ci, cependant, le droit fondamental québécois, composé semblablement d'éléments très divers — lois britanniques, fédérales ou québécoises, conventions constitutionnelles, coutumes et arrêts des tribunaux —, n'a jamais été établi formellement, ni codifié, et son existence passe pour ainsi dire inaperçue, à l'exception de la *Charte des droits et libertés de la personne* et de la *Charte de la langue française*[2], qui pourtant sont

---

1.    Sous le Régime français, l'*Acte pour l'établissement de la Compagnie des Cent Associés pour le commerce du Canada* (29 avril 1627) et l'*Édit de création du Conseil souverain de Québec* (Conseil supérieur) (avril 1663) peuvent être considérés comme les premières sources écrites de la Constitution du Québec. Voir *Édits, Ordonnances royaux, Déclarations et Arrêts du Conseil d'État du Roi concernant le Canada* (1854) aux p. 5 et 37. Sous le régime britannique, la première Constitution écrite fut la *Proclamation royale* de 1763, S.R.C. 1970, app. 11, reproduite dans Y. Renaud & J.-L. Baudouin, dir., *La Constitution canadienne: recueil de lois* (1977) à la p. 7 (version française non officielle) et à la p. 220 (version anglaise), et la deuxième fut l'Acte de Québec de 1774: *An Act for Making More Effectual Provision for the Government of the Province of Quebec in North America* (R.-U.), 1774, 14 Geo. 111, c. 83, S.R.C. 1970, app. 11. Voir A. Morel, *Histoire du droit*, 7ᵉ éd. (1982) (polycopié) aux p. 88 et 96. Sur le passage du droit français au droit britannique, voir A. Tremblay, *Précis de droit constitutionnel* (1982) à la p. 17 et s.; R.A Forest, «Les prérogatives de la Couronne au Québec: quelques problèmes de définition et de sources» dans *Cahier de la 5ᵉ Conférence des avocats et notaires de la fonction publique* (10 et 11 mars 1983) atelier n° 3 aux p. 10 et 13. Sur les constitutions anciennes des provinces canadiennes et du Québec, voir J.E. Read, «The Early Provincial Constitutions» (1948) 26 *Can. Bar Rev.* 621 aux p. 630-632.

2.    *Charte des droits et libertés de la personne*, L.Q. 1975, c. 6, L.R.Q., c. C-12 telle que modifiée par L.Q. 1982, c. 61 [ci-après: *Charte des droits et libertés*]; *Charte de la langue française*, L.Q. 1977, c. 5, L.R.Q., c. C-11.

toutes deux des lois «ordinaires», pouvant être modifiées à la majorité simple des voix de l'Assemblée nationale.

Parmi les idées issues de la mutation et des revendications politiques des années soixante — communément appelée la «Révolution tranquille» — se trouvaient celles d'une constitution, entendue au sens formel, et d'une *Charte des droits et libertés*, adoptées par les Québécois et protégées par un mode d'amendement spécial[3]. Ces projets comptèrent parmi les rares qui purent rallier toutes les formations politiques de l'époque. Daniel Johnson, tant comme chef de l'Opposition que comme Premier ministre, y fit allusion à plusieurs reprises, soutenant que le Québec n'avait pas à attendre la réforme de la Constitution canadienne pour «refaire sa propre Constitution et y intégrer une charte des droits de l'homme[4]»; il songeait même à la convocation éventuelle d'une assemblée constituante[5]. Au Comité de la constitution, établi par le Premier ministre Jean Lesage en 1963, il en fut question à diverses reprises, notamment aux séances de novembre 1968 et d'août 1969, alors qu'il était devenu chef de l'Opposition[6]. Avec une rare unanimité, les parlementaires se prononcèrent en faveur de l'adoption par le Québec de sa propre Constitution, allant jusqu'à discuter de l'expérience des Cantons suisses ou des États de l'Union américaine et à s'interroger sur le contenu possible d'une constitution autonome, ainsi que sur l'exercice du pouvoir constituant par voie de référendum[7]. Le député Jérôme Choquette, qui fut plus tard le parrain

---

3.     J.-C. Bonenfant. «La Constitution du Québec», *L'Action [de Québec]* (25 février 1965) 4; J.-Y. Morin «Une Charte des droits de l'homme pour le Québec» (1963) 9 *McGill L. J.* 273 à la p. 303.
4.     «L'UN et les droits de l'homme au Québec», *Le Devoir [de Montréal]* (21 mars 1966) 3.
5.     J.-V. Dufresne, «L'Union nationale dévoile son programme électoral», *Le Devoir [Montréal]* (2 mai 1966) 1.
6.     Québec, Comité de la constitution dans *Débats de l'Assemblée législative du Québec: Comité de la constitution* [ci-après: *Comité de la Constitution*] (28 novembre 1968) à la p. 545 et (4 décembre 1968) à la p. 563; Québec, Commission de la Constitution dans *Débats de l'Assemblée nationale du Québec: Commission de la Constitution* (14 août 1969) à la p. 3021 [ci-après: *Commission de la Constitution*].
7.     *Comité de la constitution, ibid.*, (28 novembre 1968) à la p. 545 (J. Lesage), aux p. 5545 (J.-J. Bertrand), à la p. 555 (J. Choquette); Comité de la constitution, *ibid.*, (4 décembre 1968) à la p. 564 (J.-J. Bertrand, J. Lesage, J. Choquette), à la p. 567 (J. Lesage), à la p. 570 (J.-J. Bertrand), aux p. 573-574 (P. Laporte), à la p. 574 (A. Maltais), aux p. 575-576 (J. Lesage); Commission de la Constitution, *ibid*, ( 14 août 1969) à la p. 3022 (J.-C. Bonenfant), à la p. 3038 (R. Lévesque), aux pp. 3048-3049 (J. Lesage, J.-J. Bertrand).

de la Charte des droits et libertés, estimait pour sa part qu'il fallait rédiger la loi fondamentale en fonction de «ce que nous, nous pensons être l'idéal d'une constitution interne pour le Québec» et non en fonction de la Constitution fédérale; on demanderait par la suite les modifications à l'*Acte de l'Amérique du Nord britannique (B.N.A. Act)* qui deviendraient nécessaires[8].

La *Charte des droits et libertés de la personne*, adoptée en 1975 et à laquelle l'Assemblée nationale a conféré en 1982 une supériorité plus étendue par rapport aux lois ordinaires[9], compte parmi les effets indirects des travaux du Comité de la constitution, qui ne connurent guère d'autre suite après l'élection de 1970. Cette loi, l'une des plus avancées du genre, a eu de profondes répercussions au Québec, comme on a pu le constater au moment de la Commission parlementaire qui s'est penchée sur sa révision, en octobre 1981[10]. Aussi se trouve-t-il depuis quelque temps des parlementaires québécois qui souhaiteraient étendre cet effort législatif à la rédaction d'une constitution formelle et qui s'interrogent sur l'opportunité d'en soumettre le projet à l'Assemblée nationale[11].

L'accession du Québec à la souveraineté politique ferait d'une telle constitution une sorte de condition d'existence de l'État. Aussi étudierons-nous successivement ce que pourraient être la Constitution d'un Québec autonome (I) et la Constitution d'un Québec souverain (II).

---

8.    *Comité de la constitution, supra*, note 6 (28 novembre 1968) à la p. 556.

9.    *Loi modifiant la Charte des droits et libertés de la personne*, L.Q. 1982, c. 61, art. 16. Certains articles de la *Charte des droits et libertés* possédaient dès 1975 une certaine supériorité par rapport aux lois postérieures à son entrée en vigueur. En 1982, cette supériorité a été étendue à d'autres dispositions de la *Charte des droits et libertés* et s'applique désormais tant à l'égard des lois antérieures à la *Charte des droits et libertés* qu'à l'égard des lois postérieures (art. 52).

10.    Des représentants de tous les secteurs de la vie québécoise se présentèrent devant la Commission parlementaire à cette occasion. Voir, Québec, Assemblée nationale, Commission permanente de la Justice, «Présentation de mémoires en regard des modifications à apporter à la *Charte des droits et libertés de la personne*» dans *Journal des débats: Commissions parlementaires* (6, 7, 13, 14, 21, et 22 octobre 1981) aux p. B-1283, B-1375, B-16l3, B-1765, B-1915 et B-1995.

11.    D. Payne, *Pour une constitution du Québec* (2ᵉ projet) (janvier 1985) [non publié]; D. Payne, «Que le Québec se donne une constitution», *Le Devoir [de Montréal]* (28 fevrier 1984) 7. Voir le commentaire de J.-L. Roy en éditorial, «Une constitution québécoise?», *Le Devoir [de Montréal]* (28 février 1984) 6. Voir également J.-L. Roy, L. Bissonnette & G. Lesage «Pierre Marc Johnson au Devoir», *Le Devoir [de Montréal]* (27 octobre 1984) 11.

# I. - La Constitution d'un Québec autonome

Il convient, avant d'entreprendre l'étude des avantages et des inconvénients, ainsi que des aspects juridiques d'une aussi importante démarche, de proposer quelques observations préliminaires. Nous avons rappelé au seuil même de cet exposé que le Québec possède une constitution trois fois séculaire, dont les premières pièces maîtresses, sous le régime britannique, furent la *Proclamation royale de 1763*[12], l'*Acte de Québec de 1774*[13], et l'*Acte constitutionnel de 1791*[14], par lesquels certains droits des «nouveaux sujets» britanniques furent reconnus, sans compter l'introduction des conventions et coutumes du droit public anglais dans l'ancienne colonie française[15]. Les institutions et les droits ainsi établis, de même que les lois constitutionnelles adoptées par la suite par le Parlement de Westminster à l'intention de la colonie, n'ont pas tous été «naturalisés» par l'Assemblée législative du Québec. Lorsqu'ils l'ont été, comme dans le cas des lois successives sur les pouvoirs législatif ou exécutif et dans celui de la *Charte de la langue française*, il s'est agi de lois ordinaires entre lesquelles n'existe aucune hiérarchie — sauf le cas de la *Charte des droits et libertés* — et qui peuvent être modifiées de la manière ordinaire. Certaines institutions et certains droits échappent d'ailleurs aux compétences autonomes du Québec puisqu'aussi bien elles relèvent de la Constitution ou des compétences

---

12. *La Proclamation royale de 1763*, *supra*, note 1.

13. *L'Acte de Québec de 1774*, *supra*, note 1.

14. *An Act to Repeal Certain Parts of an Act, Passed in the Fourteenth Year of His Majesty's Reign, Intituled, An Act for Making More Effectual Provision for the Government of the Province of Quebec, in North America; and to Make Further Provision for the Government of the Said Province* (R.-U.), 1791, 31 Geo. III, c. 31, S.R.C. 1970, app. II.

15. Sur ce dernier point, voir F. Chevrette et H. Marx, *Droit constitutionnel* (1982) à la p. 7; Tremblay, *supra*, note 1, à la p. 18.

fédérales. Il résulte de tout cela que la Constitution existante du Québec, que Jean-Charles Bonenfant appelait «constitution au sens matériel» et qui comprend l'ensemble des dispositions portant sur l'organisation et le fonctionnement de l'État[16], est éparse et qu'il est malaisé d'en discerner les contours. C'est là, d'ailleurs, l'héritage du droit constitutionnel non écrit de la Grande-Bretagne, que le Québec partage avec les provinces anglophones du Canada; même la Colombie-Britannique qui, à la manière des États australiens, a voulu se donner un *Constitution Act*, n'en a fait qu'une loi ordinaire[17].

On s'est demandé si un tel système, fortement associé à la société anglaise et inspiré de ses traditions, convenait au peuple québécois[18], fort différent et dont les origines sont de plus en plus diversifiées, et l'on pourrait également soulever la question de la conformité de ce «laisser-faire constitutionnel» qui a pour pendant la rigidité du cadre fédéral, avec les intérêts collectifs de la majorité francophone. L'adoption de la *Charte des droits et libertés* et de la *Charte de la langue française* tendrait à démontrer que ces interrogations ne sont pas vaines et que l'effort constituant est déjà amorcé au Québec. Il s'agit cependant de décider s'il est opportun de l'étendre à l'ensemble de la constitution informe que nous avons décrite et d'y ajouter une dimension «programmatoire», comme le font de nombreuses constitutions modernes, sous la forme d'un projet de société portant sur les droits économiques et sociaux, lequel viendrait compléter les parties purement descriptives de la Loi fondamentale du Québec.

Deuxième considération préliminaire: dans le cadre constitutionnel défini par le *B.N.A. Act* et la *Loi constitutionnelle de 1982*, le Québec possède la compétence voulue pour modifier sa constitution et donc pour en adopter une nouvelle, sauf en ce qui concerne la «charge» (*the office*) de lieutenant-gouverneur. L'article 45 de la *Loi constitutionnelle de 1982*, dont les termes sont presque identiques à ceux de l'article 92(1) de la *Loi constitutionnelle de 1867*, nous apprend en effet que, avec cette réserve,

---

16.    Bonenfant, *supra*, note 3.
17.    *Constitution Act,* R.S.B.C. 1979, c. 62, tel que modifié par S.B.C. 1980, c. 35, art. 3. Les constitutions des provinces sont réunies dans C.L. Wiktor & G. Tanguay, *Les Constitutions du Canada fédérale et provinciales*, depuis 1978.
18.    Voir les propos de J.-C. Bonenfant devant le Comité de la constitution dans *Commission de la Constitution, supra*, note 6, à la p. 3030.

«une législature a compétence exclusive pour modifier la constitution de sa province[19]».

L'autonomie du Québec s'étend donc, sous l'empire du régime actuel, à sa propre Constitution, mais ce pouvoir constituant est limité, comme on pouvait bien s'y attendre, par la disposition «intangible» qui, par le truchement du représentant de la Reine, laquelle est le chef d'État de la Fédération, nous rappelle la surimposition des normes constitutionnelles canadiennes au droit québécois*.

---

19.    Art. 45 de la *Loi constitutionnelle de 1982*, adoptée en tant qu'annexe de la *Loi de 1982 sur le Canada* (R.-U.), 1982, c. 11, et art. 92 du *British North America Act, 1867* (R.-U.), 30 & 31 Vict., c. 3: le titre est devenu *Loi constitutionnelle de 1867* en vertu de la *Loi constitutionnelle de 1982*. Qu'est-ce au juste, au regard de l'article 45, que la «constitution de la province»? La question a été soulevée dans l'affaire *P.G. Québec c. Blaikie* (1979), [1979] 2 R.C.S 1016, 101 D.L.R. (3d) 394 [ci-après: *Blaikie*, cité aux R.C.S.] mais la Cour suprême l'a expressément laissée de côté. L'interprétation restrictive la limiterait sans doute aux dispositions intitulées «Provincial Constitutions» formant la partie V de la *Loi constitutionnelle de 1867*, c.-à-d. celles portant sur les organes exécutif et législatif provinciaux. Toute autre disposition ne ferait pas partie de la Constitution du Québec au sens de la *Loi constitutionnelle de 1982*; pourrait-elle alors être modifiée par le Parlement provincial? Dans le cas contraire, de qui relèverait le pouvoir de modification? L'interprétation plus large de l'article 45 permettrait sans doute d'éluder les réponses absurdes que pourraient susciter ces questions, d'autant que cette interprétation paraît dictée par le contexte de la *Loi constitutionnelle de 1867* et particulièrement par les dispositions relatives à la répartition des compétences. Feraient partie de la Constitution du Québec toutes les dispositions de la *Loi constitutionnelle de 1867*, où qu'elles se trouvent, qui se rapportent à la structure ou au fonctionnement des organes de l'État provincial. En outre, au-delà de l'article 45 susmentionné, l'Assemblée nationale a le pouvoir de faire entrer dans la Constitution du Québec tout ce qui lui paraît indiqué et qui relève de sa compétence.

*    Depuis que ces lignes ont été écrites (1984), l'arrêt *SEFPO c. Ontario (Procureur général)*, [1987] 2 R.C.S. 2, est venu en confirmer et préciser la portée. Le regretté juge J. Beetz, au nom de la majorité, après avoir rappelé que la Cour suprême avait refusé l'interprétation restreinte de l'expression «constitution de la province», dans l'arrêt *Blaikie*, *supra*, note 19, ajoutait qu'aucune modification ne pouvait cependant aller à l'encontre d'une disposition «intangible parce qu'indivisiblement liée à la mise en oeuvre du principe fédéral ou à une condition fondamentale de l'union et pourvu évidemment qu'elle ne soit pas explicitement ou implicitement exemptée du pouvoir de modification que le par. 92(1) accorde à la province» (p. 40). Avec sa prudence habituelle, le juge Beetz en tirait la conséquence suivante : «[I]l n'est pas certain [...] qu'une province puisse toucher au pouvoir du lieutenant-gouverneur de dissoudre l'Assemblée législative, ou à son pouvoir de nommer et de destituer les ministres, sans toucher de manière inconstitutionnelle à sa charge elle-même. Il se peut fort bien que le principe du gouvernement responsable puisse, dans la mesure où il est fonction de ces pouvoirs royaux importants, être en grande

D'où il suit, en troisième lieu, que, dans le cadre fédéral, la Constitution québécoise, même protégée par un mode d'amendement spécial, ne saurait, du point de vue strictement juridique, aller à l'encontre de certaines dispositions de la Constitution fédérale, qui touchent notamment le partage des compétences entre les deux ordres de gouvernement et les droits linguistiques définis dans la *Charte canadienne*[20]. Cette importante restriction, que rappelait en 1984 un arrêt de la Cour suprême du Canada[21], constitue à bien des égards une sorte de carcan politique, mais elle fait partie des règles fondamentales s'imposant au Québec tant qu'il conservera le même statut au sein de la Fédération canadienne. Cependant, l'adoption d'une nouvelle constitution québécoise pourrait donner l'occasion à l'Assemblée nationale, après consultation de la population, de réaffirmer les principes qui fondent la participation du Québec à la Fédération et ses positions traditionnelles à l'égard des changements constitutionnels proposés par son gouvernement[22]. Les discussions qui ne manqueraient pas d'accompagner la rédaction d'un projet de constitution formelle pourraient de la sorte préparer de nouvelles négociations constitutionnelles avec le Canada anglais, dans l'esprit de la réforme revendiquée par le Québec aux conférences intergouvernementales de 1968-1971 et de 1978-1979.

Le cadre juridique général étant ainsi délimité, y a-t-il quelque avantage à l'adoption par le Québec d'une constitution plus formelle, dotée d'une certaine prépondérance ou supériorité par rapport aux lois ordinaires, et quels seraient les inconvénients d'une telle démarche? On ne

---

partie intangible» (p. 46). Quoique ces propos aient été tenus *obiter dictum*, on peut penser avec le juge Beetz que le pouvoir de modification constitutionnelle des provinces, quoique assez étendu (et non limité à la partie V de la *Loi constitutionnelle de 1867*), «ne comprend pas nécessairement le pouvoir de provoquer des bouleversements constitutionnels profonds par l'introduction d'institutions politiques étrangères et incompatibles avec le système canadien» (p. 47). Les règles fondamentales du parlementarisme britannique et du gouvernement responsable se trouvent ainsi mises à l'abri du pouvoir constituant des provinces.

20.   *Charte canadienne des droits et libertés*, partie I de l'annexe B de la Loi de 1982 sur le Canada, *ibid* [ci-après: *Charte canadienne*].

21.   *P G. Québec* c. *Quebec Association of Protestant School Boards* (1984), [1984] 2 R.C.S. 66, 10 D.L.R. (4th) 321, conf. [1983] C.A. 77, (conf. [1982] C.S. 673).

22.   Québec, ministère des Affaires intergouvernementales, *Les positions traditionnelles du Québec sur le partage des pouvoirs 1900-1976* (document déposé à la Conférence fédérale-provinciale des Premiers ministres) (30 octobre 1978).

fait pas les constitutions pour le simple plaisir de les rédiger — encore qu'un tel exercice ne soit point sans séduction pour l'esprit —, mais pour mieux ordonner l'exercice du pouvoir politique et répondre aux besoins et aspirations des citoyens, voire aux problèmes qui ne peuvent manquer de surgir dans une société en mutation, comme l'est la société québécoise. Ce ne sont pas là des questions qui relèvent à proprement parler du droit, mais plutôt d'un certain nombre de jugements de valeur sur cette société, de la conception qu'on peut se faire de son avenir et de ses problèmes actuels ainsi que de l'opportunité politique de régler ceux-ci par le moyen de normes dotées de la force qui s'attache aux dispositions constitutionnelles. Toutefois, les considérations d'ordre juridique que nous venons d'esquisser ne sauraient être écartées de la discussion car elles conditionnent à chaque instant l'élaboration, l'agencement et l'efficacité des règles constitutionnelles et de toutes celles qui en découlent dans la hiérarchie des lois.

Aussi convient-il, dans la réponse que nous tenterons d'apporter à ces questions, de nous tenir le plus près possible des catégories juridiques, du moins dans la marche générale de l'argumentation. C'est ainsi que nous traiterons en premier lieu des objectifs que les constitutions sont appelées à atteindre, particulièrement chez les États membres d'unions fédérales. Deuxièmement, nous ferons le point sur la Constitution actuelle du Québec et les éléments épars qui la composent. Nous passerons, en troisième lieu, à la question de l'opportunité d'une constitution formelle et écrite dans le cas du Québec et nous nous demanderons quel pourrait être le contenu d'un tel instrument. Enfin, nous étudierons le degré de protection qu'il conviendrait de donner à cette Constitution et le mode d'amendement qui en découlerait.

## A.- Objectifs fondamentaux des constitutions

### 1. - Le modèle britannique

Presque tous les États, souverains ou autonomes, possèdent une constitution écrite, laquelle se voit attribuer une force impérative spéciale — prépondérance ou supériorité — par rapport aux lois et aux actes des organes de l'État[23]. L'exception majeure est la Grande-Bretagne, dont

---

23.    P. Bastid, «Introduction», dans *Corpus constitutionnel* (1968) t. 1, fasc. 1 à la p. 8.

Albert V. Dicey disait que le dogme fondamental de son droit constitutionnel était la suprématie législative au Parlement[24]. De même, W. Ivor Jennings, qui pourtant s'éloigna de Dicey sur plus d'un point, affirmait que, strictement parlant, il n'y avait aucun droit constitutionnel au Royaume-Uni; «il n'y a que le pouvoir arbitraire du Parlement». Toutefois, il s'empressait d'ajouter que des règles n'en existaient pas moins, mais qu'elles ne présentaient pas l'aspect formel qui caractérisait les constitutions écrites[25].

Ce système a déteint sur les institutions de nombreux anciens *Dominions* ou possessions et notamment sur les colonies nord-américaines, dont le *B.N.A. Act* rappelait, dans son préambule, qu'elles avaient voulu établir une fédération gouvernée par une constitution semblable en principe à celle du Royaume-Uni[26]. Cependant, les exigences du principe fédéral, notamment la répartition des compétences législatives, ne pouvaient s'accommoder que d'une constitution écrite et cela restreint considérablement la portée de la souveraineté du Parlement; elles ont eu plutôt pour effet de diviser cette compétence ou «souveraineté parlementaire» — qui est une notion distincte de la souveraineté entendue au sens du droit international — et d'en confier une partie aux provinces. Les deux ordres de pouvoir se restreignent donc mutuellement et les États membres exercent, dans les domaines qui relèvent de leur compétence, la suprématie parlementaire. Ce principe est l'un des fondements de leur droit constitutionnel et il signifie que toute loi, qui soit de leur compétence, peut être modifiée par une autre loi ordinaire.

Quand on s'interroge sur la possibilité et l'opportunité de doter le Québec d'une constitution formelle, la question à débattre est donc essentiellement de savoir s'il convient de s'éloigner, au moins partiellement, du modèle britannique, en vue d'assurer la supériorité de certaines normes sur les autres et de protéger les lois fondamentales par un mode d'amendement spécial, voire par le truchement d'un organe constituant distinct. Une fois cette question résolue, il reste à déterminer le contenu exact de

---

24.    A.V. Dicey, *Introduction to the Study of the Law of the Constitution*, 10ᵉ éd. par E.C.S. Wade ( 1965) à la p. 70; P.W. Hogg, *Constitutional Law of Canada* (1977) à la p. 197.
25.    «[…] there is only the arbitrary power of Parliament.» W.I. Jennings, *The Law and the Constitution*, 5ᵉ éd. (1959) à la p. 65.
26.    *Loi constitutionnelle de 1867, supra*, note 19.

la Constitution: quelles lois, quelles normes ou quels principes se verront «enchâssés» de la sorte et assurés d'un rayonnement et d'une protection supérieure.

Le droit public comparé peut être ici de quelque utilité. Il nous permet tout d'abord de mieux comprendre les motifs pour lesquels la plupart des États souverains et des États membres de fédérations ont choisi de se donner une loi fondamentale écrite, de cerner les objectifs qu'ils s'y sont fixés, et d'en analyser les dispositions.

## 2.- Constitution descriptive et constitution normative

Certaines constitutions se contentent d'être le reflet fidèle des institutions existantes de l'État et des rapports de pouvoir qui s'établissent entre celles-ci; d'autres entendent proposer aux gouvernants et aux gouvernés des objectifs sociaux, culturels ou économiques, inspirés d'une philosophie politique qui sous-tend l'ensemble et oriente l'avenir du pays. Dans l'introduction qu'il a rédigée pour le *Corpus constitutionnel*, Paul Bastid distingue de la sorte la constitution descriptive de la normative et montre que la plupart des lois fondamentales sont à la fois l'une et l'autre, mais à des degrés divers[27]. Depuis la Constitution des États-Unis et la Révolution française, en particulier, on a vu dans l'adoption de règles fondamentales l'occasion de réformer la société, en pensant parfois faire table rase du passé. Pour l'esprit traditionaliste et notamment du point de vue britannique, la constitution, au contraire, n'est pas le fruit de l'imagination ou des idées, mais l'œuvre du temps. Cette conception tire sa légitimité de la durée des institutions plutôt que des vertus de la raison. Si le Québec entreprend de se donner une loi fondamentale, doit-il tourner le dos à la tradition qui a nourri ses institutions depuis que la Grande-Bretagne lui a octroyé sa première Assemblée, en 1791, et ce au profit d'une réforme en profondeur de son régime politique? Ainsi, convient-il d'abandonner le régime parlementaire au profit du présidentiel ou du présidentiel-parlementaire?

On voit que le projet d'une constitution québécoise peut théoriquement être gros de conséquences, encore qu'il faille tenir compte du cadre fédéral, et que la question entraîne des choix tout à fait fondamentaux, avant même qu'on en ait écrit la première ligne. Par ailleurs, la

---

27.   Bastid, *supra*, note 23 à la p. 3.

plupart des constitutions s'inspirent de l'un et l'autre modèle de constitution, la descriptive et la normative, et les choix à effectuer comportent des degrés. Même la Constitution non écrite du Royaume-Uni est empreinte d'une certaine philosophie et la Constitution française est sensible à la réalité des faits. Le Québec ne se trouverait pas nécessairement acculé à choisir, s'il optait pour une constitution écrite, entre l'héritage britannique, d'une part, et les traditions américaine ou française, d'autre part. De toute façon, ce sont tous là des héritages auxquels il peut prétendre sans se renier; entre l'évolution graduelle et l'esprit réformateur, il doit bien exister quelque juste milieu. Cependant, il n'est pas vain de se rappeler que la rédaction d'une constitution peut déclencher à l'occasion des mouvements réformateurs dont on ne soupçonne pas l'aboutissement, parfois contraire à l'objectif recherché.

D'aucuns voient dans l'adoption d'une constitution la panacée aux maux sociaux ou politiques du moment, voire de l'avenir. On surestime de la sorte les vertus des règles constitutionnelles. Georges Burdeau dénonçait là, d'ailleurs, une illusion, à une époque où l'unité du système juridique fondé sur la constitution était remise en question par la diversification des pouvoirs de fait; en outre, était-il amené à observer, la prolixité des grandes déclarations de principes les faisait sombrer dans l'indifférence et le rôle accru de l'État entraînait l'assimilation des gouvernants et des gouvernés, ainsi que la décroissance du rôle des constitutions en tant que statut de délimitation des pouvoirs, de sorte que celles-ci ne pouvaient plus jouer leur rôle traditionnel[28]. Pourquoi alors cet engouement des États, en particulier des nouveaux, pour l'établissement d'une constitution? Sans doute parce que toute société politiquement jeune éprouve le besoin d'affermir sa démarche en définissant ses priorités et en mobilisant les énergies en conséquence. Bastid fait observer avec raison que ce mouvement est sain, puisqu'il correspond à une volonté de mise en ordre des rapports sociaux; même dans les États où les constitutions se sont révélées fragiles, on continue de leur reconnaître une valeur propre. Il ajoute, cependant, que la constitution n'est pas toute la vie politique d'un pays, qu'elle n'est en réalité qu'une superstructure:

28.   G. Burdeau «Une survivance: la notion de constitution» dans *Mélanges A. Mestre* (1956) à la p. 53 et s.

La constitution n'est pas la source du droit national. Elle n'en est que le cadre extérieur momentané. [...] Au-dessous des institutions coiffant le commerce juridique, les courants déjà établis pour les relations des citoyens continuent à jouer leur rôle. Celui des constituants demeure au contraire limité. C'est dire que les rédacteurs des textes fondamentaux ne doivent pas s'exagérer l'importance de leur mission et qu'ils sont tenus à la plus grande modestie[29].

## 3. - Objectifs des constitutions d'États autonomes

En Allemagne fédérale, aux États-Unis et en Suisse, ainsi d'ailleurs que dans l'ex-Union soviétique, au Mexique et en Argentine, les États membres se sont, pour la plupart, dotés de constitutions formelles. Celles-ci sont généralement bien connues des citoyens de chaque État membre, mais le sont peu à l'extérieur; pourtant, il en existe plus de 150. Les grandes compilations constitutionnelles ne les comprennent pas, mais quelques ouvrages permettent d'avoir accès à la majorité des textes[30]; aux États-Unis, les répertoires de lois et de jurisprudence des États montrent le rôle important que tiennent ces constitutions dans la vie de tous les

---

29.    Bastid, *supra*, note 23 à la p. 9.

30.    Pour la Confédération helvétique, voir *Armoiries, sceaux, constitutions de la Confédération et des cantons, 1848-1948* (1948); pour la République fédérale allemande, voir *Deutsche Verfassungen, Grundgesetz und Deutsche Landverfassungen* ( 1959) et B. Mirkine-Guetzévitch, *Les Constitutions européennes* (1951) t. 1 à la p. 219 (Bavière) [ci-après: *Constitution de l'État libre de Bavière*]; à la p. 245 (Rhénanie-Palatinat) [ci-après: *Constitution de l'État de Rhénanie-Palatinat*]; pour le Mexique, voir M. de la V. de Helguera, *Constituciones vigentes en la Republica Mexicana con las leyes organicas de los territorios federales y del departamento del distrito federal* (1962) t. 2 à la p. 59 et s.; pour l'Argentine, voir J.P. Ramos, *El derecho público de la provincias argentinas, con el texto de las constituciones sancionadas entre los años 1819 e 1913* (1914) t. 2 et 3. Aux États-Unis, la compilation de C. Kettleborough, *The State Constitutions and the Federal Constitution and Organic Laws of the Territories and Other Colonial Dependencies of the United States of America* (1918) a beaucoup vieilli; il existe des monographies sur la Constitution de quelques États, par exemple R.F. Karsch et R. Elzea, *The Living Constitution: Missouri* (1974); voir aussi les répertoires, *infra*, note 31. Pour les dispositions constitutionnelles relatives aux droits de l'homme, l'*Annuaire des droits de l'homme* a établi le relevé de la plupart des constitutions d'États fédérés: O.N.U., *Annuaire des droits de l'homme pour 1946* (1948.XIV.I) à la p. 11 (République fédérale allemande), à la p. 28 (Argentine), à la p. 65 (R.S.S. de Biélorussie), à la p. 140 (États-Unis), à la p. 407 (Suisse), à la p. 457 (R.S.S. d'Ukraine); O.N.U., *Annuaire des droits de l'homme pour 1947* (1949.XIV.I) à la p. 4 (R.F.A.), à la p. 63 (Brésil), à la p. 218 (Mexique), à la p. 347 (U.R.S.S.), à la p. 380 (Yougoslavie); O.N.U., *Annuaire des droits de l'homme pour 1950* (1952.XIV.I) à la p. 28 (R.F.A.).

jours[31]. Il n'entre pas dans notre propos de présenter la synthèse d'un corpus aussi diversifié, mais quelques exemples, empruntés aux pays qui nous sont les plus familiers, suffiront à illustrer l'étendue des préoccupations reflétées par les textes.

Comme dans le cas des États souverains, les lois fondamentales des *Länder*, des cantons et des États donnent les règles essentielles qui encadrent les activités politiques et les principes qui informent le fonctionnement des institutions. Le titre de la Constitution du Massachusetts contient une expression bien caractéristique à cet égard: «Form of Government».

S'est jointe à l'organisation contrôlée du pouvoir l'idée que la constitution a pour objectif d'instaurer la liberté et l'égalité des citoyens. Dans la foulée du *Bill of Rights* anglais, de la Constitution des États-Unis et de la *Déclaration française des droits de l'homme et du citoyen*, les constitutions de nombreux États membres garantissent ces droits fondamentaux. Cela est vrai des États de l'Union américaine, qui s'inspirent abondamment de leur Constitution fédérale, et de certains membres des autres fédérations; nous y reviendrons par la suite. Parfois sont inclus des aspects des droits et devoirs qui relèvent de la compétence des États membres, par exemple, en ce qui concerne le mariage et la famille, l'éducation et l'enseignement ainsi que l'administration autonome des communes ou municipalités[32].

Certains États fédérés ont pris conscience de l'importance des droits économiques et sociaux dans les sociétés touchées par l'industrialisation et l'urbanisation. À l'écoute des citoyens, dont ils sont plus près que ne peuvent l'être les gouvernements fédéraux, ils se sont souvent faits dispensateurs de services sociaux et leurs constitutions ont commencé à refléter les préoccupations et les aspirations de la population sous la forme de véritables projets de société, surtout en Europe. C'est ainsi que le titre IV de la Constitution bavaroise est consacré à l'organisation écono-

31.   *Constitution of the Commonwealth of Massachusetts* dans *Massachusetts General Laws Annotated*, vol. I et 2 (1976) [ci-après: *Constitution of Massachusetts*]; *Constitution of New York* dans *McKinney's Consolidated Laws of New York Annotated*, Book 2 (1982) à la p. 43 [ci-après: *Constitution of New York*]; *Constitution of the State of California* dans *West's Annotated California Codes*, vol. 1, 2 et 3 (1954) [ci-après: *Constitution of California*].
32.   *Constitution of California*, *ibid*, art. 9, 11, 20(7) et (8); Constitution de l'État libre de Bavière, *supra*, note 30, art. 124-41; Constitution de l'État de Rhénanie-Palatinat, *supra*, note 30, art. 23-40, 49 et 50.

mique, à la propriété et au travail, tandis que la Constitution rhéno-palatine traite des objectifs de l'économie[33]; dans les deux cas, il s'agit de droit programmatoire plutôt que de dispositions impératives, sauf exception.

Enfin, c'est un principe reconnu de façon très générale que les constitutions des États membres sont supérieures à leurs lois ordinaires et priment en cas de contradiction. Aux États-Unis, cette suprématie est implicite et fait partie de la *common law*[34]; ailleurs, en Bavière et en Rhénanie-Palatinat, par exemple, il est prévu expressément que les lois ne sont valides que dans la mesure où elles sont conformes à la Loi fondamentale[35].

L'impression d'ensemble que laisse l'étude d'un certain nombre de constitutions d'États membres est celle d'une grande diversité, tout comme les constitutions des fédérations qui les regroupent. Elles reflètent souvent, à côté des principes généraux qui sont devenus le patrimoine commun des démocraties, les préoccupations particulières qui correspondent aux besoins et aux aspirations de sociétés distinctes, exprimant de la sorte leur autonomie plus fermement que les lois ordinaires. Ces constitutions ne sauraient donc être réduites à un modèle unique et la leçon qu'on est en mesure d'en tirer est que tout droit, aspiration ou besoin social peut être «constitutionnalisé», si les citoyens estiment qu'il est suffisamment important pour être mis hors de pair et inspirer la législation de l'État fédéré, dans lequel ils se reconnaissent mieux et dont ils peuvent influencer la loi fondamentale plus directement qu'ils ne sauraient le faire à l'égard de la constitution fédérale.

---

33. Constitution de l'État libre de Bavière, *supra*, note 30, art. 151-77; Constitution de l'État de Rhénanie-Palatinat, *supra*, note 30, art. 53-73.

34. Voir, pour le Massachusetts, *In re Opinion of the Justices*, 9 N.E.2d 186, 297 Mass. 577 (1937); *Ellison c. Treasurer and Receiver General*, 98 N.E.2d 621, 327 Mass. 310 (1951); *Opinion of the Justices*, 256 N.E.2d 420, 357 Mass. 787 (1970). Pour l'État de New York, voir *Arverne Bay Construction Co. c. Thatcher*, 278 N.Y. 222, 15 N.E.2d 587, 117 A.L.R. 1110 (1938); *Rathbone c. Wirth*, 150 N.Y.459,45 N.E. 15, 34 L.R.A. 408 (1896) [ci-après: *Rathbone*, cité aux N.Y.].

35. Constitution de l'État libre de Bavière, *supra*, note 30, art. 65, 76 et 186(2); Constitution de l'État de Rhénanie-Palatinat, *supra*, note 30, art. 130(1) et (3), 135a) et 137.

## B. - Sources de la Constitution actuelle du Québec

La principale caractéristique du régime politique québécois est d'être parlementaire à la manière britannique et fondé sur de nombreuses sources écrites ou non écrites, lois constitutionnelles ou ordinaires, conventions, coutumes parlementaires, auxquelles on doit encore ajouter, pour avoir une vue complète de sa Constitution, les règles de *common law* reçues dans son droit public, ainsi que les arrêts et avis des tribunaux interprétant les dispositions contenues dans chacune de ces sources[36]. Celles-ci demeureraient au moins partiellement pertinentes même dans le cas où le Québec, ayant accédé à l'indépendance sous une forme ou sous une autre, voudrait se donner une constitution d'État souverain. À plus forte raison en est-il ainsi dans l'hypothèse où il choisirait d'adopter une constitution formelle dans le cadre du régime fédéral, fallût-il y rechercher les accommodements rendus nécessaires par les règles ou principes affirmés dans sa nouvelle loi fondamentale.

Dans la mesure où la Constitution québécoise actuelle, en toute hypothèse, est appelée à servir de substrat à la nouvelle, il n'est pas inutile d'en dresser l'inventaire, au moins de façon générale.

### 1. - *Les cadres colonial et fédéral, le parlementarisme et la monarchie*

La *Loi constitutionnelle de 1867* établit à la partie V, intitulée «La Constitution des provinces», ainsi qu'aux articles 91, 92, 93, 95, 96, 98, 133 et dans quelques autres d'importance moindre, le cadre juridique permettant au gouvernement impérial, auquel a succédé l'organe constituant de la Fédération[37], de circonscrire les compétences et activités des provinces. Certains éléments de ce cadre, comme la répartition des compétences et la «charge» de lieutenant-gouverneur, ne peuvent être modifiés que par cet organe constituant[38]; d'autres, comme les pouvoirs de réserve et de

---

36. Voir W.R. Lederman, *Continuing Canadian Constitutional Dilemmas: Essays on the Constitutional History, Public Law and Federal System of Canada* (1981) à la p. 10; Jennings, *supra*, note 25 à la p. 66.

37. *Supra*, note 19.

38. Depuis 1982, l'organe constituant ne comprend plus le Parlement britannique par l'effet de la *Loi de 1982 sur le Canada*, *supra*, note 19, et des conventions constitutionnelles. L'organe constituant est désormais établi par la *Loi constitutionnelle de 1982*, *supra*, note 19, art. 38-49.

«désaveu» du lieutenant-gouverneur, seraient tombés en désuétude, neutralisés en quelque sorte par l'action des conventions constitutionnelles[39]; d'autres enfin peuvent être modifiés par les provinces, et le Québec a utilisé ce pouvoir à diverses reprises, par exemple en vue d'abolir le Conseil législatif (ancienne Chambre haute) en 1968[40].

Du préambule de la *Loi constitutionnelle de 1867*, déjà mentionné, aux termes duquel l'Union fédérale est régie par une constitution semblable en principe à celle du Royaume-Uni, et des dispositions intangibles relatives au Lieutenant-gouverneur, on a conclu que les principes même du régime parlementaire font partie de la Constitution du Québec ou, à tout le moins, du cadre dicté par les constituants depuis quelque 215 ans[41]. Il existe en effet de nombreux arguments en faveur de cette thèse, dont le moindre n'est pas que l'article 65 de la *Loi constitutionnelle de 1867* n'autorise les provinces à supprimer ou à modifier les «pouvoirs, autorité et fonctions» du Lieutenant-gouverneur, que dans la mesure où ils n'ont pas été établis par une loi du Parlement britannique. Or, précisément, la plupart de ces pouvoirs et fonctions sont définis dans la *Loi constitutionnelle de 1867*, aux articles 58 et suivants, et l'article 41 de la *Loi constitutionnelle de 1982* — autre loi britannique — n'autorise la modification de la «charge» de Lieutenant-gouverneur que du consentement unanime des organes législatifs fédéral et provinciaux. Si l'on considère le rôle juridique du personnage en tant que représentant du Souverain et chef de l'Exécutif — même s'il n'est dans la réalité, sauf circonstances exceptionnelles, qu'un soliveau — ainsi que les conventions constitutionnelles, comme la responsabilité ministérielle, l'immutabilité du régime parlementaire ne peut qu'en paraître renforcée. Certains projets d'instauration du régime présidentiel au Québec, sur lesquels nous reviendrons, rencontreraient donc plus d'un obstacle. De même, tant et aussi longtemps que le Québec demeure État membre de la Fédération canadienne, la monarchie elle-même ne se trouve-t-elle pas enchâssée dans ses institutions[42]?

---

39.    *Loi constitutionnelle de 1867*, *supra*, note 19, art. 55, 56 et 90. Sur la question de la désuétude, voir Chevrette et Marx, *supra*, note 15 à la p. 25; Tremblay, *supra*, note 1 à la p. 107; Hogg, *supra*, note 24 à la p. 10 n. 38.

40.    *Loi concernant le Conseil législatif*, L.Q. 1968, c. 9.

41.    Tremblay, *supra*, note 1 à la p. 35.

42.    La «charge» de Reine, comme celles de Gouverneur général et de Lieutenant-gouverneur, ne peut être modifiée que du consentement unanime des deux chambres du Parlement fédéral et des dix assemblées législatives provinciales. Voir *Loi constitutionnelle de 1867*, *supra*. note 19, art. 38, 41 et 43.

Se trouvent également intégrés au droit constitutionnel du Québec plusieurs documents fondamentaux du droit britannique, tels que la *Magna Carta* de 1215, la *Petition of Rights* de 1628, le *Bill of Rights* de 1689 et l'ensemble des lois constitutionnelles énumérées à l'annexe de la *Loi constitutionnelle de 1982*, ainsi que d'autres lois britanniques, dans la mesure où elles portent sur le Québec[43]. Certaines de ces lois ne sont pas sans importance, comme l'*Acte de Québec*, au chapitre de la sauvegarde du droit privé d'origine française. Mentionnons également que certains traités, lois et jugements impériaux demeurent pertinents pour la délimitation des frontières du Québec[44].

La dernière loi constitutionnelle britannique, le *Canada Act* de 1982, contient en outre, sous la forme d'une Charte des droits et libertés, des dispositions auxquelles il ne peut être dérogé[45], sauf en ce qui concerne les articles relatifs aux libertés fondamentales, à certaines «garanties juridiques» (sécurité de la personne, perquisitions, arrestation, détention, emprisonnement, etc.) et à l'égalité devant la loi[46]. On sait que l'Assem-

43.   R.M. Dawson, *The Government of Canada*, 5e éd. par N. Ward (1970) à la p. 62. L'auteur estime qu'une centaine de lois britanniques s'appliquaient au Canada à cette époque. Les lois applicables au Québec sont moins nombreuses. À ce sujet, voir L. Patenaude, *Compilation des lois québécoises de nature constitutionnelle* (1967), rapport préparé par l'Institut de recherche en droit public à l'intention du Comité de la constitution. Voir *Comité de la constitution, supra*, note 6 (28 novembre 1968) à la p. 545.
44.   Voir par exemple, *Convention as to Boundaries, Suppression of Slave Trade, and Extradition* (Webster–Ashburton Treaty) du 9 août 1842 (United States - Great Britain) dans W.M. Malloy, *Treaties, Conventions, International Acts, Protocols and Agreements between the United States of America and Other Powers 1776-1909*, vol. 1 (1910) à la p. 650, art. 1; *An Act for the Settlement of the Boundaries between the Province of Canada and New Brunswick*, 1851 (R.U.), 14 & 15 Vict., c. 63; *An Act to Declare the Boundaries of the Province of Ontario in the Dominion of Canada*, 1889 (R.-U.), 52 & 53 Vict., c. 28; *Re Labrador Boundary* (1927), [1927] 2 D.L.R. 401 (P.C.). Voir J. Brossard *et al.*, *Le territoire québécois* (1970) aux p. 18, 25, 33, 116 et 124; H. Dorion, *La frontière Québec — Terre-Neuve: contribution à l'étude systématique des frontières* (1963) aux p. 46, 56, et 60. J.-Y. Morin, «Les eaux territoriales du Canada au regard du droit international» (1963) 1 *A.C.D.I.* 82 aux p. 92 et 123. Voir aussi Québec, ministère des Terres et Forêts, *Rapport de la Commission d'étude sur l intégrité du territoire du Québec: 2. La frontière Québec - Ontario* (Président: H. Dorion) (mars 1970); Québec, ministère des Terres et Forêts, *Rapport de la Commission d'étude sur l'intégrité du territoire du Québec: 3. La frontière du Labrador* (Président: H. Dorion) t. 1 et 2 (août 1971).
45.   *Loi de 1982 sur le Canada, supra*, note 19, annexe 2; *Loi constitutionnelle de 1982, supra*, note 19, art. 52(1).
46.   *Loi constitutionnelle de 1982, ibid*, art. 2, 7-15 et 33.

blée nationale du Québec, ayant adopté sa propre *Charte des droits et libertés*[47] et protesté contre les méthodes adoptées par le pouvoir fédéral pour lui imposer la *Loi constitutionnelle de 1982*, a décidé de soustraire les lois du Québec à l'application de ces parties de la *Charte canadienne*[48]. En outre, d'autres dispositions de la *Loi constitutionnelle de 1982* subordonnent l'entrée en vigueur des dispositions sur la langue d'instruction à l'autorisation de l'Assemblée ou du gouvernement du Québec[49]; ce consentement a été refusé et la législation québécoise prévoit qu'il ne saurait être donné par le gouvernement sans l'assentiment de l'Assemblée nationale[50]. Jusqu'à nouvel ordre, cet ensemble de dispositions établit l'aire d'autonomie du Québec dans la rédaction d'une constitution écrite qui traiterait des droits de la personne et de la langue d'enseignement. En matière de droits et libertés, en particulier, la Charte du Québec (qui pourrait être intégrée partiellement ou complètement dans la Constitution) peut traiter des mêmes sujets que la *Charte canadienne* et même accroître la protection accordée par celle-ci — elle le fait d'ailleurs à quelques reprises — mais, dans la mesure où la Charte canadienne s'applique au Québec, la *Loi constitutionnelle de 1982* lui accorde la primauté en cas de conflit[51], à moins que la Charte du Québec ne soit plus généreuse (dans ce cas, celle-ci aurait préséance en ce qui concerne le droit québécois).

## 2. - *Lois ordinaires à portée constitutionnelle*

Outre les lois britanniques, il existe des lois fédérales adoptées en vertu de compétences reconnues dans les lois constitutionnelles, comme la *Loi sur la citoyenneté*[52] et la *Loi sur la Cour suprême*[53], qui, bien que ne faisant partie ni de la Constitution formelle du Canada ni de la Constitution du Québec, conditionnent néanmoins l'exercice des pouvoirs et ne sauraient être

---

47. *Charte des droits et libertés, supra*, note 2.
48. *Loi concernant la Loi constitutionnelle de 1982*, L.Q. 1982, c. 21 art. 1, 2 et 5. Depuis que ces lignes ont été écrites (1984), l'Assemblée a renoncé à cette démarche de dérogation générale à la *Charte canadienne*.
49. *Loi constitutionnelle de 1982, supra*, note 19, art. 23(1)(a) et 59.
50. *Loi concernant la Loi constitutionnelle de 1982, supra*, note 48.
51. *Loi constitutionnelle de 1982, supra*, note 19, art. 52(1).
52. *Loi sur la citoyenneté*, S.C. 1974-1975-1976, c. 108.
53. *Loi sur la Cour suprême*, S.R.C. 1970, c. S-19. Cependant, la Cour suprême fait l'objet de dispositions constitutionnelles particulières: *Loi constitutionnelle de 1982, supra*, note 19, art. 41(d) et 42(1)(d).

modifiées par une loi du Québec. En revanche, de nombreuses lois du Québec, qualifiées parfois d'«organiques», pourraient faire partie d'emblée d'une telle constitution, du moins pour l'essentiel, comme la *Charte des droits et libertés de la personne*[54], la *Charte de la langue française*[55], la *Loi sur l'Exécutif*[56], la *Loi sur l'Assemblée nationale*[57] et la *Loi électorale*[58]. Outre ces lois, il s'en trouve de moins importantes qui pourraient néanmoins comporter quelques éléments dignes de figurer dans une constitution écrite; l'inventaire dressé par Luce Patenaude en relève un certain nombre[59].

## 3. - *Conventions constitutionnelles*

De nombreuses conventions constitutionnelles d'origine britannique, canadienne ou québécoise font partie de la Constitution non écrite du Québec. Ces normes de conduite, dont certaines sont fort anciennes, entourent et conditionnent l'exercice du pouvoir exécutif en particulier; comme l'a écrit Jennings, elles fournissent «la chair qui habille les os secs de la loi[60]». Elles sont obligatoires pour leurs destinataires, le monarque et les hommes politiques; toutefois, les tribunaux, s'ils peuvent en constater l'existence, ne sont pas en mesure de les faire respecter par des sanctions légales[61]. Elles s'imposent néanmoins en s'appuyant sur les précédents, la force du principe de légitimité et de la tradition démocratique, qu'un auteur italien a appelés de façon si heureuse «les génies invisibles de la Cité[62]». Telles sont, par exemple, les règles voulant que la Reine (ou son représentant, le Lieutenant-gouverneur) appelle à former le gouvernement le chef du parti majoritaire, ou que celui-ci n'a le droit de demeurer en place que dans la mesure où il a la confiance de l'Assemblée nationale, ou encore que les ministres sont collectivement et individuellement res-

---

54.  *Charte des droits et libertés*, *supra*, note 2.
55.  *Charte de la langue française*, L.R.Q., c. C-11.
56.  *Loi sur l'Exécutif*, L.R.Q., c. E-18.
57.  *Loi sur l'Assemblée nationale*, L.Q. 1982, c. 62, L.R.Q., c. A-23.1.
58.  *Loi électorale*, L.R.Q., c. E-3.
59.  Voir Patenaude, *supra*, note 43.
60.  «[...] the flesh which clothes the dry bones of the law». Voir Jennings, *supra*, note 25 à la p. 81; voir aussi aux p. 83 et 85.
61.  *Dans l'affaire de la Loi relative à l'expédition des décisions provinciales d'ordre constitutionnel* (1981), [ 1981 ] 1 R.C.S. 753 à la p. 880, 125 D.L.R. (3d) 1, 39 N.R. 1 [ci-après: *Décisions*, cité aux R.C.S.].
62.  G. Ferrero, *Pouvoir: les génies invisibles de la Cité* (1942).

ponsables devant l'Assemblée de la gestion des affaires de l'État ou de leur ministère, selon le cas.

## 4. - Règles coutumières

Les règles de *common law*, d'origine judiciaire, constituent également une source du droit public québécois, particulièrement pour ce qui touche les libertés fondamentales[63] et l'exercice de la prérogative royale. Leur «réception» au Québec remonte aux années 1759 et 1760 en vertu du droit international et du droit britannique en vigueur à l'époque[64]. Ajoutons que l'origine de ces règles est souvent coutumière, certains usages immémoriaux et d'application ininterrompue étant devenus obligatoires et reconnus comme tels par les tribunaux. Leur codification est théoriquement possible, mais elle exigerait sûrement des recherches approfondies, en vue de déterminer leur existence en tant que règles, à moins que l'on n'étudie plutôt — ou concurremment — la possibilité d'inclure dans la Constitution écrite du Québec certains usages non obligatoires tels ceux qui ont trait aux conditions dans lesquelles un ministre doit démissionner, ou au droit de parole étendu reconnu au chef de l'Opposition. Il n'est pas sûr, cependant, qu'il soit opportun de codifier les coutumes et usages constitutionnels, car ils permettent, selon les termes de la Cour suprême, «d'assurer que le cadre juridique de la Constitution fonctionnera selon les principes ou les valeurs constitutionnelles dominantes de l'époque[65]».

## 5. - Arrêts juridictionnels

Enfin, les arrêts de principe des tribunaux impériaux, fédéraux ou provinciaux, interprétant la Constitution — lois, conventions et coutumes — ou décidant de la conformité à ses normes des actes législatifs, exécutifs ou administratifs des deux ordres de gouvernement, constituent une source capitale du droit public québécois. Ces précédents judiciaires ne

---

63.    Voir par exemple la liberté de parole: *Switzman c. Elbling* (1957), [1957] R.C.S. 285 à la p. 306, 7 D.L.R. (2d) 337.

64.    Tremblay, *supra*, note 1 à la p. 18. Certains auteurs retiennent plutôt la date de la Proclamation royale du 7 octobre 1763: Chevrette & Marx, *supra*, note 15 à la p. 7; Hogg, *supra*, note 24 à la p. 296; mais voir Forest, *supra*, note 1 aux p. 10-3.

65.    *Décisions*, *supra*, note 61, à la p. 880.

font, en théorie, qu'interpréter le droit, mais ils peuvent, dans les faits, en modifier le sens ou en infléchir la portée. C'est là une matière abondante, parfois controversée, comme le fut et l'est encore, au Canada anglais, la jurisprudence du Comité judiciaire du Conseil privé fixée notamment sous l'égide de Lord Watson et de Lord Atkin, laquelle avait interprété les lois constitutionnelles d'une manière favorable à l'autonomie des provinces et à celle du Québec en particulier. Quelques points de repère bien connus suffiront à illustrer ce propos et à marquer l'importance qu'il y aurait à appuyer la Constitution écrite et formelle sur une certain nombre de principes fondamentaux explicités au cours des années par le pouvoir judiciaire.

L'arrêt *Hodge* c. *The Queen* (1883) établit le principe que les pouvoirs des provinces ne sont pas exercés par délégation du Parlement impérial, mais en vertu d'une autorité aussi complète et aussi étendue, dans les domaines de leur compétence, que celle que ce Parlement, dans la plénitude de ses attributions, possédait et pouvait leur conférer[66]. Le même raisonnement est poussé plus loin dans l'affaire *Maritime Bank* c. *The Receiver General of New Brunswick* (1892), alors qu'il est clairement affirmé par le Conseil privé qu'une assemblée législative n'est pas subordonnée au Parlement canadien, mais possède des pouvoirs «exclusifs et souverains» dans la sphère de ses compétences; de même, le Lieutenant-gouverneur, chef de l'Exécutif provincial, représente tout aussi bien le Roi pour les fins provinciales que le Gouverneur général le représente pour les fins fédérales, ce qui signifie que le pouvoir exécutif des provinces n'est en aucune façon subordonné au gouvernement fédéral et qu'il est aussi étendu que leur autonomie législative[67]. À défaut de ces arrêts, il n'est pas impossible que la conception centralisatrice du fédéralisme canadien se fût donnée libre cours et que le Québec n'exercerait plus aujourd'hui que des compétences déléguées par le pouvoir fédéral; celui-ci feint d'ailleurs de les ignorer à l'occasion. De la même façon, c'est le Conseil privé qui, dans l'affaire des *Conventions sur le Travail* (1937), a empêché le gouvernement fédéral de s'appuyer sur la conclusion d'un traité pour autoriser le

---

66.  *Hodge* c. *The Queen* (1883), 9 A.C. 117 à la p. 132, 50 L.R. 301 (P.C.).
67.  *Maritime Bank* c. *The Receiver General of New Brunswick* ( 1892), [1892] A.C. 437 à la p. 443 (P.C.) [ci-après: *Maritime Bank*]. Voir aussi *Bonanza Creek Gold Mining Co.* c. *The King* (1916), [1916] 1 A.C. 566, [1916-17] All E.R. 977 (P.C.).

Parlement à s'immiscer dans les compétences des provinces[68]. Avant que cet arrêt ne soit complètement remis en question par la Cour suprême du Canada[69], il est légitime de se demander s'il ne serait pas utile que le Québec rappelât le prix qu'il attache à ce précédent judiciaire en lui faisant une place dans sa Constitution écrite. Tant s'en faut, d'ailleurs, que la jurisprudence soit toujours aussi favorable au Québec et ce ne sont là que quelques exemples de l'importance de cette source de droit, sans laquelle les règles issues des lois constitutionnelles ou ordinaires, des conventions et des coutumes, ne seraient ni complètes ni sûres.

La Constitution actuelle du Québec comporte donc déjà diverses normes d'origine multiple et ce n'est certes pas l'absence de règles qui inviterait à l'adoption d'une Constitution formelle. Au contraire, dans le cadre juridique qui est aujourd'hui celui du Québec, la rédaction d'une telle loi fondamentale, quelle que soit l'ampleur qu'on veuille lui donner, consisterait en partie dans la codification de règles existantes et leur mise en ordre, ainsi que dans l'établissement d'une hiérarchie entre les normes. On peut se demander, cependant, s'il est opportun d'entreprendre une telle démarche et quelles parties de la Constitution existante gagneraient à être «formalisées» de la sorte ou complétées, au besoin, par de nouvelles règles.

## C. - Opportunité et contenu possible d'une constitution formelle

### 1. - Le principe de la suprématie

Dans la plupart des pays, l'idée de constitution entendue au sens formel est inséparable de la notion de suprématie ou de supériorité. La constitution, écrit un auteur belge, est «la loi des lois[70]». Celles-ci et les actes des détenteurs du pouvoir doivent s'y conformer à peine de nullité ou, à tout le moins, de non-application. Cette règle se retrouve explicitement ou implicitement dans presque toutes les constitutions modernes. L'énoncé le plus connu est sans doute celui des États-Unis, selon lequel la Constitution est «la loi suprême du pays[71]». Pareille règle n'apparaît pas

---

68.   *A.G. Canada c. A.G. Ontario* (1937), [1937] A.C. 326 (P.C.) [ci-après: *Conventions sur le Travail*].

69.   Voir *MacDonald c. Vapor Canada Ltd* (1976), [1977] 2 R.C.S. 134, 7 N.R. 477 et *Schneider c. La Reine* (1981), [1982] 2 R.C.S. 112, 43 N.R. 91.

70.   R. Wilkin, *Dictionnaire du droit public* (1963) à la p. 97.

71.   *Constitution of the United States of America*, dans Kettleborough, *supra*, note 30, art. 6.

dans les constitutions des États membres de l'Union américaine — du moins de celles que nous avons pu consulter — mais les tribunaux ont décidé à maintes reprises que ces instruments sont fondamentaux et lient tous les organes de l'État, législatif, exécutif ou judiciaire[72]. Sans doute ne l'a-t-on mieux exprimé que dans l'arrêt d'un tribunal de l'État de New York à propos de l'application de la Constitution de cet État:

> Une constitution écrite doit être interprétée comme la loi suprême du pays, selon son esprit et l'intention de ses rédacteurs, indiqués par ses termes. En ce sens, elle est tout aussi obligatoire pour la législature que pour les autres services du gouvernement ou les citoyens individuels[73].

Si tel est le cas et si, comme l'écrit Jennings, l'existence d'une constitution *écrite* entraîne une distinction fondamentale entre le droit constitutionnel et le reste du droit, entre les normes contenues *dans* la Constitution et les règles adoptées *en vertu* de celle-ci[74], il devient capital, en premier lieu, d'affirmer clairement le principe de la suprématie, de préférence dans la Constitution elle-même et, en second lieu, de choisir avec soin les normes existantes qui «méritent» en quelque sorte d'être enchâssées, ainsi que celles qu'il convient d'y ajouter pour en faire un tout cohérent.

On n'a guère l'habitude de ce principe dans les pays où le droit public dérive des institutions britanniques et de la *common law*, sauf dans la mesure où le système colonial et le fédéralisme ont imposé la hiérarchie des normes. Les États australiens ont chacun adopté leur *Constitution Act*, mais il s'agissait de lois ordinaires, modifiables à la majorité simple, sauf là où l'application de la législation impériale imposait des limites à ce pouvoir d'amendement[75]. Quant à la seule province canadienne qui se soit dotée nommément d'un *Constitution Act*, la Colombie-Britannique, elle

---

72.    Voir la jurisprudence, *supra*, note 34.

73.    Rathbone, *supra*, note 34 à la p. 484: «A written constitution must be interpreted as the paramount law of the land according to its spirit and the intent of its framers, as indicated by its terms. In this sense it is just as obligatory upon the legislature as upon other departments of the government or upon individual citizens.»

74.    Jennings, *supra*, note 25 aux p. 63-64.

75.    R.D. Lumb, *The Constitutions of the Australian States*, 2ᵉ éd. (1965) aux p. 49, 106 et 108. Voir *McCawley c. The King* (1920), [1920] A.C. 691, 123 L.R. 177 (P.C.) [ci-après: *McCawley*, cité aux A.C.].

n'a pas cru bon d'y inclure une disposition affirmant la supériorité de cette loi sur les autres[76].

Le Québec a conféré à sa *Charte des droits et libertés* une certaine supériorité, en ce sens qu'aucune loi n'y peut déroger, à moins qu'elle n'énonce expressément que telle est l'intention du législateur[77]. C'est là une forme mitigée de prépondérance qui pourrait être retenue si le législateur estimait inopportun pour l'instant d'adopter dans une nouvelle constitution la suprématie intégrale. À l'heure actuelle, le seul exemple d'une telle affirmation dans la législation des provinces est celle qui se trouve à l'article 1(2) du *Human Rights Act* de l'Île-du-Prince-Édouard, aux termes duquel cette loi «est réputée l'emporter sur toutes les autres lois de cette province[78]». Si le principe en était retenu, on pourrait s'inspirer de la rédaction de cet article ou de celle qu'on peut trouver dans les constitutions de divers États fédérés, comme celle du *Land* rhéno-palatin, selon laquelle toute personne a le droit de contester la constitutionnalité d'une loi ou d'un acte administratif, à l'occasion de toute procédure devant les tribunaux, tant ordinaires qu'administratifs[79].

## 2. - *Concision ou prolixité?*

La diversité des constitutions d'États membres démontre qu'il n'existe aucune règle quant à leur contenu. Jennings, qui a assisté plus d'un constituant, écrit qu'elles peuvent contenir autant ou aussi peu qu'on l'estime souhaitable; l'expérience lui avait d'ailleurs enseigné que le choix des règles posait de véritables dilemmes[80]. Et tout d'abord, convient-il que l'instrument soit rédigé succinctement, à la française (92 articles)[81], ou de façon détaillée, comme en Inde (395 articles)[82]? Paradoxalement, il arrive

---

76.  *Constitution Act*, R.S.B.C. 1979, c. 62, telle que modifiée par S.B.C. 1980, c. 35, art. 3.

77.  *Charte des droits et libertés*, *supra*, note 2.

78.  «[...] deemed to prevail over all other laws of this province.» *Human Rights Act*, S.P.E.I. 1975, c. 72, art. 1(2).

79.  *Constitution de l'État de Rhénanie-Palatinat*, *supra*, note 30, art. 130 et 135.

80.  Jennings, *supra*, note 25 aux p. 35 et 37.

81.  *Constitution du 4 octobre 1958*, dans C. Debbasch & J.-M. Pontier, *Les Constitutions de la France* (1983) à la p. 277.

82.  H.M. Seervai, *Constitutional Law of India: A Critical Commentary*, 3ᵉ éd. (1983) à la p. A-1 et s.

qu'une constitution d'État soit beaucoup plus longue que celle de la Fédération dont il est membre: la Constitution de la Californie compte 75 000 mots contre 7500 pour la Constitution des États-Unis[83]!

La prolixité n'est guère compatible avec la vocation éducative que l'on peut attendre d'une loi fondamentale. Le dernier article de la Constitution de l'État de Bavière prévoit qu'avant la fin de leur scolarité obligatoire «tous les élèves recevront un exemplaire de la présente Constitution»; comme il s'agit du dernier et 188e article, les rédacteurs n'ont peut-être pas fait preuve d'un grand sens pédagogique.

### 3. - Contenu possible d'une constitution nouvelle

S'il existe de bonnes raisons de rédiger un document succinct et de n'y inclure que les normes ou principes fondamentaux, dignes de se voir conférer la supériorité par rapport à l'ensemble des lois, les choix de contenu n'en sont pas facilités pour autant. À coup sûr, un jugement d'opportunité devra intervenir dans de nombreux cas et de larges consultations devront avoir lieu auprès des citoyens avant d'en arriver à un document qui exprime l'essentiel des valeurs du milieu et les garanties individuelles ou collectives qui y sont revendiquées. Dans cette démarche, outre le principe du droit des peuples à disposer d'eux-mêmes, qu'il conviendrait de rappeler dans le préambule, il y a lieu de distinguer cinq domaines que comprendrait une nouvelle constitution: les institutions fondamentales, les droits et libertés, les droits socio-économiques, les droits collectifs et l'application du droit international.

### a) Institutions fondamentales

La partie descriptive d'une nouvelle constitution québécoise, consacrée avant tout aux principaux organes de l'État et au statut de leurs pouvoirs, serait sans doute moins malaisée à rédiger que la partie normative, au sens où nous avons employé ces mots plus haut. L'abondance des sources écrites et non écrites, des lois, des conventions et des coutumes concernant les pouvoirs législatif, exécutif et judiciaire offrirait plutôt au codificateur l'embarras du choix. Sur certains points, cependant, ce pourrait

---

83.   W.H Palmer & P.L. Selvin, «The Development of Law in California» dans *West's Annotated California Codes*, vol. 1, *supra*, note 31 à la p. 27.

être l'occasion de combler quelques lacunes ou imprécisions ayant trait au fonctionnement des institutions. C'est ainsi que la convention constitutionnelle, selon laquelle la défaite en Chambre d'une mesure gouvernementale entraîne la chute du gouvernement, s'est avérée un facteur d'instabilité chronique au Parlement canadien, aux époques de gouvernement minoritaire en particulier. Soulevant cette question devant le Comité de la constitution en 1969, Bonenfant avait évoqué la possibilité de pallier ces difficultés dans une future constitution du Québec en modifiant cet aspect de la convention sur la responsabilité ministérielle pour la limiter à des cas précis:

> [J]'établirais, dans des textes qui feraient partie de la constitution fondamentale, les circonstances dans lesquelles la responsabilité doit jouer. [...] [La question] se poserait à chaque fois que le gouvernement consentirait à la poser. [...] Le gouvernement dirait: Messieurs, si la mesure est repoussée, [...] c'est comme si nous étions défaits. [...] [L]a responsabilité joue et vous vous exposez à [...] des élections [...][84]

On aura reconnu la «question de confiance», telle qu'elle est pratiquée dans plusieurs démocraties occidentales, et notamment en France[85]. L'adoption d'une constitution pourrait être l'occasion de réexaminer de la sorte certaines conventions à la lumière du droit comparé, en vue de rendre le fonctionnement des institutions plus stable ou plus efficace, sans pour autant porter atteinte aux principes fondamentaux du parlementarisme. Toutefois, toute convention n'est pas nécessairement bonne à codifier car elle devient alors justiciable des tribunaux et sujette à des interprétations qui pourraient en diminuer la souplesse.

Les choses seraient plus ardues si l'on projetait d'écarter le régime parlementaire en faveur d'un régime de type présidentiel ou présidentiel-parlementaire. Il est probable, en effet, comme nous l'avons indiqué ci-dessus, qu'un tel projet mettrait en cause le statut et les fonctions du Lieutenant-gouverneur. Celui-ci remplit un rôle charnière dans le système

---

84. Voir Commission de la Constitution, *supra*, note 6, aux p. 3030 et 3031.

85. Voir *Constitution du 27 octobre 1946*, art. 49 dans Debbasch & Pontier, *supra*, note 81 à la p. 252; *Constitution de 1958*, art. 49 al. 3, dans Debbasch & Ponthier, *ibid* à la p. 287. Voir aussi G. Vedel, *Manuel élémentaire de droit constitutionnel* (1949) à la p. 461. Il va de soi que l'adoption dans la Constitution de la question de confiance laisserait intacte la motion de censure prévue au *Règlement de l'Assemblée nationale du Québec*, art. 24. Québec, Assemblée nationale, *Journal des débats: Règlement de l'Assemblée nationale du Québec*, 2ᵉ sess., 30ᵉ Lég. (21 mars 1974) à la p. 123.

fédéral: il participe légalement aux pouvoirs exécutif et législatif, en dépit du fait que les conventions aient réduit rigoureusement les fonctions que lui conférait à l'origine le *B.N.A. Act*[86]. La jurisprudence du Conseil privé montre que toute tentative de le priver de son pouvoir légal — en réalité neutralisé par les conventions —, fût-ce au profit de la population consultée par référendum, est *ultra vires*, donc vouée à l'échec[87]. Or, si le Québec voulait passer au régime présidentiel, le rôle clé du Président ne pourrait être tenu que par le Lieutenant-gouverneur, par un nouveau personnage politique ou par le Premier ministre. Dans le premier cas, le Lieutenant-gouverneur devrait être élu, ce qui transformerait profondément sa «charge» et son mode de nomination, changements qui ne sauraient être effectués sans qu'on ait recours à l'article 41 de la *Loi constitutionnelle de 1982* (règle de l'unanimité); dans le deuxième cas, si le Président était élu au suffrage universel et n'était pas responsable devant l'Assemblée, de qui le Lieutenant-gouverneur prendrait-il l'avis, s'il survenait un conflit entre les deux pouvoirs: du Président ou du chef de la majorité parlementaire? Enfin, dans le dernier cas, si le Premier ministre prenait le titre de président tout en demeurant responsable devant la Chambre, le changement serait de forme plutôt que de fond et le Lieutenant-gouverneur pourrait conserver intégralement ses fonctions.

Quoi qu'il en soit des aspects juridiques de la question, l'instauration du régime présidentiel dans le Québec d'aujourd'hui, partie intégrante d'une fédération gouvernée selon le régime parlementaire, n'est pas sans soulever des problèmes d'opportunité du point de vue de la science politique. La discussion qui eut lieu sur ce point en 1969 au Comité de la constitution, entre le député René Lévesque, à ce moment-là membre de l'Opposition, et M. Bonenfant, mérite de retenir l'attention. Celui-ci n'était guère favorable au régime présidentiel, mais il l'estimait conciliable avec le système fédéral, «parce que précisément, la caractéristique du fédéralisme devrait être de permettre aux parties composantes de se réaliser comme elles le veulent» et il ajoutait qu'il imaginait volontiers le Québec doté d'institutions politiques différentes de celles du Canada, même s'il ne le croyait pas opportun[88]. De son côté, le futur Premier

---

86. Sur ce point, voir Tremblay, *supra*, note 1 à la p. 15.
87. *In re Initiative and Referendum Act* (1919), [1919] A.C. 935, 48 D.L.R. 18(P.C.) [ci-après: *Initiative*].
88. Voir *Commission de la constitution*, *supra*, note 6, à la p. 3038; voir également aux p. 3022, 3034, 3044 et 3046.

ministre, bien que reconnaissant les mérites du régime présidentiel, n'était pas sans percevoir les difficultés qu'il pouvait soulever dans le contexte québécois et canadien de l'époque:

> [Le Président,] qui est à la fois chef du gouvernement et chef d'État, [...] a le contrôle de l'exécutif. [...] [E]st-ce conciliable avec un régime fédéral tel que celui dans lequel nous sommes? [...] [E]st-il concevable que le gouvernement central ait un régime [...] pendant qu'une partie aussi importante qu'un état ou une province [...] a un régime institutionnel totalement différent? [...] [S]i le Québec opte pour [le régime présidentiel], [...] il y a un homme et son groupe qui représentent, comme personne d'autre, l'ensemble de la population du Québec [...] en parallèle avec un autre régime qui, lui, maintient le parlementarisme et dont la représentativité est complètement différente. [...] Vous avez vraiment un symbolisme d'une force extraordinaire vis à vis d'une représentativité complètement diffuse[89].

On pourrait ajouter que les Québécois pratiquent le régime parlementaire depuis 1791, qu'ils l'ont depuis longtemps acclimaté, et que ce n'est certes pas là l'aspect des systèmes colonial ou fédéral qui les a le plus desservis. La réalisation d'une telle réforme serait facilitée, de toute évidence, par l'accession du Québec à la souveraineté, mais, dans ce cas, l'opportunité du passage au régime présidentiel ne saute pas davantage aux yeux, compte tenu de tous les autres changements fondamentaux qui interviendraient dans les compétences de l'État; de toute façon, ce projet ne devrait pas constituer une priorité.

## b) Droits et libertés

Les droits et libertés des personnes sont «constitutionnalisés» dans bon nombre d'États membres de fédérations: ils y jouissent à la fois de la suprématie et de la protection du mode d'amendement applicable à l'ensemble de la constitution. La tradition en est venue de la philosophie humaniste du XVIIIe siècle et la technique, très tôt des États-Unis, où certains États avaient adopté des *Bills of Rights* avant même l'adoption de la Constitution fédérale; elle a essaimé en Europe à la faveur du *Bill of Rights* de la Virginie, qui inspira les rédacteurs des déclarations françaises de 1789 et de 1793[90], celles-ci, à leur tour, étant imitées largement dans

---

89. *Ibid.*, aux p. 3037 et 3038.
90. Mirkine-Guetzévitch, *supra*, note 30, à la p. 127.

les développements constitutionnels modernes[91], avant que l'O.N.U. n'adopte la *Déclaration universelle des droits de l'homme* en 1948.

Déjà, avant la Première Guerre mondiale, le répertoire des droits et libertés était devenu classique dans les États européens. Il fut étendu aux droits sociaux, auxquels nous reviendrons, après 1918. C'est à cette époque qu'apparaissent dans les lois fondamentales des *Länder* allemands les chapitres consacrés aux droits et devoirs fondamentaux, qu'on retrouve aujourd'hui dans chaque constitution de *Land*[92]. Celle de l'État libre de Bavière en constitue un bon exemple: la dignité de la personne humaine et la liberté individuelle sont inviolables et les limitations des droits fondamentaux ne sont admises que si la morale, la santé et la sécurité l'exigent impérieusement; la Cour des litiges constitutionnels est tenue de déclarer nulle toute loi qui restreindrait l'un de ces droits à l'encontre de la Constitution[93]. On s'est demandé s'il était vraiment utile que les États membres adoptent de telles dispositions constitutionnelles puisqu'aussi bien les constitutions fédérales garantissent déjà, pour la plupart, les droits et libertés des citoyens. Cependant, outre que les garanties offertes par les États fédérés sont parfois antérieures aux dispositions fédérales, ils ont choisi, notamment aux États-Unis, de se donner leur propre charte des droits, les constituants estimant sans doute qu'une protection supplémentaire au niveau de chaque État n'était pas superflue[94]. À plus forte raison cet argument vaut-il dans le cas du Québec, qui, en tant que société distincte, peut souhaiter protéger les droits et libertés en fonction des besoins ou des aspirations de cette société.

C'est sans doute dans cet esprit que le législateur québécois a voulu, en 1975, adopter sa propre *Charte des droits et libertés* et lui conférer une certaine supériorité[95], d'autant que la *Déclaration canadienne des droits*, entrée en vigueur en 1960, ne vise «que les matières qui sont de la

---

91.    G. Vedel, «Les Déclarations des droits de l'homme 1789-1949» dans *Études* (1950) 265, 308 à la p. 316.

92.    On trouvera les textes dans O.N.U., *Annuaire des droits de l'homme pour 1946, supra*, note 30 aux p. 11, 16 et 21 (Bavière, Hesse, Bade-Wurtemberg); O.N.U., *Annuaire des droits de l'homme pour 1947, ibid.*, aux p. 4 et 18 (Brême, Rhénanie-Palatinat); O.N.U., *Annuaire des droits de l'homme pour 1950, ibid.*, aux p. 28, 32 et 35 (Rhénanie du Nord, Schleswig-Holstein, Berlin).

93.    Constitution de l'État libre de Bavière, *ibid.*, art. 48(3) et 98-123.

94.    Karsch et Elzea, *ibid.*, à la p. 2.

95.    *Charte des droits et libertés, supra*, note 2.

compétence législative» du Parlement fédéral[96]. À la lumière des événements de 1982, il est heureux que le Québec ait eu sa propre Charte, d'ailleurs à plusieurs égards plus complète que les dispositions fédérales: lorsque le Parlement britannique a adopté, à la demande des autorités canadiennes et en dépit de la protestation du Québec, la *Loi constitutionnelle de 1982*, celui-ci a été à même de substituer sa propre Charte à certaines garanties de la *Charte canadienne*[97].

Conviendrait-il d'inclure la Charte du Québec dans une nouvelle constitution? Si l'on veut éviter d'en étendre indûment le texte, on pourrait n'y retenir que les principes les plus fondamentaux, quitte à renvoyer pour le reste à la Charte elle-même. Cela permettrait, le cas échéant, de mieux assurer la suprématie et la protection des grands principes relatifs aux droits et libertés, tout en conférant plus de souplesse à leur application dans la législation. Il y a là des choix qui ne sauraient être effectués sans qu'on ait consulté la population et la Commission des droits de la personne, laquelle justement est autorisée par la loi à recevoir les demandes et suggestions des citoyens au sujet de la loi et à faire au gouvernement les recommandations qu'elle estime appropriées[98].

## c) Droits socio-économiques

Les droits socio-économiques sont apparus dans les lois fondamentales européennes après la Première Guerre mondiale sous l'influence des idées socialistes. Sur le plan idéologique, leur origine est sans doute antérieure, puisqu'on en trouve les premiers linéaments dans la Déclaration française de 1793, laquelle affirmait que la société doit la subsistance aux citoyens «soit en leur procurant du travail, soit en assurant les moyens d'exister à ceux qui sont hors d'état de travailler[99]». Il faut cependant attendre la Déclaration de la République fédérée de Russie de 1918 et la Constitution de Weimar de 1919 pour que l'État se reconnaisse des obligations formelles envers ses ressortissants[100]. Il arrive même que les droits antérieurement établis au profit de l'individu doivent céder le pas aux

---

96. *Déclaration canadienne des droits*, S.R.C. 1970, app. III, art. 5(3) [ci-après: *Déclaration*].
97. *Loi concernant la Loi constitutionnelle de 1982*, *supra*, note 48.
98. *Charte des droits et libertés*, *supra*, note 2, art. 67.
99. *Constitution du 24 juin 1793* dans M. Torrelli et R. Baudouin, *Les droits de l'homme et les libertés publiques par les textes* (1972) à la p. 13, art. 21.
100. Mirkine-Guetzévitch, *supra*, note 30 à la p. 127.

nouveaux droits, au nom de l'intérêt social. Les Constitutions des *Länder*, par exemple, à côté des droits et libertés classiques, vont inclure des chapitres sur l'organisation économique, destinée à élever progressivement le niveau de vie de toutes les couches de la société, la propriété (considérée désormais dans sa fonction sociale), la protection des terres agricoles, la rémunération du travail, la protection de la santé des travailleurs, voire leur participation à la gestion des entreprises, la protection de la famille et le droit à l'instruction[101].

L'Amérique de Nord est demeurée en marge de ce mouvement, du moins au niveau des lois fondamentales. La Constitution des États-Unis et ses amendements n'en portent pas la trace et les Constitutions des États membres ne s'y attardent que rarement, comme dans le cas du quatre-vingt-dix-septième amendement à la Constitution du Massachusetts qui proclame le droit du peuple à la propreté de l'air et de l'eau, aux qualités naturelles, historiques et esthétiques de leur environnement et à la protection contre les bruits excessifs[102]. Quelques constitutions comportent des dispositions sur l'instruction publique, l'aide sociale et l'habitation[103]. En revanche, un amendement à la Constitution de la Californie, adopté par référendum en 1948 et destiné à augmenter les prestations sociales versées aux personnes âgées et aux aveugles, ainsi qu'à abaisser l'âge requis pour y être admissible, a été rayé dès l'année suivante, également par référendum[104]. Au Canada, la *Déclaration* de 1960 et la *Loi constitutionnelle de 1982* n'en parlent guère, sauf en ce qui concerne la liberté d'établissement, qui peut sans doute être considérée comme un droit économique, ainsi que les engagements très généraux pris au sujet des paiements de péréquation, propres à réduire les inégalités régionales[105]. P.E. Trudeau écrivait en 1961 que l'idée libérale de la propriété avait favorisé l'émancipation de la bourgeoisie, mais qu'elle entravait désormais la marche vers la démocratie économique; il fallait donc élargir les droits de l'homme

---

101. Constitution de l'État libre de Bavière, *supra*, note 30, art. 124-74; Constitution de l'Etat de Rhénanie-Palatinat, *ibid.*, art. 1-73.

102. *Constitution of Massachusetts*, *supra*, note 31. Cet amendement est de 1972 et remplace le 49ᵉ amendement de 1918, lequel prévoyait déjà la conservation des richesses naturelles.

103. *Constitution of New York*, *supra*, note 31, art. 11, 17 et 18.

104. *Constitution of California*, *supra*, note 31, art. 25 (1948), tel qu'abrogé par art. 27 (1949) dans *West's Annotated California Codes*, vol. 3., *ibid.*, aux p. 495 et 507.

105. *Loi constitutionnelle de 1982*, *supra*, note 19, art. 6 et 36.

jusqu'à leur plein développement, non seulement en insérant les dispositions nécessaires dans un *Bill of Rights*, mais en travaillant à changer les mentalités[106]. Depuis lors, ces idées n'ont pu s'élever jusqu'au niveau constitutionnel et les modifications des dernières années s'en sont tenues aux droits et libertés classiques, à la manière du XVIIIe siècle.

Dans les provinces canadiennes, les droits économiques et sociaux sont définis par les lois ordinaires et ne font l'objet d'aucun exposé systématique. Seul le Québec a tenté, bien modestement, de regrouper certains droits sociaux au chapitre IV de sa *Charte des droits et libertés*: protection de l'enfance et de la famille, instruction gratuite, vie culturelle des minorités, assistance financière aux personnes dans le besoin, conditions de travail justes, protection des personnes âgées ou infirmes[107]. Toutefois, ces dispositions ne sont pas incluses parmi celles auxquelles l'article 52 de la *Charte des droits et libertés* reconnaît une certaine supériorité; cette partie relève donc de la législation ordinaire, encore que l'article 49 reconnaisse à toute personne atteinte dans ses droits — y compris ses droits socio-économiques — la possibilité d'obtenir la cessation et la réparation du préjudice qui en résulte.

La nouvelle Constitution du Québec doit, à notre avis, faire une place plus honorable aux droits socio-économiques. C'est à ce chapitre que la fonction normative des constitutions serait la plus utile, à coup sûr. Les problèmes de l'emploi et de la sécurité sociale, en particulier, devraient faire l'objet d'obligations de comportement plus précises de la part de l'État. Si l'inspiration venait à manquer, les conventions adoptées dans le cadre de l'Organisation internationale du travail, le *Pacte international relatif aux droits économiques, sociaux et culturels* de 1966, la *Charte sociale européenne* de 1961, les accords européens concernant les régimes sociaux de 1953, le *Code européen de sécurité sociale* de 1964 ou la *Charte internationale américaine des garanties sociales* de 1948[108], fourniraient une ample moisson d'idées, qu'il faudrait naturellement adapter en fonction des besoins et des aspirations des Québécois. En raison des obligations internationales qu'ils imposent, ces instruments jouent, en quelque sorte, un rôle constitutionnel par rapport à la législation interne des parties signataires.

---

106. P.E. Trudeau, «Economic Rights» (1962) 8 *McGill L.J.* 121 à la p. 125.
107. *Charte des droits et libertés*, *supra*, note 2, art. 39-48.
108. Tous ces textes sont réunis dans l'ouvrage de Torrelli & Baudouin, *supra*, note 99, aux p. 221, 231, 306, 313, 318 et 326.

Il est à prévoir que le fait social retiendra prioritairement l'attention des législateurs des pays occidentaux au cours des décennies à venir. Ce sera sûrement le cas au Québec, où la législation ordinaire traite déjà partiellement des problèmes du travail et de la vie sociale. Le moment n'est-il pas venu de mettre au point les principes fondamentaux devant guider l'action socio-économique du législateur, lesquels seraient désormais inscrits dans la Constitution, à côté des droits et libertés formulés à la fin du XVIIIe siècle? La Constitution du Québec se présenterait alors comme un véritable projet de société, programme d'avenir à réaliser en tant que société distincte dotée de ses propres valeurs sociales, économiques, culturelles et politiques.

Faut-il, pour atteindre ce but ou par souci de cohérence, revendiquer des compétences que la Constitution de la Fédération attribue au Parlement fédéral? Le Québec a déclaré à diverses reprises depuis 1960 qu'il lui paraissait nécessaire de rapatrier l'ensemble des pouvoirs dans certains domaines, comme la sécurité sociale. Cet objectif n'a pas encore été atteint quoique le Québec, contrairement aux autres provinces, ait quelque peu consolidé sa sphère de compétence par l'établissement du régime des rentes et des allocations familiales. Le fait de mentionner dans sa Constitution des objectifs socio-économiques nouveaux, voire même des compétences qui ne lui sont pas dévolues — ou pas encore — ne saurait nuire à ses revendications, encore qu'il n'en faille pas attendre, *ex proprio vigore*, la modification de la Constitution canadienne. En revanche, il nous paraîtrait peu indiqué de répéter dans une constitution formelle du Québec la liste des compétences contenue dans la *Loi constitutionnelle de 1867*. Il convient plutôt de fonder la Constitution sur le principe que le Québec entend exercer toutes les compétences que les circonstances n'ont pas dévolues aux organes fédéraux.

## d) Droits collectifs

Les droits collectifs font déjà l'objet au Québec de dispositions législatives ordinaires, tant en ce qui concerne les droits de la majorité qu'à l'égard des droits minoritaires. La *Charte de la langue française* notamment énonce de nombreux droits liés à la langue. Il y a lieu également de traiter des droits des Amérindiens et des Inuit, ainsi que de ceux des communautés culturelles.

Les droits de la minorité anglophone du Québec, particulièrement pour tout ce qui touche la comparution devant le tribunaux, les débats de l'Assemblée nationale, l'école, les institutions sociales et les services publics devraient faire l'objet de garanties constitutionnelles conformes à la *Charte de la langue française*. Le droit des citoyens anglophones de recourir à leur langue devant les tribunaux et devant les autorités administratives, dans leurs propres affaires, et de recevoir leur courrier officiel rédigé dans cette langue pourrait figurer dans la Loi fondamentale, comme c'est le cas, par exemple, dans la Constitution finlandaise de 1919, en faveur de la minorité suédoise[109]. De même, le droit de s'exprimer en anglais dans les débats de la Chambre, qui n'a pas été restreint par la *Charte de la langue française*, pourrait être inscrit dans la Constitution[110].

Tous ces droits doivent faire l'objet de consultations auprès des principaux intéressés et de discussions publiques, selon une démarche que nous tenterons de décrire plus loin. C'est ainsi que le droit à l'éducation en anglais, pour *tous* les enfants dont les parents ont reçu l'enseignement dans cette langue au Québec, pourrait être enchâssé sans restriction quant au nombre d'enfants requis, comme c'est déjà la règle[111]. De même pourrait être consacré le droit à l'administration scolaire autonome, là où le nombre d'élèves le justifie; la même règle s'appliquerait aux autres institutions publiques, comme les hôpitaux. Cependant, le législateur constituant pourrait estimer opportun, tout en continuant de reconnaître ces droits dans les lois ordinaires, de ne les consacrer dans la Constitution qu'après l'obtention d'un traitement équivalent par les minorités francophones vivant à l'extérieur du Québec, du moins en ce qui concerne l'accès à l'école pour tous et l'administration scolaire.

Des groupes autochtones du Québec ont eu l'occasion d'interroger le gouvernement au sujet de leurs droits collectifs[112]. Celui-ci a répondu,

---

109. Mirkine-Guetzévitch. *supra*, note 30, à la p. 398, art. 14.

110. Ce droit est consacré par l'article 133 de la *Loi constitutionnelle de 1867*, *supra*, note 19, et rien ne s'oppose à sa protection par la Constitution du Québec.

111. Cette règle, plus généreuse que celle de la Charte canadienne, *supra*, note 20, art. 23(3), laquelle n'accorde de droits que «là où le nombre le justifie», résulte de l'application conjuguée de la *Loi sur l'instruction publique*, L.R.Q., c. 1-14, art. 256 (obligation de fréquentation scolaire) et des règles budgétaires. À notre avis, le droit à l'éducation en anglais devrait être garanti dans la Constitution du Québec.

112. Lettre du Chef B. Diamond au Premier ministre R. Lévesque (30 novembre 1982). Les revendications autochtones et les réponses du Québec ont été rendues publiques: Winnipeg, Réunion fédérale-provinciale de fonctionnaires sur les questions constitutionnelles intéressant les autochtones: demandes des autochtones et réponses du Québec (18 novembre 1983) 840-286/003.

par la voix du Premier ministre, qu'il reconnaît aux peuples aborigènes le caractère de nations distinctes ayant droit à leur culture, à leur langue, à leurs coutumes et traditions ainsi que la faculté d'orienter elles-mêmes le développement de leur identité propre. Dans le cadre des lois québécoises, il leur reconnaît également le droit de posséder et de contrôler elles-mêmes les terres qui leur sont attribuées[113]. D'où découlent des droits étendus sur des territoires dont elles ont ou auront convenu avec le gouvernement, le Québec étant disposé à céder le droit d'en exploiter les ressources renouvelables et non renouvelables et à reconnaître que les nations autochtones puissent s'y gouverner et se donner, en vertu d'ententes à intervenir, les institutions qui correspondent à leurs besoins en matière de culture, de langue, d'éducation, de santé, de services sociaux et de développement économique. S'il légifère dans des domaines qui touchent aux droits fondamentaux reconnus par lui aux nations autochtones, le Québec s'engage, en outre, à les consulter au moyen de mécanismes à déterminer avec elles, lesquels pourraient être institutionnalisés.

Au cours des séances de la Commission parlementaire de la présidence du Conseil et de la Constitution consacrées aux droits des autochtones, en novembre 1983, ces propositions ont été reprises par le Premier ministre et le ministre des Affaires intergouvernementales devant les intéressés. Le gouvernement a offert d'accorder une protection plus étendue à leurs droits et aux conventions conclues en vue de mieux les assurer[114]. Dans la perspective de l'adoption d'une nouvelle Constitution québécoise, il conviendrait en effet, si les autochtones donnaient leur assentiment, d'y insérer les principes essentiels de leur autonomie, ainsi que les mécanismes de consultation, de façon à les garantir pour l'avenir.

e) Application du droit international

L'intensification des rapports du Québec avec le monde extérieur soulève depuis quelques années la question de l'application des règles du droit

---

113. Québec, *La Convention de la Baie-James et du Nord québécois* (1976) aux ch. 4, 9, 11A, 12 et 13. On trouve à la page 5 de ce document une carte montrant la répartition des terres selon la *Convention*.
114. Québec, Assemblée nationale, Commission permanente de la présidence du Conseil et de la Constitution, «Audition de personnes et d'organismes autochtones sur les droits et les besoins fondamentaux des Amérindiens et des Inuit», dans *Journal des débats: Commissions parlementaires*, n° 166 (22 novembre 1983) aux p. B-9226-29 et n° 168 (24 novembre 1983) aux p. B-9449-50.

international dans les domaines qui relèvent de sa compétence, tant à l'égard du droit coutumier qu'en ce qui concerne les accords internationaux. C'est ainsi, par exemple, que la présence sur son territoire de nombreux consulats et du siège de l'Organisation de l'aviation civile internationale, ainsi que l'installation d'ambassades ont amené le gouvernement à prendre en considération les règles coutumières relatives aux immunités, tandis que le nombre croissant de traités destinés à s'appliquer aux personnes l'a rendu sensible au fait que le droit international porte de plus en plus sur des questions qui relèvent de sa compétence législative.

Les solutions retenues pour régler les problèmes qui ne manquent pas de surgir dans les fédérations au sujet de l'application de la coutume et de l'exécution des traités varient considérablement de l'une à l'autre[115]. Certaines solutions tendent à centraliser toutes les compétences entre les mains des organes centraux, dès lors qu'un pays étranger ou une organisation internationale est en cause; d'autres, au contraire, de tendance décentralisatrice, reconnaissent aux États membres une certaine capacité lorsque leurs compétences sont en jeu[116]. Le Québec, quant à lui, s'est résolument inspiré, depuis une vingtaine d'années, dans le domaine des rapports avec l'étranger comme dans la sphère de ses compétences internes, de la conception décentralisatrice. Il a soutenu officiellement, depuis le discours prononcé en 1965 par Paul Gérin-Lajoie devant le Corps consulaire de Montréal, que l'État compétent pour la mise en œuvre législative des traités doit également l'être pour leur conclusion, dans les domaines qui relèvent de sa compétence[117]. Tous les gouvernements qui se sont succédé à Québec ont maintenu cette attitude[118] en

---

115. F. Rigaldies et J. Woehrling, «Le juge interne canadien et le droit international», 21 *C. de D.* 293.

116. É. Weiser, «La conclusion d'accords internationaux par les États fédérés allemands, suisses, et autrichiens» dans J. Brossard, A. Patry et É. Weiser, dir., *Les pouvoirs extérieurs du Québec* (1967) 101. A. Patry, *La capacité internationale des États: l'exercice du jus tractatuum* (1983); J.-Y. Morin, «La conclusion d'accords internationaux par les provinces canadiennes à la lumière du droit comparé» (1965) 3 *A.C.D.I.* 127.

117. P. Gérin-Lajoie, «La personnalité internationale du Québec», *Le Devoir [de Montréal]* (14 et 15 mars 1965) 5.

118. Québec, Assemblée législative, Mémoire sur la question constitutionnelle, Conférence intergouvernementale canadienne, dans «Documents officiels du gouvernement du Québec, lus ou déposés à l'Assemblée législative par l'honorable Premier ministre», *Débats de l'Assemblée législative du Québec*, n° 22-A (28 mars 1968) à la p. 41. Voir également l'exposé du ministre des Affaires intergouvernementales du Québec devant la Société québécoise de droit international (28 mars 1983) [non publié].

s'appuyant sur les avis du Conseil privé dans les affaires de la *Maritime Bank*[119] et des *Conventions sur le Travail*[120], déjà mentionnées. Cela n'a pas manqué de susciter des réserves de la part du gouvernement fédéral, lequel, oubliant sans doute les moyens auxquels il a lui-même eu recours pour affirmer sa personnalité juridique aux dépens de l'Empire britannique, a soutenu la thèse de l'indivisibilité de la personnalité internationale de la Fédération[121].

Quoi qu'il en soit de cette controverse, l'activité internationale du Québec n'a cessé de s'étendre. Le nombre des délégations et bureaux établis à l'étranger atteindra bientôt la trentaine[122] et les ententes internationales dépassent la centaine, dont le quart environ sont conclues avec la France, et les autres avec plus de 30 États souverains et quelque 15 États autonomes[123]. Le législateur a dû, dès 1974, en assurer la coordination en confiant au ministre des Affaires intergouvernementales, remplacé, en mars 1984, par le ministre des Relations internationales, la responsabilité de la conclusion des ententes, de la représentation du Québec à l'extérieur et, d'une manière générale, de l'élaboration de sa politique extérieure, de la défense des compétences du Québec et de la concertation avec le gouvernement fédéral en matière de coopération internationale[124]. Il serait donc opportun, si le Québec s'engage dans une démarche

---

119. *Supra*, note 67.

120. *Supra*, note 68.

121. Ottawa, Department of External Affairs, Press release n° 25 (Hon. P. Martin) (23 avril 1965), reproduit dans A.E. Gottlieb, «Canadian Practice in International Law During 1965 as Reflected Mainly in Public Correspondence and Statements of the Department of External Affairs» (1966) 4 *A.C.D.I.* 260 aux p. 265-256; Ottawa, *Fédéralisme et relations internationales*, Livre blanc (Hon. P. Martin) (1968). La récente allocution du nouveau Premier ministre fédéral, B. Mulroney, devant le Premier ministre francais, L. Fabius, le 7 novembre 1984, marque un changement de ton, mais ne donne guère d'indication quant à la solution retenue en vue de résoudre les problèmes concrets. Voir B. Descôteaux, «Devant Fabius, Mulroney déclare la fin de la guerre des drapeaux entre Ottawa, Paris et Québec», *Le Devoir [de Montréal]* (8 novembre 1984) 1.

122. Québec, ministère des Affaires intergouvernementales, *Rapport annuel 1982-83* aux p. 16, 20-2, 28, 33 et 49. En 1984 ont été ouverts de nouveaux bureaux à Hong Kong, Singapour, Stockholm et Bogota.

123. Ministère des Communications, *Recueil des ententes internationales du Québec* (1984).

124. *Loi sur le ministère des Affaires intergouvernementales*, L.R.Q., c. M-21, art. 10, 13, 16, 23 et 35. Voir aussi le décret 17-84, 5 mars 1984, G.O.Q. 1984.II. 1443 et la *Loi sur l'exécutif*, L.R.Q., c. E-18, art. 9. En décembre 1984, le ministère des Affaires intergouvernementales a été remplacé, en ce qui concerne les relations avec les pays étrangers, par le ministère des Relations internationales: *Loi modifiant diverses dispositions législatives*, L.Q. 1984, c. 47, art. 58 et s.

constitutionnelle, qu'il précise dans sa Loi fondamentale la place qu'il réserve au droit international général et aux traités par rapport à son droit interne.

Il existe, à notre avis, une distinction de conséquence entre les règles générales (d'origine coutumière), dont la primauté devrait être assurée automatiquement en droit interne québécois, et les règles établies par traité, lesquelles ne sauraient être appliquées au Québec, dans la sphère de ses compétences, sans son consentement exprès.

Certes, en ce qui concerne les règles générales du droit international, les tribunaux canadiens les appliquent en se fondant sur l'arrêt du Conseil privé dans *Chung Chi Cheung* c. *The King*[125], mais seulement dans la mesure où elles ne sont pas contraires au droit interne, d'origine coutumière ou statutaire[126]. Le juge choisit l'interprétation de la loi interne la plus compatible avec le droit international, mais il ne va pas à l'encontre d'une règle interne clairement contraire puisque, selon l'opinion exprimée par Lord Atkin dans l'arrêt susmentionné, le droit international n'a de validité que dans la mesure où ses principes sont acceptés et adoptés dans le droit interne. Selon la jurisprudence[127] et la doctrine[128], cette règle vaut pour le droit interne québécois comme pour le droit fédéral, même si un ou deux juristes soutiennent que les provinces ne sauraient légiférer à l'encontre du droit international[129]. Dans l'affaire des *Ambassades*, la Cour suprême, après avoir pris soin de préciser qu'il n'était pas besoin d'examiner les compétences respectives de la Fédération et de l'Ontario pour trancher la question soumise, n'en examina pas moins attentivement le droit interne de l'Ontario avant de conclure qu'il était compatible avec les immunités reconnues aux légations étrangères par le droit international[130]. Dans la mesure où elle permet d'écarter le droit international

---

125. (1938), [1939] A.C. 160, 11938] 4 All E.R. 786 (P.C.) [ci-après: *Chung*, cité aux A.C.].

126. *In re the Powers of the Corporation of the City of Ottawa and the Corporation of the Village of Rockcliffe Park to Levy Rates on Foreign Legations and High Commissioner's Residences* (1942) [1943] R.C.S. 208, [1943] 2 D.L R. 181 [ci-après: *Foreign Legations*, cité aux R.C.S.]. Voir aussi Rigaldies & Woehrling, *supra*, note 115 à la p. 304.

127. *Chung*, *supra*, note 125, aux p. 167-168.

128. Rigaldies et Woehrling, *supra*, note 115, à la p. 311.

129. G. V. LaForest, «May the Provinces Legislate in Violation of International Law?» (1961) 39 *Can. Bar Rev.* 78.

130. *Foreign Legations*, *supra*, note 126 à la p. 231.

coutumier au profit du droit interne — qu'il s'agisse du droit fédéral ou du droit des provinces —, cette démarche des tribunaux canadiens paraît rétrograde. Aussi Francis Rigaldies et José Woehrling[131] ont-ils proposé d'adopter plutôt la solution de la Constitution de la République fédérale allemande, selon laquelle les règles générales du droit international font partie intégrante du droit allemand[132]. Le Québec s'inspirerait heureusement de cette solution dans sa propre Constitution. Son autonomie n'en serait pas davantage restreinte par le droit international que ne l'est la souveraineté des États.

La solution serait toute différente dans le cas des ententes et traités. La loi québécoise prévoit déjà qu'il appartient au gouvernement d'approuver les ententes ou de se déclarer lié par les traités ou accords internationaux conclus par lui-même ou par le gouvernement fédéral, lorsque ceux-ci touchent des domaines ressortissant à la compétence constitutionnelle du Québec[133]. Cette règle est dictée par le bon sens puisque les accords internationaux, à la différence de la coutume, ne lient que les parties contractantes; en outre, elle découle tout naturellement de l'arrêt du Conseil privé dans l'affaire des *Conventions sur le Travail*[134]. On pourrait en «constitutionnaliser» le principe, en même temps que celui qui exige l'intervention de l'organe législatif chaque fois que le traité a pour effet de modifier le droit interne. Ce dernier principe est, en effet, plus conforme au régime parlementaire québécois que ne pourrait l'être la règle selon laquelle tout accord l'emporte *ipso facto* sur la législation.

Les dispositions relatives à l'application du droit international au Québec seraient donc inspirées des conclusions suivantes: 1° les règles du droit international général font partie intégrante du droit québécois; 2° seul l'État québécois peut conclure une entente ou se déclarer lié par un traité qui touche un domaine relevant de sa compétence; 3° seule l'Assemblée nationale a la compétence voulue aux fins de mettre en œuvre une entente ou un traité dont l'effet est de modifier le droit interne du Québec.

---

131. *Supra*, note 115, à la p. 312.
132. Mirkine-Guetzévitch, *supra*, note 30, à la p. 174, art. 25.
133. *Loi sur le ministère des Affaires intergouvernementales*, L.R.Q., c. M-21, art. 15(1) et 17.
134. *Supra*, note 68.

## 4. - Règles d'interprétation

L'élévation au rang constitutionnel de lois ordinaires (ou de certaines dispositions tirées de ces lois) commande généralement des règles d'interprétation plus souples, plus larges, plus «évolutives». Certes, le *B.N.A. Act* n'a pas toujours été interprété de cette façon, mais cela tenait sans doute au fait que le style de cette loi britannique l'apparentait plutôt aux «statuts» soumis à une interprétation restrictive; de surcroît, les dispositions sur la répartition des compétences entre les deux niveaux de gouvernement, source permanente de conflits, se prêtaient à une interprétation littérale et «fixative[135]». Ce n'est d'ailleurs pas sans appréhension que les tenants de l'autonomie du Québec voient la Cour suprême du Canada, organisme fédéral, adopter des règles plus souples, qui semblent avantager le plus souvent le pouvoir fédéral[136].

En revanche, le Québec n'étant pas une fédération, il n'est pas nécessaire que les règles d'interprétation de sa nouvelle Constitution s'inspirent de modes d'interprétation stricts ou rigides. Paradoxalement, on pourrait s'inspirer de la Cour suprême fédérale qui, dans une affaire intéressant la *Charte canadienne*, a décidé récemment qu'une disposition constitutionnelle de cette sorte appelle une interprétation tout à fait différente de celle d'une loi:

> Une loi définit des droits et des obligations actuels. Elle peut être facilement adoptée et facilement abrogée. [...] Par contre, une constitution est rédigée en prévision de l'avenir. Elle vise à fournir un cadre permanent à l'exercice légitime de l'autorité gouvernementale et, lorsqu'on y joint une Déclaration ou une Charte des droits, à la protection constante des droits et libertés individuels. Une fois adoptées, ses dispositions ne peuvent pas être facilement abrogées ou modifiées. Elle doit par conséquent être susceptible d'évoluer avec le temps de manière à répondre à de nouvelles réalités sociales, politiques et historiques que souvent ses auteurs n'ont pas envisagées. Les tribunaux sont les gardiens de la constitution et ils doivent tenir compte de ces facteurs lorsqu'ils interprètent ses dispositions[137].

---

135. J. Beetz, «Les attitudes changeantes du Québec à l'endroit de la Constitution de 1867» dans P.-A. Crépeau & C.B. Macpherson, dir., *L'avenir du fédéralisme canadien* (1965)113 aux p. 115-117.

136. Voir J. Brossard, *La Cour suprême et la Constitution: le forum constitutionnel au Canada* (1968) aux p. 165, 172, 183 et 201; A. Tremblay, «Les techniques d'interprétation des constitutions» dans *5ᵉ Colloque international de droit comparé* (1968) 10, à la p. 64.

137. *Hunter c. Southam Inc.* (1981), [1984] 2 R.C.S. 145 à la p. 155, 11 D.LR. (4th) 611.

Il serait souhaitable que la Constitution du Québec soit interprétée selon des critères de cet ordre. Si l'on voulait cependant s'en assurer, la meilleure façon ne serait-elle pas d'inclure dans la Constitution même les règles d'interprétation qui lui seraient applicables? On pourrait à cette fin s'inspirer de l'actuelle *Loi d'interprétation*, selon laquelle toute loi doit recevoir une interprétation large, qui assure l'accomplissement de son objet et l'exécution de ses prescriptions «suivant leurs véritables sens, esprit et fin[138]».

## D. – Protection de la Constitution formelle

### 1.- *Flexibilité et rigidité*

Si la Constitution du Québec doit bénéficier d'une interprétation souple, propre à suivre l'évolution sociale, doit-elle pour autant être facile à modifier, voire être traitée comme la législation ordinaire? À nos yeux, il n'est pas douteux que les règles d'interprétation et le mode d'amendement sont des questions distinctes: la souplesse dans les premières ne s'impose pas nécessairement dans le second.

On peut souhaiter que la nouvelle Constitution soit adaptable aux circonstances, dans les limites imposées par le sens des mots et l'esprit du texte, sans pour autant aller jusqu'à permettre aux tribunaux de se substituer aux constituants; il y a là une question de degré. En revanche, il peut paraître nécessaire ou opportun de protéger soit l'ensemble du texte, soit certaines parties jugées particulièrement importantes, contre des changements irréfléchis proposés au gré des majorités du moment ou des modes passagères. D'autre part, la flexibilité dans l'interprétation ne va pas normalement jusqu'à modifier le régime politique et les institutions elles-mêmes, bien qu'il puisse devenir nécessaire d'y procéder; mais les changements fondamentaux ne doivent pas être trop accessibles, sous peine d'instabilité des institutions. Il y a dans les constitutions des principes qui expriment la continuité des sociétés, mais chacune veut également assurer, à des degrés divers, l'adaptation aux circonstances mouvantes auxquelles elle est constamment exposée. Il est sans doute inévitable, comme on le constate dans maints pays, qu'il y ait du bois mort dans la constitution, mais la stabilité même de l'État exige à la fois qu'il ne s'en accumule pas

---

138. *Loi d'interprétation*, L.R.Q., c. I-16 art. 41(2).

trop et qu'on ne le brûle pas trop rapidement. Ces risques sont probable-ment plus grands si la loi fondamentale est détaillée et cherche à enchâsser des règles qui relèvent normalement de la législation ordinaire; plus une constitution est prolixe, plus elle devrait être facile à modifier.

En d'autres termes, il y a un équilibre à rechercher entre la stabilité constitutionnelle et «l'adaptabilité» des normes fondamentales. Cet équi-libre ne saurait être déterminé dans l'abstrait et le mode d'amendement ne devrait pas être établi définitivement avant que le contenu de la Cons-titution n'ait été défini au moins *grosso modo*.

Puisqu'il s'agit du Québec, il convient d'observer que le cadre insti-tutionnel est, dans ce cas, venu de l'extérieur et qu'il ne dépend pas entièrement de ses constituants de le modifier, du moins si l'on fait abstraction du droit d'autodétermination. Nous avons constaté plus haut, par exemple, que le rôle constitutionnel du Lieutenant-gouverneur rend fort problématique toute tentative d'instaurer ici le régime présidentiel. En réalité, le cadre institutionnel est plus rigide que ne peut le révéler un coup d'œil superficiel, non seulement en raison des lois constitutionnelles britanniques ou canadiennes, mais compte tenu également de leur cortège de conventions et de règles coutumières, beaucoup plus contraignantes qu'il n'y paraît. À notre avis, on ne doit pas, sur ce point, s'en remettre à Lord Bryce, qui opposait volontiers la constitution non écrite, « flexible» à son point de vue, et l'instrument écrit, plus «rigide»; dans son esprit, la norme flexible était préférable à l'écrit rigide[139]. Cette apologie du système britannique serait séduisante si elle correspondait invariablement aux faits. Toutefois, n'a-t-on pas vu des écrits solennels écartés du revers de la main et, en revanche, le cadre institutionnel britannique n'est-il pas parmi ceux qui évoluent le plus lentement? Il en a été de même au Québec depuis 1791 et les événements constitutionnels de 1982 n'ont en rien relâché l'emprise du droit de la Fédération sur les institutions québécoises.

Aussi est-il fort probable que l'intérêt principal d'une nouvelle cons-titution québécoise, une fois codifiées et précisées les règles relatives aux institutions, résiderait dans le projet de société qui émanerait de l'en-semble des droits individuels et collectifs que la loi fondamentale serait appelée à garantir. Si tel est bien le cas, deux questions se posent: la

---

139. J. Bryce, *Studies in History and Jurisprudence*, vol. I (1901) Essay III.

première a trait au mode d'amendement, la seconde au droit d'initiative et à la participation des citoyens. La réponse à la première est jonchée de considérations juridiques, la seconde est plus politique.

### 2.- *Le Parlement peut-il se lier pour l'avenir?*

Quel que soit l'organe constituant appelé à rédiger la Loi fondamentale du Québec, ses conclusions ne sauraient acquérir la «juridicité» nécessaire sans l'intervention de l'Assemblée nationale. On serait d'autant moins en mesure de la contourner par l'improvisation de quelque constituante que — rappelons-le — le pouvoir de modifier la Constitution du Québec lui est spécifiquement et exclusivement conféré[140]. La protection spéciale dont on souhaiterait entourer la nouvelle Constitution ne pourrait donc venir que de l'Assemblée elle-même et la question est de savoir si celle-ci a le pouvoir de soumettre la modification de l'une de ses propres lois à des conditions particulières en vue de la mettre à l'abri des changements de majorité et, en quelque sorte, de «l'enchâsser[141]». C'est là une question

---

140. *Loi constitutionnelle de 1982*, *supra*, note 19, art. 45. S.A. Scott soulève la question de savoir si le fait que l'article 45 (pouvoir exclusif des provinces de modifier leur constitution) fasse partie de la partie V de la *Loi constitutionnelle de 1982* a pour effet d'inclure les constitutions des provinces dans la Constitution du Canada. Voir S.A. Scott, «The Canadian Constitutional Amendment Process» (1982) 45 *Law & Contemp. Probs* 249 aux p. 278 et 280; S.A. Scott, «Pussycat, Pussycat, or Patriation and the New Constitutional Amendment Processes» (1982) 20 *U.W.O.L. Rev.* 247 aux p. 275, 302 et 306. L'auteur en tirerait la conclusion qu'il est possible de modifier la constitution des provinces par le moyen des autres modes prévus dans la partie V, notamment les articles 41 (règle du consentement unanime) et 38 (procédure dite «normale» de modification). Cette argumentation est certes intéressante, mais ne porte guère à conséquence puisque, dans le cas de l'article 41, le consentement du Québec serait requis et que, dans le cas de l'article 38, le droit de retrait pourrait jouer. En outre, elle fait bon marché de l'expression «compétence exclusive» (de chaque province) de l'article 45. La thèse ne manque pas d'intérêt du point du vue de la protection de la langue anglaise au Québec. Effectivement, dans l'arrêt *Blaikie*, la Cour suprême du Canada, approuvant les propos du juge Deschênes dans le jugement de première instance, (1978), [1978] C.S. 37, 85 D L.R. (3d) 252, émet l'opinion que l'article 133 de la *Loi constitutionnelle de 1867* ne fait pas partie de la Constitution du Québec au sens de l'article 92(1), «mais fait partie indivisiblement de la Constitution du Canada et du Québec». *Blaikie*, *supra*, note 19, à la p. 1025. Toutefois, il ne s'ensuit pas que les constitutions des provinces fassent partie de la Constitution du Canada. L'application d'un tel principe à l'ensemble des constitutions des provinces pourrait aboutir à des résultats inattendus entre les mains des tribunaux fédéraux.
141. Le mot «enchâssement» est sans doute la meilleure façon, dans le contexte du droit, de rendre l'idée exprimée en anglais par le mot *entrenchment*.

devenue classique: un parlement peut-il, selon la tradition britannique, se lier pour l'avenir en s'imposant à lui-même une procédure différente d'adoption ou de modification de certaines lois, exigeant, par exemple, une majorité renforcée ou une consultation populaire?

Il faut préciser que la question ne se poserait pas de la façon dont elle a parfois été traitée dans certains pays de l'Empire britannique ou du Commonwealth. Dans ces cas, il s'agissait de savoir si, par exemple, le Parlement du Ceylan (devenu, depuis 1972, le Sri Lanka) ou le Parlement de l'Afrique de Sud pouvaient légiférer en faisant abstraction des procédures spéciales d'adoption des lois prévues *dans les lois ou décrets impériaux qui leur donnaient naissance ou fondaient leur compétence législative*. Dans l'exemple sud-africain, le Parlement avait il le pouvoir de modifier le droit de vote en fonction de la race ou de la couleur de ses ressortissants sans se conformer aux dispositions du *South Africa Act* de 1909 — loi du Parlement britannique — voulant qu'une telle modification ne pouvait être acquise sans le vote favorable de la majorité des deux tiers des deux Chambres du Parlement siégeant ensemble[142]? De son côté, le Ceylan avait voulu conférer des pouvoirs à un tribunal spécial sans que soit respectée la procédure particulière permettant de modifier les décrets constitutionnels britanniques intitulés *Ceylon (Constitution) Orders in Council* de 1946 et 1947[143]. Il s'agissait donc de modifications obtenues à l'encontre de règles émanant d'un organe constituant supérieur aux parlements intéressés et la Cour d'appel sud-africaine dans le premier cas, comme le comité judiciaire du Conseil privé dans le second, en conclurent que de telles lois ne pouvaient être adoptées que suivant la procédure imposée par l'organe supérieur.

La question qui nous occupe est fort différente. Il s'agit de savoir si un parlement de tradition britannique, avec ses compétences législatives, peut limiter lui-même son pouvoir de décision pour l'avenir, c'est-à-dire sa propre suprématie, en s'imposant une procédure particulière de modification des lois. Dans cette hypothèse, l'organe législatif se comporte à son propre égard comme s'il était l'organe constituant de l'État. De telles limites seraient difficilement acceptables pour ceux qui, à la suite de Dicey, estiment qu'on ne saurait restreindre d'aucune façon la suprématie

---

142. *Harris c. Minister of Interior* ( 1952), [1952] 2 S.A.L.R. (A.D.) 428.
143. *Bribery Commissionner c. Ranasinghe* (1964) [1965] A C. 172 [1964] All E.R 785 (P.C.) ci-après: *Ranasinghe*].

du Parlement[144]. Aussi ne faut-il pas s'étonner que les juges britanniques n'aient pas, dans le passé, accepté l'idée que Westminster ait pu se lier les mains en prévoyant dans une loi que celle-ci ne pourrait faire l'objet d'une abrogation implicite dans une loi subséquente[145]. Exprimeraient-ils la même opinion aujourd'hui, alors que le dogme «diceyen» et le positivisme de John Austin, dont il est issu, ont subi l'érosion des idées nouvelles ? Nous ne pouvons en être sûrs, même si Jennings a décrit, avec délectation, les situations absurdes auxquelles aboutit la théorie de la souveraineté absolue du Parlement[146].

Curieusement, le plus haut tribunal de l'Empire a suivi un tout autre raisonnement dans le cas des législatures des colonies australiennes. Dès 1920, dans l'affaire *McCawley*[147], puis de nouveau en 1932, dans l'affaire *Trethowan*[148], il a opiné qu'une législature ne pouvait aller à l'encontre des conditions d'exercice de son pouvoir législatif qu'elle s'était elle-même imposées par une loi. Même s'il s'agit sans doute, dans le premier cas, d'un *obiter dictum* et, dans le second, d'une solution dictée par l'existence d'une loi impériale, le *Colonial Laws Validity Act* de 1865, selon laquelle la Législature n'était en droit de modifier sa constitution qu'à la condition de respecter la manière et la forme prescrites dans ses propres lois, il est permis de penser que ces précédents seraient d'un grand poids dans toute affaire semblable intéressant une assemblée ou un parlement dont le droit s'inspire du système britannique[149], y compris l'Assemblée nationale du Québec.

Cette opinion est partagée par plusieurs auteurs[150], dont certains se fondent avant tout sur la logique de l'arrêt *Ranasinghe*[151]. Les tribunaux

---

144. Dicey, *supra*, note 24 aux p. 39, 61, 70, 88 et 91.

145. *Ellen Street Estates Ltd.* c. *Minister of Health* (1934), [1934] 1 K.B. 590 à la p. 597, [1934] All E.R. 385 (C.A.).

146. Jennings, *supra*, note 25 aux p. 166-167.

147. *McCawley*, *supra*, note 75 aux p. 713-714.

148. *A.G. New South Wales* c. *Trethowan* (1932),[1932] A.C. 526 (P.C.), conf. (1931), 44 C.L.R. 394 (H.C. Aust.) [ci-après: *Trethowan*] et *sub nom. Trethowan* c. *Peden* (1930), 31 S.R. 183 (S.C. N.S.W.).

149. À cet égard, l'arrêt de la *High Court* d'Australie est de portée plus large que l'avis du Conseil privé et n'est pas fondé sur l'argument tiré du *Colonial Laws Validity Act*, reproduit dans (1931), 44 C.L.R. 394 aux p. 426-427. La démonstration en est faite par S.A. Scott, «Constituent Authority and the Canadian Provinces» (1967) 12 *McGill L.J.* 528 à la p. 545.

150. Notamment Jennings, *supra*, note 25, aux p. 154 et 156.

151. Chevrette et Marx, *supra*, note 15, à la p. 93.

inclineraient sans doute dans le même sens, mais on ne saurait en être entièrement assuré*. Peut-être faudra-t-il quelques raffinements de plus dans l'analyse des juges pour que les restrictions qu'un parlement s'impose à lui-même soient perçues comme fondées sur la légitimité du pouvoir exercé au nom de la société, et non sur quelque concept suranné de la souveraineté selon lequel le Parlement n'est vraiment souverain que s'il a le pouvoir de se lier pour l'avenir, auquel cas il ne sera plus souverain[152], *quod absurdum est*. En attendant, il n'est pas interdit à l'Assemblée nationale du Québec de s'imposer des restrictions à elle-même par le moyen de la procédure de modification de sa Constitution, si elle juge à propos de le faire en vue de protéger certains droits ou institutions avec un soin particulier. Il serait bien étonnant que l'Assemblée ne respectât point par la suite cette limitation de ses pouvoirs si le législateur veille à s'assurer de la légitimité du geste posé aux yeux de la population. D'ailleurs, l'Assemblée n'a-t-elle pas déjà démontré qu'elle entendait s'en tenir à de telles

---

* Depuis que ces lignes ont été écrites (1984), les tribunaux et la Cour suprême en particulier ont eu l'occasion de confirmer la validité de la démarche par laquelle une assemblée législative de tradition britannique décide de limiter elle-même son pouvoir de modifier ses propres lois *dans le domaine des droits de la personne*. En 1985, dans l'arrêt *Winnipeg School Division n° 1 c. Craton*, la Cour suprême du Canada souligne la «nature spéciale d'une loi sur les droits de la personne» et en tire la règle que «seule une déclaration législative claire peut permettre de la modifier, de la réviser ou de l'abroger» ([1985] 2 R.C.S. 150, aux p. 151 et 156, citant l'arrêt *Insurance Corp. of British Columbia c. Heerspink*, [1982] 2 R.C.S. 145). À noter cependant que la disposition invalidée était *antérieure* à la *Loi sur les droits humains* du Manitoba. Plus tard, dans *R. c. Mercure*, [1988] 1 R.C.S. 234, le juge LaForest fait allusion au caractère «fondamental ou quasi constitutionnel» de la législation en matière de droits de la personne (p. 268). Enfin, dans *Ford c. Québec (P.G.)*, [1988] 2 R.C.S. 712, la Cour suprême applique les dispositions de la *Charte [québécoise] des droits et libertés de la personne, supra*, note 2, à l'encontre d'une disposition *postérieure* de la *Charte de la langue française, supra*, note 2. Les dispositions de celle-ci portant sur la langue d'affichage ne peuvent aller à l'encontre de la liberté d'expression consacrée par la *Charte des droits et libertés* car l'article 52 de celle-ci établit la règle selon laquelle aucune disposition d'une loi, «*même postérieure*», ne peut déroger «à moins que cette loi n'énonce expressément que cette disposition s'applique malgré la Charte». Voir à ce sujet J.-Y. Morin, «La constitutionnalisation progressive de la Charte des droits et libertés de la personne» (1987) 21 *R.T.J.* 25, aux p. 23, 37, 57. On peut en conclure que, *en matière de législation sur les droits de la personne*, toute Assemblée législative peut limiter son propre pouvoir de décision pour l'avenir, c'est-à-dire sa suprématie, en s'imposant une procédure particulière de modification.

152. Voir H.R. Gray, «The Sovereignty of Parliament Today» (1953) 10 *U.T.L.J.* 54.

limites lorsqu'elle a aboli les «comtés protégés» de l'article 80 du *B.N.A. Act* en prenant soin de respecter à la lettre les exigences de la majorité renforcée requise par la loi[153]? Il est permis de penser qu'elle en ferait autant à l'égard de restrictions qu'elle se serait elle-même imposées. Ce n'est pas vraiment là une question de suprématie. Comme le disait Lord Pearce dans l'arrêt *Ranasinghe* «un parlement ne cesse pas d'être souverain parce que ses membres ne peuvent rallier la majorité nécessaire [pour l'adoption] d'une loi ordinaire [...] ou si, s'agissant d'une loi modifiant la Constitution, il ne peut rallier qu'une majorité simple alors que celle-ci requiert une majorité plus élevée[154]».

Cet autre type de majorité pourrait être celle des deux tiers à laquelle ont quelquefois recours les pays du Commonwealth pour protéger des dispositions constitutionnelles particulièrement délicates. Peut-on penser se montrer encore plus exigeant et prévoir, par exemple, à la manière du *Land* rhéno-palatin, que certaines prescriptions «ne sont pas sujettes à révision» ou que les propositions de modification touchant les fondements démocratiques de l'État «sont irrecevables[155]»? Quelle que soit la sympathie que puisse susciter l'objectif de maintenir coûte que coûte les principes démocratiques (il ne faut pas oublier que cette Constitution fut adoptée au sortir d'une période particulièrement difficile de l'histoire de l'Allemagne), il n'est pas du tout sûr qu'un tribunal s'inspirant de la tradition britannique accepterait de voir abolir par un tel biais le principe même du pouvoir législatif. La rigidité du mode d'amendement pourrait fort bien, en effet, servir à protéger indûment des privilèges ou des intérêts. Le maintien du *statu quo*, fait observer Lumb, peut mener à des abus[156], sans compter, ajouterait Jennings, que les hommes politiques

---

153. *Loi concernant les districts électoraux*, L.Q. 1970, c. 7. Pour se conformer à l'article 80 du *B.N.A. Act*, l'Assemblée nationale dut obtenir le concours de la majorité absolue des députés représentant les 17 circonscriptions envisagées, en plus de la majorité habituelle des députés. Voir Tremblay, *supra*, note 1, à la p. 246 n. 32; Scott, *supra*, note 149, à la p. 538.

154. «A Parliament does not cease to be sovereign whenever its component members fail to produce among themselves a requisite majority [for the adoption of] ordinary legislation [...] or when in the case of legislation to amend the Constitution there is only a bare majority if the Constitution requires something more.» *Ranasinghe*, *supra*, note 143, à la p. 200.

155. Constitution de l'État de Bavière, *supra*, note 30, art. 129. Voir également la Constitution de l'État de Rhénanie-Palatinat, *supra*, note 30, art. 75(1).

156. Lumb, *supra*, note 75, à la p. 109.

font en général d'assez mauvais prophètes[157]. Aussi peut-on présumer que toute disposition tendant à rendre impossible la modification d'une constitution heurterait de front le principe de la suprématie parlementaire et, pour cette raison, serait écartée par les tribunaux.

La majorité renforcée — par exemple les deux tiers des membres présents et votant — ne semble pas soulever de telles objections de principe, non plus que l'obligation de consulter la population par voie de référendum. Dans l'affaire *Trethowan*, mentionnée ci-dessus[158], la Législature d'un État australien avait adopté une loi en vertu de laquelle la Chambre haute ne pouvait être abolie sans l'approbation d'une majorité des électeurs lors d'un référendum portant sur la question; la même règle s'appliquait à la loi elle-même, un «double enchâssement» protégeant de la sorte l'institution. La *High Court* d'Australie et le comité judiciaire du Conseil privé décidèrent que la Législature devait suivre «la manière et la forme» requises dans sa propre loi[159].

## 3. - Consultation par voie de référendum

Au sujet du référendum, la législation manitobaine de 1916, par laquelle les électeurs se voyaient reconnaître le pouvoir de défaire les lois de la Législature, a fait l'objet d'un avis consultatif des tribunaux, mentionné plus haut[160]. Le tendon d'Achille de cette législation, qui fut déclarée invalide, consistait en ce que la Législature avait créé de la sorte un nouveau processus législatif dans lequel le Lieutenant-gouverneur, représentant la Couronne, ne jouait plus aucun rôle. L'article 11 de la loi[161] était rédigé de telle sorte que le refus d'approbation par les électeurs était appelé «abrogation» (*repeal*), semblant ainsi conférer à l'électorat des pouvoirs législatifs exclusifs. Cette description fautive ne pouvait qu'attirer les foudres des tribunaux, mais, comme l'a fait observer Stephen A. Scott, il n'en existe pas moins une distinction entre la disposition qui permet aux électeurs d'approuver ou de rejeter un projet de loi — ou un projet de

---

157. Jennings, *supra*, note 25, à la p. 170.
158. *Trethowan*, *supra*, note 148.
159. *Ibid*. Voir Jennings, *supra*, note 75, à la p. 154.
160. *Initiative*, *supra*, note 87.
161. *An Act to Enable Electors to Initiate Laws, and Relating to the Submission to the Electors of Acts of the Legislalive Assembly*, S.M. 1916, c. 59 (*The Initiative and Referendum Act*).

constitution — et l'autre qui donnerait à l'électorat le pouvoir d'abroger une loi déjà votée, sans que le Lieutenant-gouverneur ait un mot à dire[162]. Dans le premier cas, le consentement populaire constitue une condition préalable ou nécessaire à l'adoption d'une loi. Or, le Conseil privé n'a pas eu l'occasion de considérer les choses sous cet angle et, à la lumière de l'arrêt *Trethowan*, il est permis de penser qu'une telle condition serait tenue pour valide, puisqu'elle n'empiéterait d'aucune façon sur l'autorité de la Reine, laquelle conserverait toutes ses prérogatives légales (circonscrites en réalité par les conventions), ni d'ailleurs sur les pouvoirs du Parlement. On ne peut qu'appuyer François Chevrette et Herbert Marx lorsqu'ils écrivent que le référendum, s'il ne saurait constituer une condition *suffisante* de la validité d'une loi, peut à bon droit en être une condition *nécessaire*[163].

On peut en conclure que des techniques juridiques existent, en droit public d'inspiration britannique, permettant de protéger certains lois fondamentales, y compris la Constitution formelle que le Québec voudrait se donner, à l'encontre de modifications irréfléchies ou intempestives. C'est d'ailleurs la règle que l'on trouve dans la plupart des constitutions d'États membres, notamment aux États-Unis et en République fédérale allemande. Les États américains, de leur côté, établissent souvent une distinction entre les amendements et la révision complète: les premiers doivent être approuvés par la Législature et ratifiés par le peuple, la seconde nécessite la convocation et l'élection d'une convention de révision[164]. En Allemagne, les règles sont très variables d'un *Land* à l'autre, mais on retrouve souvent la règle voulant qu'une loi modificatrice de la Constitution ne puisse être acquise que si la Chambre l'a adoptée à la majorité des deux tiers de son effectif *ou* si le peuple l'a approuvée par référendum à la majorité des électeurs inscrits[165]. De fait, les modèles de

---

162. Scott, *supra*, note 149, à la p. 545.

163. Chevrette et Marx, *supra*, note 15, à la p. 102. Sur le référendum constituant, voir M. Bouissou, «Pour une réhabilitation de l'institution référendaire» dans *Mélanges offerts à Georges Burdeau* (1977) 25, aux p. 75 et 30.

164. *Constitution of New York*, *supra*, note 31, art. 19(1) et (2); *Constitution of the State of Missouri* dans Karsch et Elsea, *supra*, note 30, art. 12(2) et (3).

165. Constitution de l'État de Rhénanie-Palatinat, *supra*, note 30, art. 129. En Bavière, la Constitution exige la majorité des deux tiers *et* le référendum: Constitution de l'État libre de Bavière, *supra*, note 30, art. 75.

protection et d'enchâssement sont si nombreux que le Québec aurait l'embarras du choix.

Plus délicate est la question de savoir à quelles parties de la Constitution cette protection doit être étendue. Aux États-Unis et en Allemagne, c'est l'ensemble de la Constitution de l'État fédéré qui est soumis au mode d'amendement spécial, en raison de traditions qui prévalent depuis l'origine de leur droit constitutionnel. Il n'est cependant pas nécessaire qu'il en soit ainsi et la Constitution québécoise pourrait faire appel à une ou plusieurs des techniques déjà mentionnées, en les appliquant à l'une ou l'autre des dispositions fondamentales, voire à des articles particuliers, choisis en raison de leur importance, la seule limite étant celle qu'impose la nécessité de faire en sorte que le citoyen s'y retrouve sans trop de peine. À titre d'exemple, les institutions et le statut des pouvoirs pourraient être modifiés soit à la majorité renforcée de l'Assemblée, soit par référendum; les libertés fondamentales, les droits individuels et les droits collectifs exigeraient la majorité renforcée *et* le référendum, celui-ci pouvant à son tour faire appel à une majorité spéciale s'il s'agissait des libertés. Les autres parties seraient modifiables par l'Assemblée, mais le mode d'amendement lui-même ne serait révisé qu'après consultation populaire. On peut également juger opportun de n'appliquer ces techniques de protection qu'après quelques années d'essai de la nouvelle Constitution, de façon à corriger sans trop de peine les choix qui s'avéreraient moins judicieux qu'on ne l'aurait pensé.

## 4. - *Droit d'initiative des citoyens*

Faut-il prévoir la possibilité de conventions de révision, comme dans la plupart des États de l'Union américaine? Cette question nous amène, en terminant ce point, à en traiter une autre, dont elle est souvent inséparable en pratique: le droit d'initiative. C'est ainsi qu'au Massachusetts, par le quarante-huitième amendement, de 1918, le peuple s'est réservé le droit d'initiative populaire, qui est le pouvoir d'un nombre déterminé d'électeurs de proposer à la population des amendements à la Constitution et des lois, en vue de leur adoption ou de leur rejet; ne peuvent cependant être modifiées de cette façon certaines dispositions ayant trait notamment aux libertés et aux juges[166]. Les pétitions sont soumises à une session

---

166. *Constitution of Massachusetts, supra*, note 31, amendement 48, partie I et partie II(2).

commune des deux Chambres de la Législature; celles-ci peuvent les modifier à la majorité des trois quarts des membres votant et l'amendement doit être approuvé par le quart au moins de tous les membres élus; s'il l'est, il est alors renvoyé au prochain parlement et, s'il est de nouveau accepté de la même façon, il doit être soumis au peuple. De même, une proposition d'amendement constitutionnel avancée par un parlementaire de l'une ou l'autre Chambre sera envoyée au référendum si elle est approuvée par deux parlements successifs à la majorité de tous les membres élus[167]. Au référendum, l'amendement résultant de l'initiative populaire doit recueillir la majorité des voix exprimées sur le sujet, représentant 30 % au moins du tous les votes déposés à l'élection concomitante; l'amendement proposé par un parlementaire n'est pas soumis à cette dernière condition[168].

Un grand nombre d'États de l'Union américaine ont de la sorte ouvert le pouvoir législatif à l'intervention directe des citoyens, par le moyen de dispositions généralement intitulées «Initiative and Referendum». L'un des exemples les plus intéressants se trouve à l'article 3 de la Constitution du Missouri, qui réserve au peuple le droit de prendre l'initiative d'une modification constitutionnelle en réunissant les signatures de 8 % des électeurs inscrits dans chacun des deux tiers au moins des districts électoraux; pour les propositions de lois, 5 % suffisent[169]. Les pétitions concernant la Constitution ne peuvent porter que sur un seul article à la fois et celles proposant une loi, sur un seul sujet. Toutes les propositions de modification émanant de l'Assemblée ou de l'initiative sont soumises à la consultation des électeurs[170].

Ce système est passablement étranger à la démocratie parlementaire de type britannique. Non pas que la pétition y soit inconnue, au contraire, mais le principe de la suprématie du Parlement s'accommode mal des méthodes de la démocratie directe[171] et il paraît en effet incongru, dans un pays où le Parlement a mené toutes les luttes contre l'absolutisme royal en imposant sa propre «souveraineté», de le voir se faire forcer la main. Même le référendum purement consultatif provoqua d'âpres débats en

---

167. *Ibid.*, partie IV(1)-(4).
168. *Ibid.*, partie IV(5).
169. Karsch et Elzea, *supra*, note 30, art. 3(50).
170. *Ibid.*, art. 12(2)(b).
171. Voir P. Goodhard, *Referendum* (1971) aux p. 14, 17, 33, 49 et 63.

Grande-Bretagne, notamment lorsque le Parlement décida de consulter la population sur l'intégration du pays à la Communauté économique européenne[172], encore que le résultat de cette consultation n'eut rien de contraignant sur le plan juridique.

Ces traditions n'ont guère impressionné les provinces de l'Ouest canadien dans le passé et le droit d'initiative, associé au référendum, y a joué un rôle, comme nous venons de le voir au sujet de la loi manitobaine, déclarée invalide en raison du référendum à caractère législatif qu'elle instituait. De son côté, la loi albertaine de 1913, intitulée *The Direct Legislation Act*, autorisait un pourcentage des électeurs à obtenir, par voie de pétition, que la Législature adopte un projet de loi par eux proposé ou appuyé[173]. Si le projet n'était pas accepté par la Législature pendant la session où il était présenté, il devrait être soumis aux électeurs et, dans le cas où il était approuvé, la Législature devait l'adopter à la session suivante sans en modifier le sens, l'effet ou l'intention[174]. Ce droit d'initiative mitigé, qui impose une obligation à la Législature tout en respectant ses pouvoirs du point de vue formel, fut soumis à l'examen du Conseil privé dans *The King c. Nat Bell Liquors Ltd.*[175] Lord Summer y constata que la loi contestée, même si la Législature n'avait eu d'autre choix que de l'adopter, l'avait été selon la procédure habituelle et que celle-ci avait été soumise à l'approbation du Lieutenant-gouverneur; elle était donc valide, puisqu'il lui était impossible de prétendre que ce n'était pas là une loi de la Législature[176].

*5.- Rôle de l'Assemblée nationale*

Si cet arrêt du Conseil privé nous conduit à nuancer notre conclusion antérieure, selon laquelle le référendum ne saurait constituer une condition *suffisante* de la validité d'une loi, puisque tel peut être le cas lorsque la procédure législative formelle est sauve, il ne s'ensuit pas que le constituant québécois doive s'inspirer de l'exemple de l'Alberta, qui a d'ailleurs

---

172. *The Referendum Act, 1975* (R.-U ) 1975, c. 33.
173. *An Act to Provide for the Initiation or Approval of Legislation by the Electors*, S.A. 1913, 1$^{re}$ sess., c. 3 [ci-après: *The Direct Legislation Act*] modifiée à plusieurs reprises par la suite.
174. *The Direct Legislation Act, ibid.*, art. 6, 7 et 24.
175. (1922), [1922] 2 A.C. 128, 65 D.L.R. 1 (P.C.) [ci-après cité au A.C.].
176. *Ibid.*, à la p. 135. Voir Scott, *supra*, note 149 aux p. 557-561.

abrogé le *Direct Legislation Act* en 1958[177]. L'Assemblée nationale ne l'a d'ailleurs pas imité lorsqu'elle a adopté la *Loi sur la consultation populaire* de 1978, en prévision du référendum sur l'avenir politique du Québec[178]. Ce référendum était purement consultatif et son effet juridique n'allait pas au-delà du mandat de négociation requis par le gouvernement. Il serait tout à fait indiqué, si le constituant souhaitait voir confirmer la nouvelle Constitution (et ses possibles modifications) par le peuple, d'avoir recours à ce type de consultation — d'autant que les citoyens en connaissent le fonctionnement —, à titre de condition nécessaire, mais non suffisante.

L'expérience de quelques États américains, notamment de la Californie, et «l'amendomanie» qui s'y est manifestée à l'occasion sont, en effet, de nature à faire hésiter le constituant québécois devant toute forme de référendum qui supplanterait l'Assemblée nationale. En Californie, l'initiative d'un amendement peut venir des deux Chambres ou d'un groupe quelconque réunissant les signatures d'un nombre d'électeurs égal à 8 % des votes déposés lors de l'élection la plus récente du gouverneur de l'État[179]. Cette procédure qui, contrairement à celle du Massachusetts[180], ne prévoit aucun contrôle de la Législature sur les propositions émanant des électeurs ouvre toute grande la porte aux manœuvres des groupes de pression et aux démarches contradictoires. C'est ainsi que l'article 25 modifiant la Constitution et établissant, en 1948, le droit des personnes âgées et des aveugles de recevoir des pensions augmentées, selon des critères d'admissibilité plus favorables, fut abrogé dès l'année suivante par l'article 27, à l'effet exactement contraire[181]. Le premier et seul effort sérieux en faveur de l'inclusion de droits sociaux dans la Constitution de la Californie s'est donc soldé par un échec amer en raison de l'extrême facilité avec laquelle les amendements peuvent être proposés, dans un sens comme dans l'autre[182].

La démocratie représentative de type britannique jouera non sans peine son rôle, si elle se trouve déjouée ou même ignorée par des techni-

---

177. *An Act to Repeal Certain Acts of the Legislature*, S.A. 1958, c. 72, art. 1(e).
178. *Loi sur la Consultation populaire*, L.Q. 1978, c. 6. L.R.Q., c. C-64.1.
179. *Constitution of California, supra*, note 31, art 18(1) et (2).
180. *Supra*, notes 167 et 168.
181. *Constitution of California, supra*, note 31.
182. Voir Note «California's Constitutional Amendomania» (1949) 1 *Stan. L.R.* 279, à la p. 281.

ques liées à un régime politique où prévaut la séparation des pouvoirs (dans le sens donné à cette expression aux États-Unis, par exemple). Tout en utilisant la technique du référendum, qui peut lui valoir à l'occasion un surcroît de légitimité dans la délicate démarche constituante, et même le droit d'initiative, qui ne manquerait pas de la sensibiliser davantage aux besoins et aux aspirations de la population, la démocratie parlementaire doit se trouver au centre de tout le processus constitutionnel, l'Assemblée nationale n'hésitant pas à prendre elle-même l'initiative du mouvement constituant. Pour ces motifs, des procédures comme celles qui sont prévues au sujet de l'initiative populaire dans la Constitution du Massachusetts, de type présidentiel, s'imposeraient à plus forte raison en régime parlementaire; quant aux conventions de révision des États américains, elles ne semblent guère compatibles avec la démocratie parlementaire telle qu'elle s'est développée au Québec depuis 1791.

★

★  ★

Puisque l'autonomie du Québec s'étend à l'adoption ou à la modification de sa propre Constitution et puisque celle-ci est éparse ou informe, y aurait-il quelque avantage, demandions-nous au seuil de cet exposé, à le voir adopter une loi fondamentale dotée des attributs habituels de semblables instruments juridiques, telles la supériorité par rapport aux lois ordinaires et une certaine protection à l'égard des modifications qu'on voudrait par la suite y apporter? L'expérience britannique, à laquelle se rattache le régime politique québécois, et dont s'inspirent largement ses institutions, aurait pu nous incliner à répondre par la négative. La Grande-Bretagne n'est-elle pas dépourvue de constitution entendue au sens formel? De fait, elle n'en a pas connu depuis Cromwell et ne semble pas s'en porter plus mal. Bien des États qui se sont donné des lois fondamentales écrites ne jouissent ni de sa stabilité institutionnelle ni des droits et libertés qu'on y trouve. Mais la société britannique est bien particulière, relativement mieux intégrée que d'autres et, comme l'a fait observer Bastid, la globalité des traditions nationales y tient lieu de constitution[183]; à ce compte, elle constitue un cas isolé, dont ne s'inspirent guère les États du monde moderne. Dans les sociétés plus jeunes en particulier, ou diversifiées comme l'étaient les États-Unis à l'origine, il peut être

---

183. Bastid, *supra*, note 23, à la p. 6.

nécessaire, en tout cas utile, d'énoncer avec quelque solennité ou formalisme le mode d'exercice des pouvoirs, ainsi que les libertés des personnes et les droits des collectivités.

Qui définit limite, dit-on parfois. Néanmoins, il existe des cas où l'absence de précisions entrave le développement des droits et des institutions. Aucune constitution, si détaillée soit-elle, ne saurait suppléer entièrement les carences des mœurs civiques ou le niveau de culture politique atteint par chaque peuple, mais l'existence d'une loi fondamentale favorisera le progrès sur ce plan, à condition de proposer un projet de société qui soit perçu comme légitime par la population et d'éviter le dogmatisme qui caractérise nombre de constitutions contemporaines. La seule existence d'une constitution, si elle répond aux besoins et aux aspirations des citoyens, peut être un facteur de «conscientisation» sociale et de réflexion politique. Sur le plan plus vaste de la société internationale, ce n'est pas en vain que l'Organisation des Nations Unies a tenu, depuis une quarantaine d'années, à affirmer de façon solennelle et par écrit l'existence de droits et devoirs individuels et collectifs par le moyen de résolutions dont le caractère non obligatoire n'en permet pas moins, au besoin par la répétition, d'acclimater des principes et de préparer le terrain au droit nouveau et aux institutions propres à le mettre en œuvre. La signature subséquente de conventions ou pactes multilatéraux, par lesquels les États s'engagent à introduire ces principes dans leur législation interne, montre bien le processus didactique par lequel, en dépit de mille obstacles et possibilités de régression, l'aire du droit s'élargit. De la *Déclaration universelle des droits de l'homme* de 1948 au rapport du Comité des droits de l'O.N.U. dans l'affaire *Lovelace* (1980)[184] en passant par le *Pacte international relatif aux droits civils et politiques* de 1966, personne ne niera qu'il y ait eu progrès dans la définition des droits et leur application. Assurément, les documents onusiens ne sont pas de nature constitutionnelle, mais ils jouent, par rapport aux lois fondamentales des États, le rôle transcendant que celles-ci doivent remplir envers les lois ordinaires et les actes des gouvernants.

Au-delà de la question des limites juridiques imposées au pouvoir constituant du Québec du fait de son statut d'État fédéré, dont nous avons

---

184. Rapport du Comité des droits de l'homme, Doc. N.U. Supp. (N° 40) 178-88, Doc. N.U. A/35/40 (1980).

traité tout au long de cet exposé, la véritable question à laquelle il fallait répondre était la suivante: l'exercice de l'autorité politique sera-t-il, à terme, rendu plus efficace et plus humain, les droits et libertés mieux assurés, l'activité socioculturelle et le bien-être mieux répartis entre les citoyens, si le Québec, après mûre réflexion et débat, se donne une constitution formelle, dotée de la suprématie et protégée par un mode d'amendement spécial? Nous sommes enclins à le penser, mais il nous faut reconnaître que ce ne sont pas là des questions de nature purement juridique, auxquelles il suffirait d'apporter des réponses purement techniques. Certes, les techniques sont importantes et il serait vain de ne pas en tenir compte, mais elles appartiennent à l'ordre des moyens.

Toutes les règles, tous les droits et toutes les libertés ne sont pas réductibles à des formules juridiques et l'on se demande à juste titre, dans une société démocratique, jusqu'où il convient d'aller dans la définition formelle des concepts et des normes. Ce sont là des interrogations liées à la psychologie collective des majorités et des minorités et au cheminement des idées dans une population constamment sollicitée par des légitimités qui ne sont pas toujours spontanément compatibles. Aussi notre propos n'était-il pas d'apporter des réponses stéréotypées, encore moins de rédiger un avant-projet de Constitution du Québec, mais plutôt de brosser à larges traits ce qui nous paraît constituer le cadre de discussion nécessaire et d'indiquer, chemin faisant, les limites imposées par le système constitutionnel à l'intérieur duquel le Québec affirme son caractère de société distincte et son autonomie.

Dans la mesure où ce cadre paraît acceptable, il reste à définir la démarche et celle-ci peut également faire l'objet de discussions, voire d'un débat. Nous avons dit notre préférence, compte tenu des traditions du régime parlementaire québécois, pour un processus dont l'initiative reviendrait à l'Assemblée nationale. De toute façon, même si l'initiative venait du gouvernement, l'Assemblée devrait intervenir par l'intermédiaire d'une commission parlementaire, dont la tâche consisterait notamment à consulter la population, et tout projet ou avant-projet devrait lui être soumis. Nous ne pensons pas qu'il soit opportun de procéder à la manière américaine en convoquant une convention de révision, mais il n'en est pas moins essentiel que les citoyens qui le désirent soient consultés au cours de la démarche. Si l'Assemblée se met d'accord sur un projet, celui-ci devrait être soumis à l'approbation de la population par voie d'un référendum de type consultatif, avant d'être mis en vigueur selon les règles familières. D'aucuns estimeront que l'option en faveur d'une constitution formelle comporte un choix philosophique peu conciliable avec les traditions empiriques chères au parlementarisme d'inspiration anglaise. Les premières constitutions modernes, et notamment celle des États-Unis, ne sont-elles pas héritières du rationalisme du XVIIIᵉ siècle, selon lequel — en simplifiant quelque peu — il suffisait de penser correctement et de donner des fondements rationnels et cohérents au droit pour que la société fût bien gouvernée? Nous savons aujourd'hui que les choses ne sont pas si simples, quoique beaucoup de pays continuent de croire à la valeur incantatoire des règles dogmatiques; en démocratie, il est certain — encore qu'il nous arrive de l'oublier — que la légitimité des lois, qui fonde leur application effective et leur durée, tient à de nombreux facteurs sociaux et psychologiques. Cette réalité est-elle de nature à rendre superflu tout projet de constitution écrite? Même en Grande-Bretagne, on trouverait des traces — peut-être prémonitoires — de la vocation normative des lois fondamentales dans la *Magna Carta* et le *Bill of Rights*. Les services que peut rendre un document fondamental hors de pair sont plus importants, à notre avis, dans une société pluraliste que dans une société ancrée depuis des siècles dans ses traditions; de là les différences (peut-être plus apparentes que réelles) qui existent entre les institutions des États-Unis et celles de la Grande-Bretagne. Il reste, comme nous avons tenté de le démontrer, que la démarche à entreprendre au Québec devra être marquée au coin d'un certain empirisme, qui ne serait, en définitive, qu'une forme de respect non seulement pour les réalités, mais aussi pour les personnes.

Sans doute le seul fait d'adopter une constitution formelle n'apporte-t-il aucune garantie de bon gouvernement et de droits égaux pour tous. Fonder quelque espoir sur la pure rationalité constitutionnelle relève à coup sûr de la pensée magique, dans la mesure où les normes ne sont pas solidement arrimées aux réalités, aux besoins et aux aspirations. Mais si elles peuvent l'être et si sont réunies les conditions qui permettent de faire de la loi fondamentale un compendium des valeurs du milieu, instrument pédagogique au service de l'éducation sociopolitique, alors on est en droit d'espérer doter le Québec d'une constitution «vivante», qui en serait certes le miroir, mais aussi le portrait idéal.

# II. - La Constitution d'un Québec souverain

Non seulement l'accession du Québec à la souveraineté serait-elle une occasion unique de se défaire de quelques carcans que fait peser sur son avenir la Constitution canadienne et de se doter d'un instrument de gouvernement moderne, mais on peut affirmer que le seul fait d'instaurer un État souverain exige l'adoption d'une nouvelle loi fondamentale. La transformation de son statut politique — de l'autonomie à la souveraineté — suppose en effet que de nouvelles règles du jeu soient clairement énoncées, même dans l'hypothèse où les institutions québécoises demeureraient *grosso modo* semblables à ce qu'elles sont actuellement. Les fondements, l'exercice et la transmission du pouvoir sont des questions trop importantes pour le repos de la société et le bon fonctionnement de l'État pour qu'on se contente à ce sujet de règles éparses, incomplètes ou incertaines.

Presque tous les États modernes — le Royaume-Uni est l'exception la plus connue — possèdent une constitution écrite et formelle établissant les principaux organes de gouvernement et réglant leurs compétences ainsi que leurs rapports mutuels, sans compter la garantie des droits de la personne et un certain nombre d'autres questions jugées importantes, selon les caractéristiques et les besoins de chaque société. Même au Royaume-Uni, l'absence de constitution formelle est de plus en plus ressentie comme une grave lacune, surtout depuis que, aux prises avec les exigences de la Convention européenne des droits de l'homme, le Parlement britannique débat la question de l'opportunité d'adopter un *Bill of Rights* supralégislatif.

L'élaboration d'une Constitution nouvelle pour un Québec souverain est donc une nécessité. Deux questions viennent dès lors à l'esprit, aussi importantes l'une que l'autre: Quels devraient être son contenu et en particulier ses objectifs majeurs (A) et comment faut-il procéder pour la rédiger et l'adopter (B)?

## A. - Les choix institutionnels et normatifs

Le contenu d'une constitution dépend d'un certain nombre de choix fondamentaux qui s'imposent à l'esprit du constituant avant même qu'il n'en ait écrit la première ligne. Faut-il profiter des circonstances exceptionnelles qui accompagnent l'accession à la souveraineté pour modifier complètement le régime parlementaire et lui substituer de nouvelles institutions, par exemple de nature présidentielle ? Convient-il, au contraire, de préférer la continuité dans le changement et de se contenter de codifier les règles existantes ou de les mettre en ordre, par exemple en précisant la hiérarchie des institutions et des normes ?

Ce sont là des questions auxquelles le peuple québécois, la classe politique et les constitutionnalistes n'ont pas fini de réfléchir, même si elles sont débattues dans certains milieux depuis plusieurs années, notamment en ce qui concerne les libertés et les droits de la personne. Aussi est-ce en toute modestie qu'on doit les aborder, la démarche la plus sûre et la plus ouverte demeurant le respect des choix démocratiques collectifs tempéré par celui des libertés individuelles.

Il ne nous est pas interdit, cependant, de nous demander d'ores et déjà où peut nous conduire cette façon d'aborder les choses. À mon avis, l'hypothèse la plus vraisemblable est que nous serons amenés à favoriser à la fois la continuité dans les institutions et l'innovation dans la partie normative de la Constitution, notamment au chapitre des droits économiques, sociaux et culturels et à l'égard des droits des minorités québécoises.

## 1.- La continuité

Bien qu'elles aient été dictées de l'extérieur et sans cesse infléchies par les intérêts et les politiques de Londres et d'Ottawa, la Constitution et les institutions du Québec comptent parmi les plus anciennes du monde actuel: son Assemblée législative, malgré tous les déboires qu'elle a connus au XIX<sup>e</sup> siècle, a célébré son deuxième centenaire. Les mentalités ont progressivement été «sculptées» par des institutions et des règles du jeu devenues coutumières.

C'est là un acquis essentiel, à vrai dire le seul dont nous puissions remercier la Grande-Bretagne, et qu'il serait prudent de protéger avec soin au moment où le Québec s'apprête à opter pour une forme ou l'autre de souveraineté, changement déjà suffisamment considérable en soi pour mobiliser toute l'attention et l'énergie dont les Québécois et leurs dirigeants sont capables. Dans le domaine des institutions, la «perfection» est toujours relative: les meilleures sont celles où l'on est le plus à l'aise.

Que les principaux organes de l'État, le législatif et l'exécutif, conservent leurs pouvoirs actuels et les rapports qui, à la fois, les associent et les distinguent, que l'indépendance des tribunaux soit assurée, voilà les meilleures garanties de stabilité que nous puissions nous donner, dans une situation où beaucoup de facteurs politiques évolueront sans doute rapidement. Les Québécois pratiquent le régime parlementaire depuis 1792: ils l'ont bien acclimaté et ce n'est sûrement pas l'aspect des régimes colonial et fédéral qui les a le plus desservis.

Naturellement, on peut songer, dans l'abstrait, à doter un Québec souverain d'un régime présidentiel ou parlementaire-présidentiel. Ce serait cependant compliquer les choses à plaisir et sans doute nous engager dans d'inextricables débats; de toute manière, on pourra y songer par la suite si les solutions pourtant éprouvées résistent mal à l'usure.

Ce tableau devra être complété par la codification de certaines règles conventionnelles bien ancrées dans les comportements, mais qui souffrent parfois d'imprécision, comme celles qui ont trait à la responsabilité ministérielle. On pourrait même songer à apporter certains correctifs mineurs au fonctionnement des institutions, comme le recommandait J.-C. Bonenfant à la Commission de la Constitution en 1969. Par exemple, il serait opportun de modifier la convention constitutionnelle selon laquelle toute défaite en Chambre d'une mesure gouvernementale entraîne la chute du gouvernement, règle dont on sait qu'elle a souvent provoqué l'instabilité dans les Parlements du *Commonwealth* et à laquelle certains se permettent d'ailleurs de déroger à l'occasion.

La question qui exigera le plus de réflexion est celle du statut et des pouvoirs du Chef d'État, dans un Québec devenu souverain. Si le régime parlementaire subsiste, le rôle constitutionnel de ce personnage ne saurait être très différent de celui du Gouverneur général du Canada. Il ne relèverait pas du gouvernement fédéral et devrait être élu par l'Assemblée nationale. Comme le monarque britannique, mais dans un contexte républicain, il «régnerait», mais ne gouvernerait pas, encore que, à l'instar du Gouverneur général canadien, il retrouverait une certaine marge de discrétion dans les cas de crise parlementaire ou gouvernementale.

De toute manière, en raison de nombreuses conventions constitutionnelles qui conditionnent déjà l'exercice des pouvoirs du Chef d'État au Québec, la codification formelle de ses fonctions et du mode de sa nomination ne présente pas une difficulté insurmontable. En définitive, les choix institutionnels seront moins malaisés que les choix normatifs, qu'il nous faut également considérer.

## 2.- L'innovation

La protection des droits et libertés de la personne est bien implantée au Québec, où la Charte de 1975 a été élevée par étapes au rang de loi supérieure, toutes les autres lois devant s'y conformer, à moins de dérogation expresse. Le répertoire en est cependant restreint aux droits civils et politiques et, contrairement à la situation qui prévaut dans plusieurs États occidentaux, notamment en Europe, il ne comprend que quelques droits socio-économiques (protection de l'enfance et de la famille, instruction gratuite, conditions de travail justes, etc.), lesquels ne sont d'ailleurs pas inclus parmi les dispositions auxquelles la Charte reconnaît la supériorité constitutionnelle.

C'est pourtant à ce chapitre des droits économiques, sociaux et culturels que la fonction normative (et pédagogique) de la nouvelle Constitution pourrait être l'occasion d'innover le plus utilement. Les problèmes du travail et de la sécurité sociale, en particulier, pourraient faire l'objet d'obligations de comportement de la part du législateur et du gouvernement, énoncées parmi les objectifs fondamentaux de l'État.

Si l'inspiration venait à manquer aux constituants, ils trouveraient matière à réflexion dans le Pacte international onusien de 1966, dans la Charte sociale européenne de 1961 et son Protocole de 1989. L'ample moisson de normes et d'idées qui s'y trouve devrait naturellement être adaptée aux circonstances du Québec. La Constitution se présenterait alors non seulement comme un cadre politique, mais également comme partie intégrante d'un projet de société, ensemble de valeurs fondamentales à réaliser progressivement et reflétant l'éthique sociale collective à l'aube du XXI$^e$ siècle.

Dans le même esprit, les principes majeurs de la Charte de la langue française, qui n'est encore qu'une loi ordinaire de l'Assemblée nationale, devraient être constitutionnalisés, tant en ce qui concerne les droits de la majorité francophone que ceux de la minorité anglophone. Le droit de recourir au français ou à l'anglais devant les tribunaux, la possibilité de s'exprimer en anglais devant la Chambre devraient faire l'objet de garanties constitutionnelles, tout comme celle d'obtenir une traduction anglaise des lois adoptées en français par l'Assemblée[185].

Pour ce qui est des droits scolaires de la minorité, le constituant pourrait estimer prudent, tout en continuant de les reconnaître dans les lois ordinaires, de ne les consacrer dans la nouvelle Constitution qu'en échange d'un traitement équitable et garanti pour les minorités francophones du Canada anglais. Les dispositions constitutionnelles seraient ici liées aux accords conclus entre le Québec et le Canada, comme ce pourrait être le cas dans plusieurs secteurs d'intérêt mutuel.

Dans sa résolution du 17 décembre 1984, l'Assemblée nationale a reconnu «l'existence au Québec des nations abénaquise, algonquine, attikamek, cric, huronne, micmaque, mohawk, montagnaise, naskapie et inuit» et a pressé le gouvernement de conclure avec celles qui le désirent des ententes leur assurant l'exercice du droit à l'autonomie au sein du Québec; elle a également affirmé sa volonté «de protéger dans ses lois fondamentales les droits inscrits dans les ententes».

Après le changement de gouvernement, en 1985, ces principes ont été perdus de vue. Toutefois, dans la perspective d'une nouvelle Constitution québécoise, il serait particulièrement opportun de donner suite aux engagements solennels de l'Assemblée et, si les autochtones en convenaient, de les insérer dans la Loi fondamentale en tant que garanties d'une autonomie réelle, dont l'étendue doit continuer de faire l'objet de négociations.

## B. – Le choix de la démarche constituante

Les choix institutionnels et normatifs que nous venons de décrire sont certes cruciaux mais, en raison de leur importance, la démarche de rédaction et d'adoption de la nouvelle Constitution est tout aussi fondamentale et ne sera pleinement fructueuse que dans la mesure où elle permettra au peuple québécois d'exprimer ses attentes tout en s'assurant que la procédure suivie n'aboutisse pas à retarder indéfiniment son adoption.

Cette démarche et les méthodes qui en découlent seront déterminantes pour la réalisation d'une tâche dont l'ampleur ne doit échapper à personne: la démarche fait pour ainsi dire corps avec le résultat

---

185. Sur cette question, voir le chapitre III du présent ouvrage.

recherché en ce sens qu'elle est elle-même le fruit d'un choix préalable d'ordre constitutionnel.

Au point de départ, il n'est pas douteux que l'initiative ou la mise en marche du processus revient à l'Assemblée nationale. Dans le système actuel, d'inspiration britannique, qui prévaudra nécessairement jusqu'à l'entrée en vigueur de la nouvelle Constitution et peut-être par la suite, c'est en effet l'Assemblée qui est le dépositaire de la légitimité au Québec; c'est elle qui incarne la volonté populaire et le droit du peuple québécois à disposer de lui-même, comme elle l'a d'ailleurs affirmé par la création des commissions sur l'avenir politique et constitutionnel du Québec, au lendemain de l'échec de l'Accord constitutionnel du 3 juin 1987.

C'est donc à l'Assemblée nationale qu'il appartient, après consultation et débat, de définir la nature et les étapes du mécanisme politique conduisant à l'adoption de la Constitution d'un Québec souverain.

À quel moment l'Assemblée serait-elle fondée à mettre en marche ce processus: faut-il qu'un référendum approuve d'abord l'accession à la souveraineté (avec ou sans communauté économique)? Au contraire, la démarche constituante doit-elle précéder la consultation populaire ? Si le choix des Québécois doit s'effectuer en toute connaissance de cause, il est nettement préférable qu'on leur présente le projet d'avenir le plus clair possible avant qu'ils ne tranchent la question de la souveraineté.

De ce point de vue, la démarche peut commencer aussitôt que l'Assemblée estimera qu'il est opportun de procéder; d'ailleurs, ne tourne-t-elle pas autour du pot depuis le Comité de la Constitution des années 1963-1969?

Lorsque l'Assemblée se décidera à entreprendre l'élaboration d'une nouvelle Constitution, elle se trouvera devant un choix capital, dont elle doit débattre le plus tôt possible, pour ne pas avoir à trancher la question au dernier moment: doit-elle conserver l'initiative de la rédaction du projet constitutionnel, quitte à le soumettre au peuple par voie de référendum, ou s'en remettre entièrement à la volonté populaire ou aux groupes qui veulent la représenter en leur confiant les options institutionnelles et normatives par la création d'une assemblée constituante?

Entre ces solutions, l'Assemblée nationale peut hésiter à bon droit: elles sont toutes deux légitimes et parfois complémentaires, comme le démontrent des précédents qui remontent à la Convention constitutionnelle de Philadelphie (1787) et à l'Assemblée constituante française

(1789). Il est important que l'Assemblée nationale et le gouvernement se fassent une idée des avantages et des inconvénients de chaque solution ainsi que des conditions dont dépendrait la réussite de la délicate entreprise qui consiste à élaborer une constitution nouvelle.

## 1.- La constituante

L'idée d'une assemblée constituante a connu une certaine popularité au Canada anglais: lasse d'une démarche par laquelle les Premiers ministres tentent de refaire le pays derrière des portes closes, une partie de l'opinion souhaite l'instauration d'une démarche véritablement ouverte à la population. La composition de cette assemblée n'est pas clairement définie, mais on peut présumer qu'elle serait élue par le peuple et établirait ses propres priorités constitutionnelles, à commencer peut-être par l'interdiction de toute «sécession» d'une province quelconque (qui ne changerait pourtant rien au principe du droit des peuples à disposer d'eux-mêmes).

On comprend le peu d'enthousiasme du Québec pour pareille démarche, qui équivaudrait à abandonner provisoirement son droit de libre disposition à la volonté majoritaire d'un autre peuple. Toutefois, cette objection ne tient plus dès lors que la Constituante représente uniquement le peuple québécois.

Les avantages d'une assemblée élue spécialement pour rédiger un projet de constitution tiennent avant tout à la participation démocratique: les besoins et les aspirations de la population se feraient plus directement sentir que dans le cas où, par exemple, la rédaction était confiée par l'Assemblée nationale à un groupe d'experts, sans intervention parlementaire ou populaire. En outre, la démarche dans son ensemble, pour peu qu'elle fut bien menée, créerait une occasion unique d'éducation populaire et d'enracinement de la nouvelle Constitution dans les mœurs politiques. Ce sont là des avantages indéniables.

Les inconvénients tiennent surtout au temps qu'il faudrait consacrer à cet exercice constituant. Même si l'Assemblée nationale se réserve le droit, pour hâter les choses, de proposer un avant-projet complet ou un ordre du jour détaillé, pourra-t-elle imposer un calendrier ou, si les débats s'éternisent, y mettre un terme? Il suffirait de quelques groupes particuliers déterminés à obtenir coûte que coûte les garanties constitutionnelles auxquelles ils pensent avoir droit ou des institutions qui les avantagent, pour que la démarche constituante soit bloquée indéfiniment ou presque.

La pire hypothèse est celle d'une cacophonie confuse aboutissant à des impasses en série. On ne saurait l'exclure entièrement, par exemple dans le cas où des groupes d'intérêts inconciliables auraient investi la Constituante ou se serviraient de celle-ci pour éterniser les débats et renvoyer l'adoption de la Constitution ou le référendum aux calendes canadiennes.

L'Assemblée nationale pourrait certes obvier à ces possibilités de blocage en prévoyant un délai au-delà duquel elle reprendrait l'initiative, mais il faut être conscient du fait que tout échec de la Constituante comporterait des risques pour le futur État souverain, ne serait-ce qu'au plan de la psychologie collective.

Ces inconvénients et les risques qu'ils comportent sont-ils de ceux que peut contrer une société en attente de souveraineté, qui doit compter avec l'hostilité d'une partie de la société canadienne et les manœuvres fédérales? À vrai dire, la Constituante ne prend tout son sens que dans un État devenu souverain, qui peut se donner le temps et les moyens d'accomplir correctement la délicate besogne de concilier les droits, libertés et intérêts de chacun de manière durable. On pourrait certes la prévoir et l'annoncer avant l'accession à la souveraineté, mais les circonstances propres à la préparation du référendum invitent à la prudence.

C'est donc aux députés membres de l'Assemblée nationale que revient la tâche de rédiger le projet de Constitution qui sera présenté au peuple au moment du référendum, quoique le succès de cette démarche soit soumis à plusieurs conditions.

## 2.- L'Assemblée nationale

Tant que le Québec n'a pas atteint la souveraineté, nous vivons dans un régime politique d'inspiration britannique. Peut-être voudra-t-on conserver l'essentiel de ce régime pour la suite. Or l'esprit des institutions de ce type, fondé sur la suprématie du Parlement, fait appel au leadership de l'Assemblée nationale, qui doit prendre l'initiative de l'élaboration de la future Constitution, sous réserve naturellement de soumettre son projet à l'approbation de la population.

Cette démarche présente cependant, elle aussi, des avantages et des difficultés. Elle demande moins de temps que la mise en place d'une constituante; la part de l'incertitude et des stratégies visant à faire dérailler le processus en serait réduite. En revanche, l'Assemblée serait contrainte d'accomplir la tâche capitale de rédiger une constitution au milieu des nombreuses besognes qui l'absorbent constamment et le projet s'exposerait à être moins «branché» sur les préoccupations des Québécois; la dynamique du projet souverainiste pourrait bien s'en ressentir.

Si l'Assemblée choisit d'accomplir cette tâche difficile, mais essentielle, il lui sera plus difficile de retenir l'attention des Québécois, à moins qu'elle ne mette en place un dispositif efficace lui permettant, grâce à une ou des commissions parlementaires, de se mettre à l'écoute de toutes les régions et de l'ensemble des groupes sociaux, économiques et culturels. Il lui faudra également, d'autre part, s'adjoindre un comité de rédaction qui soit au fait de toutes les conséquences des textes retenus.

Ce choix préliminaire entre Assemblée constituante et Assemblée nationale, on le constate, comporte déjà une décision de portée constitutionnelle: il est, dans le contexte d'un engagement à tenir un référendum, aussi important que les choix institutionnels et normatifs qui s'ensuivront. De nombreux autres facteurs devront d'ailleurs être pesés quand viendra le moment de trancher la question. Par exemple, il faudra se demander si l'on désire rédiger un instrument fondamental concis ou prolixe — à la française (92 articles) ou à la manière de l'Inde (395 articles) — et décider ensuite du meilleur moyen d'y parvenir.

Il me paraît hautement préférable d'opter pour une nouvelle constitution succincte, qui s'en tiendrait à l'essentiel; la prolixité n'est guère compatible avec la valeur éducative que l'on doit attendre d'une loi fondamentale. Surtout, il importe que l'image du futur État souverain soit la plus intelligible possible.

Devant tant de choix importants, il serait présomptueux de «conclure». Nous n'en sommes qu'à la phase préliminaire de changements cruciaux pour l'avenir du peuple québécois, mais il est nécessaire de s'interroger dès maintenant sur la nature et le fonctionnement de la démarche constituante.

Au chapitre des choix institutionnels et normatifs, il paraît indiqué de se montrer «conservateur» pour ce qui est des institutions dont nous avons l'habitude et «progressiste» en ce qui concerne le projet d'avenir à esquisser dans la nouvelle Constitution. Cela n'exclut ni l'innovation dans les institutions (par exemple, l'établissement de mécanismes qui assureraient la participation des régions et des autochtones aux travaux des commissions de l'Assemblée) ni le réalisme dans la rédaction des droits sociaux, économiques et culturels des Québécois.

De même, dans la perspective de la souveraineté, le Québec doit faire preuve d'ouverture à l'endroit des minorités anglophone et autochtone et rechercher un équilibre durable entre leurs droits et ceux de la majorité; une fois que le poids de la coercition fédérale sera levé, il pourra accepter et définir librement ses propres contraintes, sans perdre de vue ses engagements internationaux.

S'il est une donnée dont on peut être sûr, c'est la nécessité de consolider l'État de droit dans la Constitution: une loi fondamentale qui ne subordonnerait pas tous les organes de l'État (y compris l'Assemblée nationale) aux droits fondamentaux des personnes ou qui n'assurerait pas l'indépendance de la magistrature et le contrôle des actes de l'administration nous ferait reculer et donnerait une piètre image du type de souveraineté auquel aspirent les Québécois.

Au chapitre des moyens à mettre en œuvre pour nous doter d'une constitution, nous avons considéré les avantages et les inconvénients de deux principales solutions, dont la première met l'accent sur la volonté populaire et la seconde sur la tradition parlementaire. La vraie question est de savoir quelle démarche permettra le plus sûrement, avant le référendum, d'atteindre le double objectif de stabiliser les institutions et d'indiquer les grands choix normatifs décrits plus haut.

Si l'Assemblée n'arrivait pas à rédiger un document parfaitement convaincant, elle pourrait fort bien, une fois la souveraineté bien établie, faire appel à une constituante pour compléter son travail. Celle-ci disposerait alors de tout le temps nécessaire pour mener à bien sa tâche; le résultat n'en devrait pas moins être soumis à référendum, comme d'ailleurs toute modification de la Loi fondamentale.

Enfin, faut-il rappeler que le seul fait d'adopter une constitution «parfaite» ne suffit pas à fonder le respect des institutions, de la primauté du droit et des droits fondamentaux? S'il faut nous assurer, avec Montesquieu, de «la disposition des choses» qui permet d'encadrer et de légitimer le pouvoir politique, n'oublions pas qu'il ajoutait que les mœurs font toujours de meilleurs citoyens que les lois.

# CHAPITRE III

# LES DROITS DES MINORITÉS LINGUISTIQUES ET CULTURELLES DANS UN QUÉBEC SOUVERAIN*

José WOEHRLING

---

* Ce chapitre est une version révisée et actualisée d'une étude préparée par l'auteur pour le compte du Secrétariat des Commissions sur le processus de détermination de l'avenir politique et constitutionnel du Québec, présentée le 16 décembre 1991 devant la Commission d'étude des questions afférentes à l'accession du Québec à la souveraineté; voir : José WOEHRLING, «Les droits des minorités linguistiques et culturelles en cas d'éventuelle accession du Québec à la souveraineté», Assemblée nationale du Québec, Commission d'étude des questions afférentes à l'accession du Québec à la souveraineté, Exposés et études, volume 1 («Les attributs d'un Québec souverain»), 1992, p. 195-247.

# Introduction

Divers régimes constitutionnels de protection des minorités linguistiques et culturelles sont susceptibles d'être mis en vigueur dans un Québec souverain. Le choix entre ces diverses solutions devra tenir compte de certains facteurs, dont les plus importants sont à notre avis les suivants:

*a) Idéalement, les droits dont jouissent traditionnellement les minorités*
*du Québec ne devraient pas être diminués ou abolis*

Cette considération se justifie pour des raisons à la fois éthiques et politiques. Il est inutile d'insister sur les premières, tant elles paraissent évidentes. Quant aux secondes, il faut réaliser que le Québec provoquerait beaucoup de ressentiment au Canada anglais et ternirait son image dans l'opinion publique internationale si, en accédant à la souveraineté, il décidait de diminuer ou d'abolir les droits constitutionnels dont bénéficient traditionnellement ses minorités. Or, peu importe que les futurs changements de statut politique du Québec se fassent à l'intérieur ou à l'extérieur du cadre constitutionnel actuel, les Québécois et les Canadiens devront négocier ensemble: soit avant les changements en cause, en vue d'adopter les modifications constitutionnelles nécessaires; soit après une éventuelle sécession unilatérale du Québec, afin de régulariser la situation et de régler les problèmes relatifs à la succession d'États. En outre, le succès d'une éventuelle sécession unilatérale du Québec dépendrait, au niveau des relations internationales, de la reconnaissance de l'indépendance québécoise par un nombre suffisamment élevé d'États tiers. L'attitude de ces derniers serait dictée en bonne partie par la pression de leur opinion publique, qui serait d'autant plus favorable au Québec que celui-ci serait vu comme faisant preuve de générosité à l'égard de ses minorités[1].

Ajoutons que cette première considération n'a cependant pas une portée absolue et qu'elle ne signifie pas que les droits traditionnellement reconnus aux minorités ne pourraient être qu'intégralement maintenus — voire augmentés — dans un Québec souverain. Néanmoins, toute diminution de ces droits devrait être solidement justifiée.

*b) Le régime de protection des minorités mis en œuvre dans un Québec souverain devrait respecter les standards du droit international*

En devenant souverain, le Québec voudra adhérer aux principales conventions internationales sur la protection des droits de la personne. Signalons d'ailleurs que le Québec a déjà ratifié, le 21 avril 1976, en tant que province canadienne, le *Pacte international relatif aux droits civils et politiques*[2], dont l'article 27 constitue actuellement la principale garantie internationale en faveur des minorités ethniques, religieuses et linguistiques. Le gouvernement d'un Québec souverain décidera probablement d'adhérer également à d'autres conventions, qui n'ont pas encore été ratifiées par le Canada, comme la *Convention concernant la lutte contre la discrimination dans le domaine de l'enseignement* adoptée sous l'égide de l'Organisation des Nations Unies pour l'éducation, la science et la culture (UNESCO)[3].

Par ailleurs, il faut souligner que les tribunaux québécois et canadiens ont pris l'habitude d'interpréter la *Charte canadienne des droits et libertés*[4] et la *Charte des droits et libertés de la personne* du Québec[5] à la

---

1.     Sur les problèmes soulevés par l'éventuelle accession du Québec à la souveraineté, tant au regard du droit constitutionnel canadien que du droit international public, voir le chapitre 1 du présent ouvrage.
2.     *Pacte international relatif aux droits civils et politiques*, (1976) 999 R.T.N.U. 107; [1976] R.T. Can. n° 47 (entré en vigueur le 23 mars 1976). Les garanties contenues à l'article 27 du Pacte sont explicitées dans la *Déclaration des droits des personnes appartenant à des minorités nationales ou ethniques, religieuses et linguistiques* adoptée par l'Assemblée générale des Nations Unies le 18 décembre 1992: A/RES/47/135.
3.     *Convention concernant la lutte contre la discrimination dans le domaine de l'enseignement* adoptée par la Conférence générale de l'Organisation des Nations Unies pour l'éducation, la science et la culture, le 14 décembre 1960 (entrée en vigueur le 22 mai 1962).
4.     *Charte canadienne des droits et libertés*, partie I (articles 1 à 34) de la *Loi constitutionnelle de 1982*, annexe B de la *Loi de 1982 sur le Canada*, 1982, R.-U., c. 11; L.R.C. (1985), app. II, n° 44.
5.     *Charte des droits et libertés de la personne*, L.R.Q., c. C-12.

lumière des règles du droit international, y compris de celles qui sont contenues dans certaines conventions auxquelles le Canada n'est pas partie, comme la *Convention européenne des droits de l'Homme*[6]. Il n'y a pas de raisons de penser que le comportement judiciaire serait différent à l'égard de la Constitution d'un Québec souverain. Cette attitude tient au fait que les juges perçoivent les normes internationales relatives aux droits et libertés, notamment celles qui portent sur la protection des minorités, comme un «standard minimum» qu'un État doit respecter pour pouvoir être considéré comme formant «une société libre et démocratique».

Enfin, il va sans dire que la sympathie de l'opinion publique internationale envers la cause québécoise ne pourrait que diminuer si le Québec était perçu comme ne respectant pas, à l'égard de ses minorités, les normes du droit international.

Pour toutes ces raisons, les droits garantis aux minorités dans un Québec souverain ne sauraient rester en deçà de la protection prévue par le droit international. On peut noter dès maintenant que les garanties dont bénéficie actuellement la minorité anglophone du Québec, en vertu de la Constitution canadienne, vont clairement au-delà de ce standard international. Celui-ci ne deviendrait donc pertinent que s'il était jugé nécessaire de diminuer ces droits dans un Québec souverain. Par contre, les droits reconnus aux autres minorités linguistiques et culturelles par la Charte canadienne et la Charte québécoise sont nettement plus limités et il ne sera pas inutile de se demander s'ils correspondent aux standards du droit international.

*c) Les droits linguistiques reconnus aux minorités du Québec devraient être compatibles avec la politique destinée à préserver et à renforcer le statut de la langue française*

On sait qu'à l'origine de la politique linguistique québécoise actuelle l'on trouve les rapports de deux commissions d'enquête, la *Commission royale*

---

6.    *Convention de sauvegarde des droits de l'Homme et des libertés fondamentales*, mieux connue comme la *Convention européenne des droits de l'Homme*, S.T.E. n° 5 (entrée en vigueur le 3 septembre 1953). Sur le recours aux conventions internationales sur les droits de la personne pour interpréter la *Charte canadienne des droits et libertés*, voir : José WOEHRLING, «Le rôle du droit comparé dans la jurisprudence des droits de la personne», dans Armand de MESTRAL (dir.), *La limitation des droits de l'homme en droit constitutionnel comparé*, Cowansville, Éditions Yvon Blais, 1986, p. 449, p. 464 et suiv.

*sur le bilinguisme et le biculturalisme* (ou «Commission B.B.»), créée en 1963 par le gouvernement fédéral, et la *Commission d'enquête sur la situation de la langue française et sur les droits linguistiques* (ou Commission Gendron), nommée en 1969 par le gouvernement québécois. Ces commissions avaient constaté deux réalités fort inquiétantes pour les Québécois francophones: d'une part, la désaffection des immigrants allophones à l'égard de l'école française et leur intégration massive à la communauté anglophone et, d'autre part, l'infériorité du français par rapport à l'anglais dans la vie économique, au Québec même. À partir de là, les deux objectifs principaux de la politique linguistique s'imposaient en quelque sorte d'eux-mêmes: en premier lieu, amener les immigrants à fréquenter l'école française plutôt que l'école anglaise; ensuite, rehausser le prestige de la langue française et son utilité dans la vie économique, pour permettre aux francophones de travailler en français et inciter les non-francophones à apprendre la langue de la majorité. La poursuite de ces objectifs a entraîné l'adoption de deux lois linguistiques successives: la *Loi sur la langue officielle* (ou «loi 22») de 1974[7], adoptée sous le gouvernement libéral de M. Robert Bourassa; la *Charte de la langue française* (ou «loi 101») de 1977[8], adoptée sous le gouvernement du Parti québécois dirigé par René Lévesque. De la loi 22 à la loi 101, les buts sont restés les mêmes mais les moyens et les modalités ont changé: la loi 101 est plus sévère, plus coercitive et plus «englobante» que la loi 22[9].

Pour atteindre les objectifs de la politique linguistique québécoise, on a considéré qu'il fallait parfois limiter les droits traditionnels des anglophones. En effet, dans la mesure où les deux langues sont en situation de concurrence, on estime que, pour avantager l'une, il faut quelque peu désavantager l'autre. En outre, comme la force d'attraction, l'utilité économique et le prestige de l'anglais sont supérieurs à ceux du français, le renforcement de cette dernière langue suppose qu'on lui confère, par l'entremise de la loi, certains «avantages comparatifs» sur sa rivale, en lui reconnaissant un rôle prépondérant — voire exclusif — dans certains domaines. Ces quelques principes sociolinguistiques constituent le fondement de la politique québécoise en matière de statut des langues.

---

7.    *Loi sur la langue officielle*, L.Q. 1974, c. 6.
8.    *Charte de la langue française*, L.R.Q., c. C-11.
9.    Sur la politique linguistique québécoise, voir également le chapitre 1 du présent ouvrage.

Par conséquent, la reconnaissance de certains droits aux minorités linguistiques, notamment à la minorité anglophone, est susceptible d'entrer en conflit avec les objectifs de la politique linguistique du Québec. Si l'anglais possède un statut juridique plus ou moins comparable à celui du français, et qu'au demeurant son utilité économique et son prestige restent supérieurs, il sera fort difficile de convaincre les immigrants de s'intégrer à la communauté francophone. Au contraire, le statut prépondérant du français — voire son usage exclusif en certains domaines — contribue à persuader l'immigrant qu'une telle intégration est dans son intérêt.

Pour savoir dans quelle mesure les droits linguistiques actuellement reconnus dans la Constitution du Canada devraient être conservés dans un Québec souverain, ou même faire l'objet d'un élargissement, il y a donc lieu de se demander s'ils s'opposent ou non à l'accomplissement des principaux objectifs de la politique linguistique du Québec. À cette fin, il faudra évidemment se fonder sur l'expérience des années passées. Cependant, on devra également garder à l'esprit que la situation sociolinguistique s'améliorerait probablement en faveur du français si le Québec devenait souverain. En effet, les immigrants considéreraient alors les francophones comme une véritable majorité, plutôt que comme une minorité au niveau pancanadien, comme il en va à l'heure actuelle. Leur stratégie d'intégration et de réussite sociale s'en trouverait sans doute modifiée. Autrement dit, le prestige et l'utilité sociale du français seraient en augmentation dans un Québec souverain et, dès lors, il deviendrait peut-être moins nécessaire de restreindre le statut de l'anglais dans certains domaines. Tout cela revient à l'idée, fort répandue, qu'il serait moins risqué pour le Québec de reconnaître certains droits à ses minorités une fois devenu souverain qu'en tant que seule province majoritairement francophone d'une fédération où l'anglais domine de façon écrasante dans les neuf autres provinces.

Après avoir défini les principes qui, d'après nous, devraient être pris en considération pour la détermination d'un régime de protection des minorités linguistiques et culturelles, il faut à présent examiner les différentes catégories de droits susceptibles d'être reconnus dans la Constitution d'un Québec souverain. Nous le ferons en traitant d'abord des droits de la minorité anglophone, puis de ceux des autres minorités linguistiques et culturelles. En effet, les droits actuellement reconnus par la Constitution du Canada à la minorité anglo-québécoise (et aux minorités francophones des autres provinces, ou de certaines d'entre elles) sont considérablement supérieurs aux droits dont bénéficient les autres minorités, ce qui se justifie pour des raisons historiques et, dans le cas de la minorité anglophone du Québec, par son importance numérique.

# I. - Les droits de la minorité anglophone du Québec

La *Charte des droits et libertés de la personne* du Québec ne contient actuellement aucune disposition destinée à reconnaître des droits linguistiques explicites à la minorité anglophone, ce qui s'explique par le fait que ces droits sont inscrits dans la Constitution fédérale. Si le Québec devenait souverain, la Constitution canadienne cessant dès lors de s'appliquer à lui, il faudrait donc se demander s'il convient de «relocaliser» les droits linguistiques de la minorité anglophone, en tout ou en partie, dans une nouvelle Constitution québécoise.

Les droits linguistiques particuliers déjà reconnus dans la Constitution canadienne à la minorité anglophone du Québec se rangent en deux catégories: d'une part, les droits relatifs à la langue de la législation, de la réglementation et de la justice prévus à l'article 133 de la *Loi constitutionnelle de 1867*[10]; d'autre part, les droits en matière d'éducation prévus à l'article 23 de la *Charte canadienne des droits et libertés*, laquelle forme la partie I (articles 1 à 34) de la *Loi constitutionnelle de 1982*. Par ailleurs, une certaine «liberté linguistique» découle implicitement des libertés fondamentales et du droit à l'égalité en ce qui concerne l'usage des langues dans le domaine des relations privées, notamment en matière économique et commerciale. Enfin, les organismes représentatifs de la collectivité anglo-québécoise réclament également la reconnaissance du droit des anglophones d'être adéquatement représentés dans la fonction publique provinciale.

---

10. *Loi constitutionnelle de 1867*, 30 & 31 Vict., R.-U., c. 3; L.R.C. (1985), app. II, n° 5. Antérieurement désignée *British North America Act, 1867*, la loi doit son nouveau titre à l'annexe de la *Loi constitutionnelle de 1982*.

## A. - Les droits de la minorité anglophone relatifs à la langue de la législation et de la réglementation, de la justice et de l'Administration

L'article 133 de la *Loi constitutionnelle de 1867*, qui ne s'applique qu'au Québec et à l'État central canadien, *permet* que l'anglais et le français soient utilisés, à volonté, dans les débats du Parlement fédéral et de la législature du Québec; il *permet* de la même façon que les deux langues soient utilisées, là encore à volonté, dans les procédures écrites et dans les plaidoiries orales devant les tribunaux fédéraux et les tribunaux du Québec. En outre, l'article 133 *impose* l'usage du français et de l'anglais dans la rédaction des documents parlementaires et des lois, au Québec et au niveau fédéral[11]. Par conséquent, l'article 133 garantit un certain *bilinguisme officiel*, dont il faut cependant souligner qu'il ne porte pas sur les services administratifs. En outre, des dispositions semblables ou similaires s'appliquent également au Manitoba, depuis 1870, en vertu de l'article 23 de la *Loi de 1870 sur le Manitoba*[12], et au Nouveau-Brunswick, depuis 1982, en vertu des articles 17(2) à 19(2) de la *Charte canadienne des droits et libertés*. Par ailleurs, l'article 20 de la Charte, qui ne s'applique qu'à l'État central canadien et à la province du Nouveau-Brunswick, prévoit également un certain bilinguisme des services administratifs. L'Ontario a refusé en 1982 de s'assujettir aux dispositions de la Constitution en matière de bilinguisme. Cependant, on y a adopté la *Loi de 1986 sur les*

---

11. L'article 133, dont il n'existe pas pour le moment de version officielle en français, dispose : «Either the English or the French Language may be used by any Person in the Debates of the Houses of the Parliament of Canada and of the Houses of the Legislature of Quebec; and both those Languages shall be used in the respective Records and Journals of those Houses; and either of those Languages may be used by any Person or in any Pleading or Process in or issuing from any Court of Canada established under this Act, and in or from all or any of the Courts of Quebec. The Acts of the Parliament of Canada and of the Legislature of Quebec shall be printed and published in both those Languages».
12. *Loi de 1870 sur le Manitoba*, 33 Vict., Canada, c. 3; L.R.C. (1985), app. II, n° 8.
13. *Loi de 1986 sur les services en français*, L.O. 1986, ch. 45. Pour plus de détails sur la politique linguistique de l'Ontario, voir : André BRAEN, «Statut du français et droits de la minorité francophone en Ontario», (1988) 19 *Revue générale de droit* 493; Yves LE BOUTHILLIER, «Le nécessaire enchâssement de la dualité linguistique et des droits des francophones de l'Ontario», (1992) 24 *Revue de droit d'Ottawa* 117; pour la situation dans le domaine scolaire, voir : Angéline MARTEL, *Les droits scolaires des minorités de langue officielle au Canada : de l'instruction à la gestion*, Ottawa, Commissariat aux langues officielles, 1991, p. 129-140.

*services en français*[13] qui est entrée en vigueur en 1988 et qui instaure une certaine mesure de bilinguisme, au profit de la langue française, dans les domaines législatif, judiciaire et administratif.

Après avoir souligné l'interprétation donnée par la Cour suprême du Canada à l'article 133 et aux dispositions constitutionnelles équivalentes, nous rappellerons le contenu des articles de la *Charte de la langue française* qui portent sur la langue de la législation, de la justice et de l'administration. Nous proposerons ensuite quelques solutions en ce qui concerne les dispositions susceptibles d'être insérées dans une future constitution québécoise.

*1. - L'article 133 de la Loi constitutionnelle de 1867*
*et son interprétation par la Cour suprême du Canada*

La Cour suprême du Canada a donné à l'article 133 de la *Loi constitutionnelle de 1867* et à ses dispositions jumelles des interprétations divergentes, très larges dans certains cas et fort restrictives dans d'autres.

Concernant la portée de l'article 133, la question a été soulevée dans les deux affaires *Blaikie*[14] de savoir si cette disposition s'applique uniquement aux lois proprement dites ou si elle s'étend également à la législation déléguée, c'est-à-dire aux actes de nature réglementaire adoptés par une autorité gouvernementale ou administrative en application d'une loi et par autorisation de celle-ci. De même, on se demandait si l'article 133 impose le bilinguisme aux seuls tribunaux judiciaires ou si ses prescriptions s'étendent également au fonctionnement des nombreux «tribunaux administratifs» qui sont apparus postérieurement à la confédération. L'importance de la législation déléguée était loin d'être aussi grande en 1867 qu'aujourd'hui. Quant aux tribunaux administratifs, ils étaient inconnus à cette époque et l'utilisation du terme «Court» dans le texte anglais (qui est le seul officiel) semble clairement les exclure, puisqu'il désigne uniquement les tribunaux judiciaires proprement dits. Cependant, la Cour suprême, suivant en cela la Cour supérieure[15] et la Cour d'appel du Québec[16], a décidé que l'article 133 devait s'étendre à la législation déléguée et s'appliquer aux tribunaux administratifs. Pour justifier cette conclusion, elle a

---

14.   *P.G. Québec c. Blaikie*, [1979] 2 R.C.S. 1016 (1re affaire Blaikie); *P.G. Québec c. Blaikie*, [1981] 1 R.C.S. 312 (2e affaire Blaikie).
15.   *Blaikie c. P.G. Québec*, [1978] C.S. 37.
16.   *P.G. Québec c. Blaikie*, [1978] C.A. 351.

fait appel au principe en vertu duquel il convient de donner une interprétation «large et généreuse», donc évolutive, au texte constitutionnel[17].
En fait, l'interprétation retenue dans la première affaire *Blaikie* était sans
doute trop extensive, puisque, dans la deuxième affaire *Blaikie*, la Cour
suprême a quelque peu limité l'étendue du bilinguisme obligatoire de la
législation déléguée en venant préciser que l'article 133 ne s'applique
qu'aux règlements adoptés par le gouvernement lui-même, par un groupe
de ministres ou par un ministre, ainsi qu'aux règlements des organismes
administratifs dont l'entrée en vigueur est sujette à l'approbation du
gouvernement, d'un groupe de ministres ou d'un ministre. Par contre,
l'article 133 ne s'applique pas aux règlements municipaux ni à ceux des
organismes scolaires, pas plus qu'aux simples règles ou directives de régie
interne. Quant aux «tribunaux administratifs», la Cour a précisé que
l'article 133 visait ceux qui ont le pouvoir de rendre la justice.

Par ailleurs, toujours dans cette même veine large et libérale, la Cour
suprême a également statué, dans les affaires *Blaikie*, que, même s'il n'en
était pas question dans l'article 133, les «règles de pratique» des tribunaux
visés par cette disposition devaient être adoptées en anglais et en français.
De plus, bien que l'article 133 n'impose expressément que l'impression et
la publication des lois dans les deux langues, la Cour en est venue à la
conclusion qu'il exige implicitement l'adoption simultanée des projets de
loi en français et en anglais.

Cependant, bien que les affaires *Blaikie* aient donné lieu, de façon
générale, à une interprétation large et libérale de l'article 133, on y trouve
également l'amorce d'une approche plus restrictive en ce qui concerne

---

17.    Dans la même veine, la Cour suprême a décidé, dans *P.G. Québec c. Brunet*, [1990]
1 R.C.S. 260, en se fondant sur les motifs du juge Paré en Cour d'appel ([1985] C.A. 559,
562-563), que les documents gouvernementaux que le législateur incorpore à la loi
doivent être eux-mêmes bilingues et, dans *Sinclair c. P.G. Québec*, [1992] 1 R.C.S. 579,
qu'il en va de même pour les décrets qui ordonnent l'émission de lettres patentes pour
la création d'une nouvelle ville à partir de la fusion de deux municipalités préexistantes.
De façon plus générale, dans le *Renvoi relatif aux droits linguistiques au Manitoba*, [1992] 1
R.C.S. 212, la Cour a jugé que doivent être bilingues les décrets qui sont de «nature
législative», c'est-à-dire qui sont adoptés en vertu d'une loi, par le gouvernement, ou
assujettis à l'approbation du gouvernement, ou encore lorsque le texte comprend une règle
de conduite, a force de loi et s'applique à un nombre indéterminé de personnes; l'exigence
de bilinguisme s'applique également aux documents incorporés par renvoi dans une loi,
qu'ils proviennent du gouvernement ou d'un organisme non gouvernemental (à moins
qu'on ne puisse démontrer que leur incorporation sans traduction soit fondée sur un motif
légitime).

certains aspects du bilinguisme judiciaire. En effet, dans la première affaire *Blaikie*, en *obiter*, la Cour suprême a interprété l'article 133 comme signifiant que le droit de choisir entre l'anglais et le français appartient non seulement aux parties, aux témoins et à leurs avocats, mais également aux officiers de justice et aux juges. Ces derniers ne sont donc pas tenus de respecter le choix linguistique des justiciables et peuvent s'adresser à ceux-ci et leur répondre dans l'autre langue. En outre, il n'est pas nécessaire que les documents émanant des tribunaux ou émis sous leur autorité, y compris les jugements et ordonnances, soient rédigés dans la langue choisie par le justiciable. Ainsi, un juge d'un tribunal du Québec pourra rendre jugement en anglais seulement, même si toutes les parties et leurs avocats ont choisi de plaider en français (et inversement).

Cette tendance jurisprudentielle restrictive a été confirmée dans diverses décisions subséquentes, dans lesquelles la Cour suprême du Canada a été amenée une nouvelle fois à interpréter la portée, en matière judiciaire, de l'article 133[18], ainsi que celle de l'article 23 de la *Loi de 1870 sur le Manitoba*[19] et de l'article 19(2) de la *Charte canadienne des droits et libertés*, qui s'applique au Nouveau-Brunswick[20].

Dans les affaires *MacDonald*[21] et *Bilodeau*[22], la Cour suprême a statué que le droit du justiciable de choisir — entre l'anglais et le français — la langue dans laquelle il veut plaider devant les tribunaux n'entraîne pas qu'une sommation émise contre lui doive être rédigée dans la langue de son choix, ou être bilingue, ou même être assortie d'une traduction. Dans ces deux affaires, la Cour a notamment justifié sa solution par les termes explicites des articles 133 de la *Loi constitutionnelle de 1867* et 23 de la *Loi de 1870 sur le Manitoba*, lesquels, il est vrai, confèrent le libre choix entre l'anglais et le français non seulement aux justiciables qui plaident devant les tribunaux, mais également au personnel judiciaire et aux fonctionnaires des tribunaux. On peut cependant souligner l'opinion dissidente de madame la juge Wilson dans l'affaire *MacDonald*[23], selon laquelle le droit conféré à un justiciable d'utiliser sa propre langue dans les procédures

18. *MacDonald* c. *Ville de Montréal*, [1986] 1 R.C.S. 460.
19. *Bilodeau* c. *P.G Manitoba*, [1986] 1 R.C.S. 449.
20. *Société des Acadiens du Nouveau-Brunswick* c. *Association of Parents*, [1986] 1 R.C.S. 549.
21. *MacDonald* c. *Ville de Montréal*, précité, note 18.
22. *Bilodeau* c. *P.G. Manitoba*, précité, note 19.
23. *MacDonald* c. *Ville de Montréal*, précité, note 18, 504 et suiv.

judiciaires impose une obligation correspondante à l'État de respecter ce droit et d'y donner suite. Pour remplir cette obligation, l'État devrait traiter avec le justiciable dans la langue que celui-ci comprend. Une telle interprétation paraît plus conforme à la *finalité* du droit garanti, dans la mesure où elle permet une véritable communication, plutôt qu'une simple expression qui risque de rester sans réponse.

Dans l'affaire *Société des Acadiens*[24], une majorité de la Cour a décidé que le même droit du justiciable ne lui donne pas le droit d'être compris par le tribunal auquel il s'adresse. Les juges majoritaires ont notamment justifié cette solution surprenante en soulignant que les droits linguistiques enchâssés dans la Charte sont fondés sur un «compromis politique» et qu'«il n'appartient pas aux tribunaux, sous le couvert de l'interprétation, d'améliorer ce compromis constitutionnel historique, d'y ajouter ou de le modifier»[25]. Ils ont cependant considéré que le droit à un procès équitable,

---

24.  *Société des Acadiens du Nouveau-Brunswick* c. *Association of Parents*, précité, note 20.

25.  *Id.*, 578 (juge Beetz). Le juge Beetz écrit encore : «Cela ne veut pas dire que les dispositions relatives aux droits linguistiques sont immuables et qu'elles doivent échapper à toute interprétation par les tribunaux. Je crois cependant que les tribunaux doivent les aborder avec plus de retenue qu'ils ne le feraient en interprétant des garanties juridiques». La «retenue judiciaire» prônée par le juge Beetz à l'égard de l'interprétation des droits linguistiques a été réaffirmée dans l'arrêt *Mahé* c. *Alberta*, [1990] 1 R.C.S. 342, 365. Il semble que, pour la Cour suprême, le traitement distinct des droits linguistiques se justifie par leur nature de «droits-créances» et par leur caractère relativement précis et détaillé. Les «droits-créances» sont ceux dont la contrepartie consiste en une obligation pour l'État de mettre à la disposition des individus (ou des groupes) les moyens matériels nécessaires à la jouissance et à l'exercice des droits considérés. De tels droits sont difficilement sanctionnables au moyen du processus judiciaire, précisément parce qu'ils nécessitent d'être mis en œuvre au moyen de décisions politiques, administratives et budgétaires, et que les tribunaux ne se reconnaissent pas traditionnellement le pouvoir de forcer l'appareil législatif et gouvernemental à adopter de telles décisions. Par contre, les «droits-barrières» (ou «droits négatifs»), comme par exemple la liberté d'expression, exigent seulement que l'État s'abstienne d'empêcher les individus d'agir librement, mais ne l'obligent pas à leur fournir les moyens matériels nécessaires à cette fin. Ils peuvent plus facilement être interprétés de façon «large et libérale». On peut également souligner que, contrairement aux libertés fondamentales, les droits linguistiques sont énoncés de façon relativement précise et détaillée. Ils sont par conséquent moins susceptibles de donner lieu à une interprétation «évolutive» par les tribunaux que les droits et libertés énoncés de façon floue, comme par exemple la liberté d'expression. Le traitement distinct des droits linguistiques a de nouveau été endossé par la Cour suprême, dans son ensemble, dans l'arrêt *Ford* c. *P.G. Québec*, [1988] 2 R.C.S. 712, 751. Dans cette même affaire, la Cour suprême a ensuite jugé que la liberté d'expression, garantie à l'article 2b) de la *Charte*, englobe par implication la liberté de s'exprimer dans la langue de son choix : *id.*, 765-767; voir *infra*, note 57 et les développements au texte.

qui est garanti par l'article 11d) de la Charte canadienne ainsi que par la *common law*, inclut le droit des parties, quelle que soit leur langue, de comprendre ce qui se passe dans le prétoire et d'y être comprises (par l'entremise d'un interprète). Ce droit bénéficie par conséquent également aux justiciables qui ne parlent ni le français ni l'anglais[26].

L'arrêt *Société des Acadiens* signifie donc que les dispositions constitutionnelles qui permettent aux justiciables de s'adresser au tribunal en français ou en anglais ne leur donnent pas le droit d'être directement compris par les membres du tribunal et n'obligent pas ceux-ci à être bilingues. Au Québec, cette décision n'entraîne pas d'inconvénients pour les anglophones, dans la mesure où pratiquement tous les juges comprennent les deux langues. En ce qui concerne les tribunaux du Nouveau-Brunswick et les tribunaux fédéraux autres que la Cour suprême du Canada, cette lacune constitutionnelle a été comblée par des dispositions législatives qui prévoient le droit des justiciables d'être directement compris dans leur langue officielle[27]. Par contre, au Manitoba, où aucune disposition de ce genre ne s'applique, il ne semble pas y avoir suffisamment de juges qui comprennent la langue française, si bien que les droits que la Constitution accorde en matière judiciaire aux francophones de cette province risquent de rester illusoires.

---

26. *Société des Acadiens du Nouveau-Brunswick c. Association of Parents*, précité, note 20, 578 (juge Beetz). Dans cette affaire, le juge en chef Dickson et madame la juge Wilson, tout en souscrivant à la décision majoritaire, ont chacun avancé une interprétation plus libérale de la portée de l'article 19(2) de la Charte canadienne; ils considèrent que le droit du justiciable d'employer le français ou l'anglais, dans toutes les affaires dont sont saisis les tribunaux et dans tous les actes de procédure qui en découlent, lui donne aussi le droit d'être compris par le tribunal devant lequel il s'exprime: *id.*, 564-567 (juge en chef Dickson); 619 (juge Wilson).

27. Au niveau fédéral, l'article 16 de la *Loi sur les langues officielles*, L.C. 1988, c. 38, énonce qu'il incombe aux tribunaux fédéraux autres que la Cour suprême du Canada de veiller à ce que celui qui entend une affaire comprenne les parties sans l'aide d'un interprète lorsqu'elles optent pour l'une des deux — ou pour les deux — langues officielles. En outre, le 1ᵉʳ juin 1991 entrait en vigueur un amendement aux dispositions de la *Loi sur les langues officielles du Nouveau Brunswick*, L.N.-B. 1968-1969, c. 14; L.R.N.-B. 1973, c. O-1, relatives au bilinguisme judiciaire; désormais, la loi prévoit le droit non seulement de s'exprimer, mais aussi d'être compris dans sa première langue officielle par un juge ou un membre de tout tribunal judiciaire ou administratif de la province; voir : *Loi modifiant la Loi sur les langues officielles du Nouveau-Brunswick*, L.N.-B. 1990, c. 49.

On constate donc que la Cour suprême du Canada a interprété l'article 133 de la *Loi constitutionnelle de 1867* d'une façon qui, en matière législative, le fait aller au-delà de ce qui était voulu par les Pères de la Confédération, et, en matière judiciaire, lui enlève une grande partie de son utilité réelle. Par conséquent, si l'on décidait d'insérer dans une future constitution québécoise une disposition similaire, il faudrait la rédiger de façon qu'elle ne puisse recevoir le même genre d'interprétation peu cohérente.

Pour terminer cette brève analyse de l'interprétation donnée par les tribunaux à l'article 133 de la *Loi constitutionnelle de 1867*, mentionnons encore que la Cour suprême a jugé que cette disposition, même si elle autorise les membres du Parlement fédéral et de la législature du Québec à s'exprimer en anglais ou en français, n'exige pas pour autant la mise en place d'un service d'interprétation simultanée[28].

## 2. - *Les dispositions de la* Charte de la langue française *relatives à la langue de la législation et de la réglementation, de la justice et de l'Administration*

L'idée qui avait prévalu lors de l'adoption de la *Charte de la langue française* était de faire du français la langue principale — ou parfois la seule langue — de la législation, de la justice et de l'administration publique, afin d'amener les anglophones et les immigrants à apprendre et à parler la langue française. Pour atteindre ce but, on avait restreint — sans le supprimer complètement — le bilinguisme qui existait traditionnellement dans les institutions publiques québécoises. Ainsi, la loi 101 prévoyait que les lois et les règlements ne seraient plus adoptés qu'en français, l'administration fournissant une traduction anglaise non officielle. En matière judiciaire, la loi prévoyait que les pièces de procédure expédiées par les avocats ou émanant des tribunaux et des organismes judiciaires ou quasi judiciaires devaient être rédigées en français, sauf si la personne physique à laquelle elles étaient destinées consentait expressément à ce qu'elles soient rédigées dans une autre langue; quant aux personnes morales, elles ne pouvaient plaider en anglais que si toutes les parties à l'instance y consentaient. Enfin, la loi prévoyait également que les jugements rendus au Québec devaient être rédigés en français ou être accompagnés d'une

---

28.   *MacDonald c. Ville de Montréal*, précité, note 18, 486.

version française dûment authentifiée et que seule la version française du jugement serait officielle[29].

Ces dispositions, qui formaient le chapitre III de la *Charte de la langue française*, ont été déclarées inconstitutionnelles par la Cour suprême du Canada en 1979, dans la première affaire *Blaikie*[30], comme allant à l'encontre de l'article 133 de la *Loi constitutionnelle de 1867*.

Les parties encore en vigueur de la loi 101, pour ce qui est de la langue des institutions publiques, concernent l'Administration et forment le chapitre IV. Sur le plan interne, les rapports des ministères et des organismes qui en dépendent se font en français seulement. Sur le plan externe, l'Administration s'adresse aux personnes morales en français uniquement, mais *peut* s'adresser aux personnes physiques à la fois en français et dans une autre langue. Pour être nommé ou promu à une fonction dans l'Administration, il faut avoir une connaissance du français appropriée à cette fonction. Les organismes municipaux, les services sociaux et les services de santé qui fournissent leurs services à des personnes qui sont en majorité d'une langue autre que le français, et qui sont reconnus comme tels par l'Office de la langue française, *doivent* fournir leurs services en français et *peuvent* également les fournir dans la langue qui est celle de la majorité de leur clientèle, notamment l'anglais. En outre, ils *peuvent* utiliser cette autre langue, à côté du français, dans leur dénomination ainsi que dans l'affichage, les communications internes et les communications entre eux. Il faut souligner que, dans la mesure où ces dispositions *permettent* aux organismes en cause d'utiliser l'anglais (ou une autre langue) *sans les y obliger*, il n'en résulte *aucun droit* pour les personnes qui bénéficient de leurs services d'obtenir ceux-ci dans une langue autre que le français.

Par ailleurs, la législature du Québec a modifié en 1986 la *Loi sur les services de santé et les services sociaux* pour prévoir que «[t]oute personne d'expression anglaise a le *droit* de recevoir en langue anglaise des services de santé et des services sociaux» [nous soulignons] dans les établissements

---

29.   Par contre, le droit de s'exprimer en anglais dans les débats de l'Assemblée nationale n'a pas été restreint par la *Charte de la langue française*. Il y a également lieu de souligner que, dans tous les cas où la loi 101 n'impose pas *expressément* l'usage *exclusif* de la langue française, il faut appliquer son article 89, qui énonce : «Dans les cas où la présente loi n'exige pas l'usage exclusif de la langue officielle, on peut continuer à employer à la fois la langue officielle et une autre langue».

30.   *P.G. Québec* c. *Blaikie*, précité, note 14.

désignés à cette fin par le gouvernement, parmi ceux qui sont reconnus par l'Office de la langue française comme fournissant leurs services à des personnes en majorité d'expression anglaise[31]. Les établissements ainsi désignés *doivent* par conséquent fournir leurs services dans les deux langues.

Pour les fins de la comparaison, mentionnons que l'article 20(1) de la *Charte canadienne des droits et libertés* prévoit que le public a droit à l'emploi du français ou de l'anglais pour communiquer avec les administrations fédérales, au siège de celles-ci, ainsi que là où, selon le cas, «l'emploi du français ou de l'anglais fait l'objet d'une demande importante», ou «se justifie par la vocation du bureau». L'article 20(2), qui s'applique au Nouveau-Brunswick, ne pose pas les mêmes exigences concernant l'usage des deux langues officielles pour les communications avec l'administration provinciale, puisqu'il dispose que «[l]e public a, au Nouveau-Brunswick, droit à l'emploi du français ou de l'anglais pour communiquer avec tout bureau des institutions de la législature ou du gouvernement ou pour en recevoir les services».

### 3. - Les droits relatifs à la langue de la législation et de la réglementation, de la justice et de l'Administration susceptibles d'être reconnus dans un Québec souverain

Plusieurs attitudes sont en théorie possibles, principalement les trois suivantes: a) l'insertion dans la Constitution d'un Québec souverain de dispositions ayant la même portée que celles qui sont actuellement contenues dans la Constitution du Canada; b) la remise en vigueur des dispositions du chapitre III de la *Charte de la langue française* qui ont été invalidées en 1979 par la Cour suprême du Canada; c) une solution intermédiaire entre les deux précédentes. En appliquant les différents critères que nous avons définis dans l'introduction de cette étude, nous explorerons succinctement ces diverses possibilités.

### a) La langue de la législation et de la réglementation

L'insertion dans la Constitution d'un Québec souverain d'une disposition ayant la même portée que l'article 133 de la *Loi constitutionnelle de 1867*

---

31.  *Loi modifiant de nouveau la Loi sur les services de santé et les services sociaux*, L.Q. 1986, c. 106. Les dispositions en cause sont désormais inscrites dans la *Loi sur les services de santé et les services sociaux*, L.R.Q., c. S-5, art. 5.1, 18.01 et 173.

présenterait l'avantage de maintenir des droits dont la minorité anglophone du Québec bénéficie depuis fort longtemps. En outre, le fait qu'un Québec souverain conserve le bilinguisme législatif et réglementaire actuel constituerait probablement une incitation pour le Canada anglais à en faire autant, au niveau fédéral et dans les provinces où un tel régime existe. Or, dans la mesure où l'accession du Québec à la souveraineté s'accompagnerait probablement d'une association économique et d'une union monétaire avec le reste du Canada, il serait bénéfique pour les Québécois que les lois et les textes réglementaires canadiens continuent d'être adoptés et de faire foi en anglais et en français. Il va sans dire que le maintien du bilinguisme des lois et des règlements au niveau fédéral et dans certaines provinces anglophones serait encore beaucoup plus souhaitable pour les minorités francophones hors Québec. Par ailleurs, dans la mesure où le bilinguisme législatif et réglementaire est déjà en vigueur au Québec depuis longtemps, son maintien n'entraînerait ni complications nouvelles ni coûts supplémentaires.

Toutefois, comme on l'a mentionné précédemment, il n'est pas impossible de considérer que le bilinguisme des lois et des règlements entre en conflit avec l'efficacité de la politique linguistique québécoise. En effet, un tel bilinguisme place le français et l'anglais sur le même pied, alors qu'il est nécessaire de rehausser le prestige et l'utilité sociale de la langue française par rapport à la langue anglaise. L'unilinguisme aurait donc ici une valeur symbolique et constituerait un «message» destiné à convaincre les non-francophones qu'ils doivent apprendre le français pour s'intégrer au groupe majoritaire. On peut cependant penser que le Québec, une fois souverain, aurait la possibilité d'utiliser de nombreux autres symboles nationaux, dont il ne dispose pas en tant que province canadienne, et que le symbolisme associé au bilinguisme ou, au contraire, à l'unilinguisme législatif et réglementaire serait par conséquent fort relativisé.

Soulignons également que le maintien du bilinguisme législatif et réglementaire actuel n'empêcherait pas de conserver au français le statut de *seule* langue officielle. D'ailleurs, l'article 1 de la *Charte de la langue française*, qui dispose que «[le] français est la langue officielle du Québec», est toujours en vigueur. Pour souligner davantage ce statut, le législateur québécois pourrait donner préséance au texte français des lois. C'est d'ailleurs ce qu'il a déjà tenté de faire dans le passé, en énonçant à l'ancien article 40.1 de la *Loi d'interprétation*[32] qu'«[e]n cas de divergence entre les textes français et anglais, le texte français prévaut». Cependant, cette disposition, qui a été abrogée en 1993, était presque certainement inconstitutionnelle, la Cour suprême ayant jugé invalide une disposition manitobaine similaire[33]. Une telle préséance pourrait en revanche être reconnue au français dans la Constitution d'un Québec souverain.

Par ailleurs, si l'on voulait revenir à la solution que prévoyaient à l'origine les articles 7 à 10 de la *Charte de la langue française*, c'est-à-dire la publication d'une simple traduction anglaise des lois et des règlements, seul le texte français étant officiel, on pourrait trouver des précédents en droit comparé, notamment dans la Constitution du canton bilingue de Fribourg et dans les lois linguistiques du canton trilingue des Grisons, en Suisse.

La Constitution du canton de Fribourg énonce à son article 12 que, si les lois, décrets et arrêtés doivent être publiés dans les langues française et allemande, «le texte français est déclaré être le texte original». Le rapprochement entre la situation du Québec et celle du canton de Fribourg semble particulièrement approprié dans la mesure où il existe entre elles des similitudes sociolinguistiques frappantes. En effet, la majo-

---

32. *Loi d'interprétation*, L.R.Q. c. I-16.

33. *Renvoi sur les droits linguistiques au Manitoba*, [1985] 1 R.C.S. 721, 777-778. L'article 40.1 de la *Loi d'interprétation* a été abrogé par l'article 64 de la *Loi modifiant la Charte de la langue française*, L.Q. 1993, c. 40 (mieux connue comme la «loi 86»). L'article 7.3 de la *Charte de la langue française*, tel que modifié, prévoit désormais que les versions française et anglaise des lois du Québec et des règlements auxquels s'applique l'article 133 de la *Loi constitutionnelle de 1867* «ont la même valeur juridique». La loi 86 a également apporté d'autres modifications aux articles 7 à 13 de la loi 101, principalement pour tenir compte du jugement de la Cour suprême du Canada dans les deux affaires *Blaikie*, précitées, note 14. Ainsi, l'article 7.1 énonce désormais que «les projets de loi sont imprimés, publiés, adoptés et sanctionnés en français et en anglais, et les lois sont imprimées et publiées dans ces deux langues» et l'article 7.2 dispose : «les règlements et les autres actes de nature similaire auxquels s'applique l'article 133 de la Loi constitutionnelle de 1867 sont pris, adoptés ou délivrés, et imprimés et publiés en français et en anglais». Quant à l'article 7.4, il prévoit que «toute personne peut employer le français ou l'anglais dans toutes les affaires dont sont saisis les tribunaux du Québec et dans tous les actes de procédure qui en découlent». Enfin, en vertu du nouvel article 9, «[t]out jugement rendu par un tribunal judiciaire et toute décision rendue par un organisme exerçant des fonctions quasi-judiciaires sont traduits en français ou en anglais, selon le cas, à la demande d'une partie, par l'Administration tenue d'assumer les coûts nécessaires au fonctionnement de ce tribunal ou de cet organisme».

rité de langue française du canton fait simultanément partie de la minorité linguistique sur le plan fédéral. Alors que les francophones représentent les deux tiers de la population dans le canton et la ville de Fribourg, ils ne forment que 20 % de la population au niveau de la Suisse toute entière. Inversement, les germanophones représentent 70 % de la population suisse, tout en formant le tiers de la population fribourgeoise. Les auteurs suisses semblent généralement expliquer la primauté conférée à la langue française, par rapport à l'allemand, par le fait que les francophones du canton de Fribourg, tout majoritaires qu'ils soient au niveau local, se sentent en situation de faiblesse à cause de leur situation minoritaire au niveau de la fédération et, par conséquent, s'estiment menacés par la germanisation[34].

L'article 46 de la Constitution du canton des Grisons prévoit que «[l]es trois langues du canton [l'allemand, l'italien et le romanche] sont garanties comme langues nationales». Cependant, seul le texte allemand fait foi[35]. Soulignons que les locuteurs du romanche constituent 22 % de la population cantonale et les italophones 13,5 %, les germanophones en formant le reste.

Pour ce qui est des normes du droit international applicables dans ce domaine, elles seront examinées dans la deuxième partie de cette étude, consacrée aux droits susceptibles d'être reconnus aux minorités autres que la minorité anglophone.

## b) La langue de la justice

Comme on l'a constaté précédemment, l'interprétation que la Cour suprême a donnée à l'article 133 de la *Loi constitutionnelle de 1867* en matière de bilinguisme judiciaire n'est guère satisfaisante, ni pour la majorité francophone, ni pour la minorité anglophone. Il ne serait donc

---

34. Sur la politique linguistique de Fribourg, voir : Claudine BROHY, «L'histoire de la politique linguistique de Fribourg (Suisse)», dans Paul PUPIER et José WOEHRLING (dir.), *Langue et droit* (Actes du Premier Congrès de l'Institut international de droit linguistique comparé), Montréal, Wilson & Lafleur, 1989, p. 375. De façon plus générale, sur le droit linguistique suisse, voir : Ernest WEIBEL, «Les cantons bilingues en Suisse», dans le même ouvrage, p. 351; Joseph VOYAME, «Le statut des langues en Suisse», dans le même ouvrage, p. 343; François DESSEMONTET, *Le droit des langues en Suisse*, Québec, Éditeur officiel, 1984 (Documentation du Conseil de la langue française).

35. *Ordonnance sur la publication d'un nouveau recueil grison et la poursuite du recueil officiel* du 28 mai 1975, B.R. 180.00, art. 1.

pas approprié de conserver, dans un Québec souverain, le droit canadien actuel en ce domaine.

La solution la plus généreuse pour la minorité anglophone consisterait à maintenir le droit actuel de tout justiciable — qu'il s'agisse d'une personne physique ou morale — d'utiliser l'anglais ou le français dans les procédures et plaidoires écrites et orales, tout en y *ajoutant* le droit d'être *compris* par le tribunal dans la langue choisie, ainsi que le droit de recevoir, dans cette même langue, les pièces de procédure et ordonnances émanant du tribunal, y compris les jugements. Évidemment, étant donné que les diverses parties ne choisiraient pas nécessairement la même langue, cela supposerait dans beaucoup de cas que ces pièces et ordonnances soient émises dans les deux langues. Un tel système entraînerait également l'obligation pour les juges (ou, du moins, pour une certaine proportion d'entre eux) d'être bilingues, afin de pouvoir s'adapter au choix linguistique fait par les justiciables. Par ailleurs, sans qu'il s'agisse d'une obligation juridique, il serait en pratique nécessaire pour les avocats de comprendre les deux langues.

Une autre solution, moins généreuse pour la minorité anglophone, serait la remise en vigueur des articles 11 à 13 de la *Charte de la langue française*, invalidés par la Cour suprême dans la première affaire *Blaikie*. Comme on l'a vu précédemment, cela signifierait que les procédures écrites émanant des tribunaux ou expédiées par les avocats *doivent* être en français et *peuvent* être rédigées en anglais, si la personne physique à laquelle elles sont destinées y consent expressément. Quant aux personnes morales, elles ne pourraient plaider en anglais que si toutes les parties à l'instance y consentaient. Enfin, les jugements rendus au Québec devraient être rédigés en français ou être accompagnés d'une version française dûment authentifiée, seule la version française du jugement étant officielle.

Plusieurs solutions intermédiaires entre les deux précédentes peuvent être imaginées, comme de conférer aux seules personnes *physiques* le droit de s'adresser en anglais ou en français aux tribunaux et de recevoir, dans la langue ainsi choisie, ou dans les deux langues, les ordonnances et pièces de procédure émises par ces derniers, y compris les jugements. Une autre possibilité, plus restrictive, serait de ne reconnaître un tel droit aux personnes physiques qu'en matière pénale et criminelle, et de remettre en vigueur, en matière civile, les dispositions originales de la *Charte de la langue française*.

Enfin, quelle que soit la solution choisie, les droits relatifs à l'usage de la langue anglaise en matière judiciaire pourraient être «territorialisés», c'est-à-dire ne s'appliquer que devant les tribunaux situés sur les parties du territoire québécois où la minorité anglaise forme un pourcentage donné de la population. Il s'agirait là d'une solution analogue à celle qui existe dans certains cantons suisses et en Belgique, pour la région de Bruxelles-Capitale[36].

Pour ce qui est du pourcentage de la population minoritaire qui justifie l'existence du bilinguisme judiciaire, l'examen du droit comparé montre que les solutions sont fort variables. Ainsi, à Bruxelles-Capitale, qui compte environ 85 % de francophones et 15 % de néerlandophones, la procédure judiciaire peut être indifféremment menée en français ou en néerlandais, au choix des parties[37]. En Suisse, le Tribunal fédéral (qui joue le rôle de Cour constitutionnelle[38]) a décidé, dans une affaire concernant le canton bilingue de Fribourg, que les germanophones ne pouvaient réclamer le droit d'être entendus dans leur propre langue par les tribunaux cantonaux que dans les districts où la minorité de langue allemande constitue au moins 30 % de la population[39].

---

36.   Sur le droit linguistique suisse, voir les ouvrages mentionnés *supra*, note 34. Sur le droit linguistique belge, voir : Xavier DELGRANGE, «Le principe d'égalité et de non-discrimination face au fédéralisme en Belgique», dans : Pierre PATENAUDE (dir.), *Québec-Communauté française de Belgique : Autonomie et spécificité dans le cadre d'un système fédéral* (Actes du colloque tenu le 22 mars 1991 - Faculté de droit, Université de Sherbrooke), Montréal, Wilson et Lafleur, 1991, p. 169-203.

37.   *Loi du 15 juin 1935*, art. 4.

38.   Le Tribunal fédéral, dont le siège est à Lausanne, possède une compétence étendue, à la fois de première instance et en appel des tribunaux cantonaux. Ses juges sont élus par l'Assemblée fédérale, c'est-à-dire le Parlement central, dont les deux chambres sont le Conseil national et le Conseil des États. Lors de cette désignation, l'Assemblée doit avoir égard à ce que les trois langues officielles de la Confédération — l'allemand, le français et l'italien — y soient représentées (article 107 de la Constitution fédérale). Le Tribunal fédéral joue en Suisse le rôle de cour constitutionnelle de dernier ressort pour les lois cantonales. À souligner qu'il n'existe pas de contrôle judiciaire de la constitutionnalité à l'égard des lois fédérales. L'existence d'un système référendaire avec initiative populaire pallie d'une certaine façon cette carence. Les décisions du Tribunal fédéral suisse sont publiées dans celle des trois langues officielles dans laquelle elles ont été rendues. Elles sont cependant précédées d'un sommaire trilingue.

39.   *Brunner c. Tiefnig et Président du Tribunal de la Sarine*; arrêts du Tribunal fédéral suisse,1980, volume 106, 1re partie, p. 299 et suiv.; voir également la décision du Tribunal fédéral du 7 mai 1982 : *Époux Giovanoli c. Skilifte Bivio A.G. et Commission du Tribunal du district d'Albula*, (1982) 9 *Europäische Grundrechte Zeitschrift*, p. 317 et suiv.

Le choix entre ces diverses solutions devra se faire en fonction des critères mentionnés dans l'introduction, c'est-à-dire principalement la nécessité de respecter autant que possible les droits historiques de la minorité anglophone et celle de tenir compte des objectifs de la politique linguistique destinée à préserver et à renforcer le statut du français.

c) La langue de l'Administration

Comme on l'a vu auparavant, la Constitution canadienne ne confère actuellement à la minorité anglophone du Québec aucun droit linguistique dans ses rapports avec l'Administration québécoise, étant donné que l'article 20 de la Charte canadienne, qui régit cette question, ne s'applique qu'à l'État central et à la seule province du Nouveau-Brunswick.

On a également noté que, dans l'ordre juridique québécois actuel, les seuls droits reconnus aux anglophones en matière de services publics découlent de la *Loi sur les services de santé et les services sociaux*, qui prévoit en leur faveur le *droit* de recevoir de tels services en langue anglaise dans les établissements désignés par le gouvernement. Quant à la *Charte de la langue française*, elle prévoit que l'Administration *peut* s'adresser aux personnes physiques à la fois en français et dans une autre langue, et que les organismes municipaux, les services sociaux et les services de santé qui fournissent leurs services à des personnes qui sont en majorité d'une langue autre que le français *peuvent* les fournir dans cette langue, en plus de *devoir* les fournir en français. On a déjà souligné que, dans la mesure où ces dispositions permettent aux organismes en cause d'utiliser l'anglais (ou une autre langue) sans les y obliger, il n'en résulte *aucun droit* pour les personnes qui bénéficient de leurs services d'obtenir ceux-ci dans une langue autre que le français.

Dans un Québec souverain, la solution la plus généreuse pour la minorité anglophone consisterait à lui reconnaître des garanties analogues à celles qui sont actuellement prévues par l'article 20(2) de la Charte canadienne au profit de la minorité francophone du Nouveau-Brunswick, c'est-à-dire le droit «à l'emploi du français ou de l'anglais pour communiquer avec tout bureau des institutions de la législature ou du gouvernement ou pour en recevoir les services». Évidemment, un tel système exigerait soit que les fonctionnaires et autres agents publics qui entrent en contact avec les administrés soient bilingues, soit que l'on mette en place, dans la fonction publique, deux «cadres» linguistiques, comme c'est le cas en Belgique.

Comme en matière judiciaire, un tel droit pourrait être «territo-rialisé», c'est-à-dire n'être reconnu que dans les régions où la minorité constitue un certain pourcentage de la population. C'est la solution qui a été adoptée dans certains cantons suisses et en Belgique, pour la région de Bruxelles-Capitale, ainsi que pour certaines communes, dites «à facilités», qui sont situées sur la frontière entre la région francophone et la région néerlandophone.

Un système de bilinguisme administratif plus restreint consisterait à limiter celui-ci à certains services publics seulement, comme c'est d'ailleurs le cas à l'heure actuelle. Tout en maintenant en vigueur les dispositions de la *Loi sur les services de santé et les services sociaux* qui garan-tissent le droit des anglophones de recevoir ces services dans leur langue à l'intérieur de certains établissements, il serait possible de modifier les dispositions pertinentes de la *Charte de la langue française* afin de prévoir que les organismes municipaux qui fournissent leurs services à des per-sonnes qui sont en majorité d'expression anglaise ont *l'obligation* (plutôt que la simple faculté) de les fournir à la fois en anglais et en français. Une solution encore plus favorable à la minorité serait de prévoir la même obligation pour les organismes dont la clientèle anglophone, sans être majoritaire, constitue un pourcentage significatif de la clientèle totale. De telles dispositions pourraient être adoptées dans une loi ordinaire, mais il va de soi que la minorité anglophone serait davantage rassurée si elles étaient «enchâssées» dans une future constitution québécoise.

## B. - Les droits de la minorité anglophone relatifs à la langue de l'éducation

Après avoir rappelé les dispositions respectives de la *Charte canadienne des droits et libertés* et de la *Charte de la langue française* dans le domaine de l'éducation, on examinera les droits susceptibles d'être reconnus en cette matière par la Constitution d'un Québec souverain.

### 1. - L'article 23 de la Charte canadienne des droits et libertés

Les deux premiers paragraphes de l'article 23 sont destinés à établir les critères d'admissibilité aux droits à l'instruction dans la langue de la minorité, alors que le troisième précise la portée de ceux-ci.

Un premier critère, contenu à l'alinéa 23(1)(a), a pour effet d'accorder ce droit à tous les citoyens canadiens dont la «première langue apprise et encore comprise» est l'anglais ou le français, selon le cas. Cette disposition est parfois appelée «clause universelle» dans la mesure où elle bénéficie aux personnes venant du monde entier, une fois qu'elles ont acquis la citoyenneté canadienne. La clause universelle s'applique déjà aux neuf provinces anglophones, mais n'entrera en vigueur pour le Québec qu'après autorisation de son assemblée législative ou de son gouvernement[40]. Cette particularité résulte d'une tentative infructueuse du gouvernement fédéral de l'époque de satisfaire, au moins partiellement, les griefs du gouvernement québécois contre le projet de «rapatriement» de la Constitution.

Le deuxième critère d'admissibilité, contenu à l'alinéa 23(1)(b), souvent appelé «clause Canada», consiste à reconnaître le droit à l'éducation dans la langue de la minorité (donc, à l'éducation en anglais au Québec) aux enfants dont l'un des deux parents a reçu son éducation primaire dans cette langue *au Canada*. Cette disposition permet donc aux Canadiens des autres provinces qui s'établissent au Québec d'envoyer leurs enfants à l'école publique anglaise. C'est dans cette mesure que l'article 23 de la Charte canadienne entrait en conflit avec l'article 73 de la *Charte de la langue française* (la «clause Québec»), qui réservait aux parents ayant reçu l'enseignement primaire en anglais *au Québec* le droit d'envoyer leurs enfants à l'école publique anglophone.

Enfin, l'article 23(2) prévoit que les citoyens canadiens dont un enfant «a reçu ou reçoit» son instruction, au primaire ou au secondaire, en français ou en anglais au Canada, ont le droit de faire instruire dans cette langue tous leurs autres enfants. Cette disposition doit faire en sorte que tous les enfants d'une même famille puissent recevoir l'instruction dans la même langue, si leurs parents le désirent (critère de «l'unité linguistique» des familles). De ce point de vue, elle est inspirée de l'article 73 de la *Charte de la langue française*[41]. Cependant, alors que les alinéas

---

40. *Loi constitutionnelle de 1982*, art. 59. Sur les circonstances entourant l'adoption de cette disposition, voir : Jacques-Yvan MORIN et José WOEHRLING, *Les Constitutions du Canada et du Québec. Du Régime français à nos jours*, Montréal, Éditions Thémis, 1992, p. 457 et 458.

41. L'article 23(2) s'explique également par le désir d'assurer la mobilité des Canadiens, en leur permettant, s'ils changent de domicile, de continuer à donner à leurs enfants l'éducation dans la langue dans laquelle ceux-ci, ou leurs frères ou sœurs, ont commencé à la recevoir.

73(c) et (d) de celle-ci avaient un caractère transitoire, le paragraphe 23(2) de la Charte constitutionnelle est d'application permanente. En outre, l'usage de l'indicatif présent «reçoit» dans cette disposition pourrait avoir des conséquences inattendues et fâcheuses pour le Québec. En effet, en interprétant l'article 23(2) à la lettre, on pourrait par exemple considérer qu'il permet à un immigrant naturalisé, quelle que soit sa langue maternelle ou sa langue d'usage, d'envoyer de façon provisoire l'un de ses enfants à l'école dans une des provinces anglaises (ou, au Québec, à l'école anglaise privée non subventionnée, laquelle est exclue de l'application de la *Charte de la langue française*) pour obtenir simultanément le droit d'envoyer tous ses enfants, de façon permanente, à l'école publique anglaise du Québec. Il est vrai que les tribunaux pourraient sans doute refuser d'adopter une interprétation aussi large de l'article 23(2) en s'appuyant sur l'intention du Constituant, qui ne semble pas avoir été de permettre qu'on obtienne par cette disposition des résultats qui iraient à l'encontre de l'esprit de la «clause Canada» de l'alinéa 23(1)b).

Concernant le contenu et la portée des droits garantis en matière d'instruction dans la langue de la minorité, l'article 23(3) de la Charte canadienne énonce:

> (3) Le droit reconnu aux citoyens canadiens par les paragraphes (1) et (2) de faire instruire leurs enfants, aux niveaux primaire et secondaire, dans la langue de la minorité francophone ou anglophone d'une province:
>
> a) s'exerce partout dans la province où le nombre des enfants des citoyens qui ont ce droit est suffisant pour justifier à leur endroit la prestation, sur les fonds publics, de l'instruction dans la langue de la minorité;
>
> b) comprend, lorsque le nombre de ces enfants le justifie, le droit de les faire instruire dans des établissements d'enseignement de la minorité linguistique financés sur les fonds publics.

Cette disposition soulève de multiples problèmes, que la Cour suprême n'a fait que commencer à élucider. Dans l'arrêt *Mahé*[42], elle a jugé que l'article 23 garantit des droits dont le contenu varie en fonction du nombre des enfants de la minorité: au minimum, le droit pour les parents de faire instruire leurs enfants dans leur langue; au mieux, le droit à la création d'un conseil scolaire distinct et autonome, contrôlé par la minorité. Un degré intermédiaire pourra consister en la représentation

---

42.   *Mahé c. Alberta*, précité, note 25.

des parents minoritaires au sein d'un conseil scolaire de la majorité. Dans ce dernier cas, la loi provinciale devra accorder aux représentants de la minorité le pouvoir exclusif de prendre des décisions quant à l'affectation des sommes prévues pour l'instruction dans la langue de la minorité, la désignation des administrateurs scolaires, l'établissement du programme, le recrutement du personnel, etc. La Cour a ajouté, dans l'arrêt *Mahé*, que l'enseignement offert à la minorité doit être de *même qualité* que celui dont bénéficie la majorité.

Concernant l'appréciation des conditions relatives au «nombre suffisant» des enfants minoritaires, prévues à l'article 23(3), la Cour suprême a refusé, dans l'affaire *Mahé*, de donner des indications trop précises. Elle a cependant affirmé qu'il fallait se baser sur une évaluation tenant compte à la fois du nombre d'enfants susceptibles d'être *immédiatement* inscrits à l'enseignement dans la langue de la minorité et du nombre de ceux qui pourraient exercer ce droit *potentiellement*, après une campagne de publicité et certains efforts de recrutement. Par ailleurs, la Cour a souligné que les tribunaux devraient également tenir compte d'autres facteurs pour appliquer le critère du «nombre suffisant», comme les exigences pédagogiques et les coûts financiers des services scolaires réclamés par la minorité.

## 2. - *Les dispositions de la* Charte de la langue française *relatives à la langue de l'éducation*

Dans le domaine de l'enseignement, l'objectif de la *Charte de la langue française* était d'amener les immigrants (et les francophones eux-mêmes) à envoyer leurs enfants à l'école française, l'accès à l'école publique anglaise étant réservé aux enfants de la minorité anglophone du Québec. Pour parvenir à ce résultat, on avait inscrit dans la loi une règle communément appelée la «clause Québec», en vertu de laquelle n'étaient admissibles à l'école publique anglaise (primaire et secondaire) que les enfants dont l'un des parents avait lui-même reçu, au Québec, son enseignement primaire en anglais (ainsi que les frères et sœurs cadets de ces enfants). Ainsi, l'article 73 de la loi disposait notamment:

> [...] peuvent recevoir l'enseignement en anglais, à la demande de leur père et de leur mère, a) les enfants dont le père ou la mère a reçu, au Québec, l'enseignement primaire en anglais, [...] c) les enfants qui, lors de leur dernière année de scolarité au Québec avant le 26 août 1977, recevaient légalement

l'enseignement en anglais dans une classe maternelle publique ou à l'école primaire ou secondaire, d) les frères et sœurs cadets des enfants visés au paragraphe c.

On remarquera que cette disposition est plus généreuse que l'article 23 de la Charte canadienne à deux points de vue: d'une part, elle n'exige pas qu'une personne ait la citoyenneté canadienne pour se voir reconnaître le droit d'envoyer ses enfants dans une école où l'enseignement se donne dans la langue de la minorité anglophone; d'autre part, elle n'assujettit pas ce droit à une quelconque condition de «nombre suffisant».

Par ailleurs, l'article 73 de la *Charte de la langue française* avait pour effet d'exclure trois catégories de personnes de l'école publique anglaise: a) les immigrants d'où qu'ils viennent (y compris les immigrants dont la langue maternelle ou usuelle est l'anglais); b) les francophones eux-mêmes (à une certaine époque, un nombre non négligeable de francophones envoyaient leurs enfants à l'école anglaise); c) les Canadiens des autres provinces venant s'établir au Québec, à moins qu'une entente de réciprocité n'ait été conclue entre le Québec et leur province d'origine ou que celle-ci n'offre des services comparables aux francophones qui y résident[43].

Cette dernière conséquence a immédiatement été considérée comme inacceptable par les autorités fédérales. Cependant, à l'époque où la *Charte de la langue française* a été adoptée, rien dans la *Loi constitutionnelle de 1867* ne s'opposait à ce genre de législation, puisque l'article 133 ne porte pas sur la langue de l'éducation. Comme le gouvernement fédéral ne pouvait s'appuyer sur la Constitution existante pour faire invalider la «clause Québec» de la loi 101, il fit adopter l'article 23 de la *Charte canadienne des droits et libertés* qui contient à son alinéa (1)(b) une disposition incompatible avec la réglementation québécoise. Deux ans plus tard, dans l'affaire *Quebec Protestant School Boards*, la Cour suprême déclarait

---

43.    *Charte de la langue française*, art. 86 et 86.1 (cette dernière disposition a été ajoutée en 1983). En vertu de l'article 86.1, le gouvernement du Québec a adopté un décret rendant admissibles à l'enseignement en anglais les enfants dont le père ou la mère a reçu la majeure partie de l'enseignement primaire en anglais au Nouveau-Brunswick, étant donné que les services offerts aux francophones dans cette province ont été jugés comparables aux services offerts aux anglophones du Québec. Il faut encore souligner qu'en vertu de l'article 85 de la loi 101 le gouvernement a adopté des règlements pour rendre admissibles à l'école anglaise les enfants de certaines catégories de personnes séjournant au Québec de façon temporaire.

celle-ci inopérante[44]. Cependant, cela n'a rien changé au fait que les immigrants et les francophones eux-mêmes doivent fréquenter l'école française. De ce point de vue, la loi 101 continue d'atteindre son but. Par ailleurs, on commence à se rendre compte que l'école française ne suffit pas pour franciser durablement les immigrants. Ceux-ci s'assimilent malgré tout aux anglophones, surtout par la vie économique, qui continue en grande partie de se dérouler en anglais.

*3. - Les droits relatifs à la langue de l'éducation susceptibles d'être reconnus dans un Québec souverain*

a) Le contenu des droits garantis

Si l'on tient compte des dispositions de la *Charte de la langue française* relatives à l'éducation et des autres lois québécoises régissant le système scolaire, on constate que la minorité anglophone du Québec dispose actuellement (et traditionnellement) de droits qui vont considérablement au-delà de ceux qui sont garantis par l'article 23 de la Charte canadienne, fût-ce dans son interprétation la plus favorable. En effet, les anglophones disposent d'un réseau éducatif complet, allant de la maternelle à l'université, où l'enseignement se donne entièrement en anglais, qui est financé par l'État provincial en totalité ou en partie et qui est géré et administré de façon autonome par les représentants de la collectivité anglophone elle-même.

Dans un Québec souverain, il ne serait donc pas nécessaire de reconnaître à la minorité anglophone de *nouveaux* droits en matière scolaire. Par contre, il y aurait sans doute lieu de *constitutionnaliser* ces droits, en tout ou en partie, étant donné qu'ils découlent à l'heure actuelle de lois ordinaires qui peuvent être modifiées très facilement.

Cependant, pour éviter que le Québec ne s'impose de cette façon des obligations susceptibles de devenir excessives, on pourrait songer, tout en constitutionnalisant les droits scolaires de la minorité anglophone, à les assujettir à des conditions de «nombre suffisant» semblables à celles qui sont contenues dans l'article 23 de la Charte canadienne. Pour en interpréter la portée, les tribunaux québécois pourraient d'ailleurs s'inspirer de la jurisprudence de la Cour suprême du Canada relative à l'article 23, telle

_____

44.   P.G. *Québec c. Quebec Protestant School Boards*, [1984] 2 R.C.S. 66.

qu'elle existe et telle qu'elle évoluera à l'avenir. De cette façon, sans même qu'il existe un accord de réciprocité sur le traitement respectif de la minorité anglo-québécoise et des minorités francophones du Canada anglais, leurs situations évolueraient de façon parallèle. Le Québec pourrait trouver là un certain moyen d'influencer, dans un sens positif, le traitement des minorités francophones hors Québec.

b) Les critères d'admissibilité au bénéfice des droits garantis

Si le Québec devenait souverain, il faudrait décider s'il convient de maintenir en vigueur la «clause Canada», de revenir à la «clause Québec», ou encore d'instaurer la «clause universelle». Par contre, il semble exclu de retourner au «libre choix» qui existait antérieurement à 1974, comme le réclament certains représentants de la minorité anglophone du Québec. En effet, ainsi que l'ont démontré les rapports de la Commission sur le bilinguisme et le biculturalisme et de la Commission Gendron, et comme le montrent encore les statistiques récentes, cette solution finirait par aboutir, dans le contexte sociolinguistique de Montréal, à la minorisation des francophones.

En ce qui concerne le choix entre la «clause Canada», la «clause Québec» et la «clause universelle», différents facteurs devront ou pourront être pris en considération, dont certains ont déjà été mentionnés dans l'introduction de la présente étude.

En premier lieu, des recherches statistiques devront déterminer aussi précisément que possible l'impact de chacune des modalités sur l'efficacité de la politique linguistique du Québec. Les chiffres actuellement disponibles montrent qu'entre 1983 et 1989 le nombre d'élèves admissibles à l'école anglaise a diminué beaucoup plus rapidement que l'ensemble de l'effectif scolaire (15,8 % contre 1,0 %). Cette baisse ne touche cependant pas tous les groupes linguistiques de la même façon. Si chez les francophones et les anglophones la proportion d'élèves admissibles à l'enseignement en anglais ne varie à peu près pas dans l'ensemble du Québec, le groupe allophone voit en revanche fondre la proportion de son effectif qui peut fréquenter l'école anglaise puisque, de 48,1 % en 1983-1984, elle tombe à 27,4 % en 1989-1990, ce qui correspond à une chute du nombre d'élèves de plus de 1 sur 3. C'est dans la région du Grand-Montréal que se produit la plus grande partie des diminutions pour tous les groupes linguistiques. Cette chute du nombre d'élèves admissibles à l'école anglaise s'explique fort probablement par l'application de la loi 101 aux nouveaux immigrants[45].

Ces chiffres semblent démontrer que l'application de la «clause Canada», à la place de la «clause Québec», n'a pas entraîné d'effets négatifs sur la fréquentation de l'école française par les immigrants. Évidemment, on pourrait toujours considérer qu'en continuant d'appliquer la «clause Québec» un nombre encore plus considérable d'immigrants aurait fréquenté l'école française et que la fréquentation de l'école anglaise aurait encore davantage diminué. Cependant, il est évident qu'une pareille diminution menace à terme de réduire la portée des droits scolaires de la minorité anglophone, dans la mesure où certains types de services ne seront plus justifiés en dessous d'un certain seuil de fréquentation de l'école anglaise. Si l'on estime que ces droits méritent d'être protégés, il faut logiquement prendre les moyens nécessaires pour stopper ou, du moins, freiner la diminution de la clientèle scolaire anglophone.

On peut également signaler que des études faites par le Conseil de la langue française tendent à montrer que, si la «clause universelle» s'appliquait au Québec, «les ayants droit à l'enseignement en anglais garderaient sensiblement la même importance en 1992 qu'en 1986»[46].

Par conséquent, il semble permis de conclure que, dans l'état actuel de la situation sociolinguistique, ni l'application de la «clause Canada» ni même celle de la «clause universelle» ne menaceraient l'efficacité de la politique linguistique québécoise dans un Québec souverain.

Plutôt que d'appliquer unilatéralement et inconditionnellement la «clause Canada» ou la «clause universelle», un Québec souverain pourrait également décider de subordonner la mise en œuvre de ces régimes à la condition que les diverses provinces du Canada anglais offrent à leur propre minorité des services d'enseignement en français comparables à ceux offerts en anglais à la minorité anglo-québécoise. Une pareille politique, qui est déjà prévue dans la *Charte de la langue française*[47], pourrait

---

45.  *Indicateurs de la situation linguistique au Québec*, Québec, Éditeur officiel, avril 1991, p. 32.
46.  Michel PAILLÉ, *Les écoliers du Canada admissibles à recevoir leur instruction en français ou en anglais*, Québec, Éditeur officiel, 1991 (Notes et documents du Conseil de la langue française, n° 80), p. 46.
47.  *Charte de la langue française*, art. 86 et 86.1. Voir *supra*, note 43. Pour des réflexions sur le système des accords de réciprocité, dans l'hypothèse de l'accession du Québec à la souveraineté, voir notamment : Linda CARDINAL et J.-Yvon THÉRIAULT, «La

résulter d'accords conclus avec chaque province anglo-canadienne ou être mise en œuvre unilatéralement par le Québec. Elle permettrait peut-être d'influencer les politiques linguistiques du Canada anglais dans un sens favorable aux minorités francophones, ce dont celles-ci auraient grand besoin. En effet, sauf dans certaines régions de l'Ontario et du Nouveau-Brunswick, les francophones partent presque de zéro. L'enseignement en français qui se fait déjà au Canada anglais est essentiellement un enseignement d'immersion, destiné aux enfants anglophones qui veulent apprendre le français comme deuxième langue. Or il est démontré que, lorsque les enfants francophones fréquentent ces écoles, leur assimilation linguistique s'en trouve accélérée. Depuis 1982, les francophones ont donc commencé à revendiquer, en se fondant sur l'article 23 de la Charte canadienne, la création d'écoles françaises véritables, administrées par eux. Jusqu'à présent, ils ont connu de nombreuses déceptions. Beaucoup de gouvernements provinciaux résistent pied à pied aux revendications des francophones; celles-ci finissent presque toujours par aboutir devant les tribunaux. Le 27 février 1989, le Commissariat aux langues officielles dévoilait les résultats d'une étude selon laquelle un francophone sur deux, en dehors du Québec, n'obtenait pas l'enseignement en français que lui garantit l'article 23 de la Charte canadienne[48].

---

francophonie canadienne et acadienne confrontée au défi québécois», dans Alain-G. GAGNON et François ROCHER (dir.), *Répliques aux détracteurs de la souveraineté du Québec*, Montréal, VLB éditeur, 1992, p. 329, p. 340 et 341; Kenneth McROBERTS, «Protecting the Rights of Linguistic Minorities», dans Daniel DRACHE et Roberto PERIN, *Negotiating with a Sovereign Québec*, Toronto, James Lorimer & Company, 1992, p. 173, p. 186 et suiv.; Jean-Pierre CHARBONNEAU et Gilbert PAQUETTE, *L'option*, Montréal, Éditions de l'Homme, 1978, p. 456. Il faut souligner que, dans le domaine de la protection des droits des minorités, la «réciprocité» serait fondée essentiellement sur la bonne volonté mutuelle. En effet, une fois l'habitude prise d'offrir certains services à la minorité linguistique dans une province, il serait difficile de les supprimer ou de les diminuer pour la seule raison qu'une autre province agit de même à l'égard de sa propre minorité.

48.   *Le Devoir*, 27 février 1989, p. 1. Dans son rapport annuel pour 1991, le Commissaire mentionne que, selon la Commission nationale des parents francophones, seuls le Nouveau-Brunswick, l'Île-du-Prince-Édouard et le Yukon satisfont pleinement à leurs obligations constitutionnelles en vertu de l'article 23 : *Rapport annuel 1991*, Commissaire aux langues officielles, Ottawa, Ministre des Approvisionnements et Services Canada, 1992, p. 128. Le Commissaire souligne également que «[l]a plus grande déception a sans doute été l'évolution du dossier scolaire en Alberta. La décision de la Cour suprême en 1990 dans l'affaire *Mahé et al.* avait fait naître beaucoup d'espoirs qui ont été détruits par

Par ailleurs, il faut mentionner que, si un Québec souverain voulait remettre en vigueur la «clause Québec» de la loi 101, il pourrait justifier son attitude par des arguments tirés du droit comparé, en s'appuyant notamment sur les exemples de la Suisse et de la Belgique, deux pays de démocratie libérale qui ont une bonne réputation en matière de respect des droits de la personne, ainsi que sur celui de Puerto Rico, un État associé aux États-Unis.

Ainsi, en 1965, le Tribunal fédéral suisse a jugé que le principe constitutionnel de liberté de la langue (*Sprachenfreiheit*), qui découle implicitement de la Constitution hélvétique, ne s'oppose pas à ce que le canton de Zürich interdise aux *enfants suisses de langue maternelle française* s'établissant à Zürich la fréquentation d'une école *privée francophone* et les oblige à fréquenter l'école allemande. Soulignons que les germanophones sont largement majoritaires dans le canton et la ville de Zürich et que leur langue, si elle est *concurrencée* par le français, n'est nullement *menacée* par celui-ci. Le tribunal a fondé son arrêt sur le principe de la «territorialité linguistique», qui permet aux autorités cantonales de prendre les dispositions nécessaires pour assurer le maintien de l'équilibre démolinguistique sur leur territoire, de façon à empêcher toute modification importante dans la proportion des groupes linguistiques en présence[49]. Ce principe garantit à chacune des langues nationales de la Suisse une ou plusieurs «aires de sécurité linguistique», c'est-à-dire un territoire sur lequel elle est protégée contre la concurrence d'autres langues plus prestigieuses ou plus attractives. Il suppose que les «immigrants linguistiques» venant d'autres régions du pays s'adaptent à leur nouvel environnement et fassent acquérir par leurs enfants la langue de la région où ils s'établissent, en les envoyant dans une école où l'enseignement se donne dans cette langue.

---

des retards bureaucratiques et des consultations interminables»: *id.*, p. 133. Le Commissaire aux langues officielles a fait effectuer une étude dans laquelle on trouve une analyse exhaustive, démographique, sociolinguistique et juridique de la situation des minorités en matière scolaire dans les dix provinces et les deux territoires; voir: A. MARTEL, *op. cit.*, note 13.

49.     Décision du 31 mars 1965: *Association de l'École française c. Conseil d'État et Tribunal administratif de Zürich*; Arrêts du Tribunal fédéral suisse, 1965, vol. 91, 1re partie, p. 480 et suiv. Pour un commentaire de cette décision, voir: José WOEHRLING, «De certains aspects de la réglementation linguistique scolaire en Suisse», dans *Études juridiques en l'honneur de Jean-Guy Cardinal*, Montréal, Éditions Thémis, 1982, p. 453-468. Sur le droit des langues en Suisse, voir les ouvrages cités *supra*, note 34.

Selon de très nombreux spécialistes des questions sociolinguistiques, c'est la solution «territoriale» qui assure le mieux la stabilité et la sécurité des communautés linguistiques. C'est cette solution territoriale que le Québec avait adoptée avec la «clause Québec» de la loi 101, mais de façon beaucoup moins rigoureuse qu'en Suisse ou en Belgique, puisque le droit à l'enseignement dans leur propre langue a été intégralement maintenu pour les membres de la minorité anglophone de souche.

À l'inverse, la solution «personnelle» fait primer les droits de l'individu sur ceux de la collectivité en permettant la liberté du comportement linguistique. Le principe de «personnalité» exige le bilinguisme institutionnel et maintient donc le contact et la concurrence entre les langues en présence. Par conséquent, la langue qui a le plus de prestige et d'utilité économique pourra se développer au détriment de celle qui possède une force d'attraction moindre. Cette solution «personnelle» a été adoptée par le gouvernement fédéral et par le Nouveau-Brunswick. Évidemment, elle n'entraîne aucune menace pour la langue anglaise, qui est dominante partout en Amérique du Nord.

Dans l'*Affaire linguistique belge*[50], la Cour européenne des droits de l'Homme a déclaré conforme à la *Convention européenne des droits de l'Homme*, sauf sur un point mineur, la législation linguistique belge qui met en œuvre, en matière scolaire, un système qui est également fondé sur le «principe de territorialité». En effet, sauf dans la région officiellement bilingue de Bruxelles-Capitale et dans certaines communes situées le long de la frontière linguistique, la seule langue utilisée dans l'enseignement public et dans l'enseignement privé subventionné est la langue officielle de la région dans laquelle l'école est située: le néerlandais dans la partie néerlandophone et le français dans la partie francophone de la Belgique. Les citoyens belges qui déménagent d'une région linguistique à l'autre doivent donc accepter que le régime scolaire de leurs enfants change en conséquence, ou alors se résoudre à leur faire fréquenter une école privée non subventionnée[51].

---

50.  *Affaire relative à certains aspects du régime linguistique de l'enseignement en Belgique* (fond), arrêt du 23 juillet 1968, série A, n° 6, p. 34.

51.  La loi belge laisse donc aux citoyens la latitude d'envoyer leurs enfants à l'école privée non subventionnée pour y recevoir l'enseignement dans une langue autre que la langue officielle de la région dans laquelle ils résident. Par contre, dans le canton de Zürich, où les germanophones sont majoritaires, l'obligation d'envoyer ses enfants à l'école allemande est absolue et s'applique autant à l'égard des écoles privées non subventionnées qu'en ce qui concerne les écoles privées subventionnées et les écoles publiques.

Enfin, sans prétendre épuiser les exemples d'application du principe de territorialité, signalons que celui-ci a également été mis en vigueur, en matière scolaire, à Puerto Rico. En effet, depuis 1947, les autorités fédérales américaines ont accepté que les autorités portoricaines fassent de l'espagnol la seule langue d'enseignement dans les écoles publiques de ce territoire associé aux États-Unis[52]. Par conséquent, les citoyens américains d'expression anglaise qui s'établissent à Puerto Rico doivent envoyer leurs enfants à l'école hispanophone ou, s'ils veulent les faire éduquer en anglais, dans une école privée de langue anglaise[53].

Avant de clore ces développements consacrés aux droits de la minorité anglophone relativement à la langue de l'éducation, il faut encore souligner deux points.

D'aucuns avancent parfois l'argument selon lequel le principe d'égalité exigerait, dans la mesure où il existe des écoles publiques anglophones, que celles-ci puissent être fréquentées par tous ceux qui le désirent, quelle que soit leur affiliation linguistique. Une pareille prétention est manifestement erronée dans le contexte constitutionnel actuel, où l'article 23 de la Charte canadienne restreint lui-même, de façon expresse, le droit à l'instruction dans la langue de la minorité aux personnes qui satisfont l'un des critères qu'il énumère. Par ailleurs, comme on le verra plus loin, dans la deuxième partie de cette étude, le droit international public n'exige pas davantage que les membres de la majorité soient traités comme ceux de la minorité, ni que toutes les minorités vivant dans un État soient traitées de la même façon.

---

52.   Puerto Rico a été cédée par l'Espagne aux États-Unis le 10 décembre 1898. La Constitution actuelle, qui date du 25 juillet 1952, fait de l'île une entité politique autonome («Commonwealth») associée aux États-Unis. Concrètement, cela signifie que Puerto Rico se trouve dans une situation juridique qui, si elle présente beaucoup d'analogies avec le statut constitutionnel des États membres de l'Union, se différencie également de celui-ci sur un certain nombre de points importants. C'est ainsi que la population portoricaine ne participe pas aux élections législatives et présidentielles américaines. Elle élit par contre un «Resident Commissioner» qui prend part aux débats de la Chambre des représentants des États-Unis concernant Puerto Rico, sans avoir cependant le droit de vote. En contrepartie et pour satisfaire au principe «no taxation without representation», aucun impôt direct n'est perçu par l'Union sur le territoire de Puerto Rico. Sur le statut juridique de Puerto Rico, voir : Arnold LEIBOWITZ, «The Applicability of Federal Law to the Commonwealth of Puerto Rico», (1967) *56 Georgia Law Journal* 219.

53.   Sur le statut des langues à Puerto Rico, voir : Luis MUNIZ-ARGÜELLES, «The Status of Languages in Puerto Rico», dans : P. PUPIER et J. WOEHRLING (dir.), *op. cit.*, note 34, p. 457.

Enfin, il faut souligner que les anglophones du Québec réclament non seulement le droit d'être éduqués dans leur propre langue, ce qui leur est reconnu, mais également de meilleurs moyens pour apprendre le français dans les écoles publiques anglaises[54]. Selon M. Peter Blaikie, ancien président d'Alliance-Québec, il s'agit même là de «la question la plus importante» et malheureusement, «toujours négligée»[55]. Il est vrai que cette préoccupation est légitime, puisque la *Charte de la langue française* exige une connaissance suffisante du français pour être admis dans la fonction publique et exercer certaines professions. Cependant, à cet égard, la minorité anglophone ne devrait pas se voir reconnaître plus — ou moins — de droits que n'importe quelle autre minorité linguistique établie au Québec. C'est pourquoi cette question sera examinée dans la deuxième partie de cette étude, consacrée aux droits dont devraient bénéficier toutes les minorités.

## C. - Les droits de la minorité anglophone relatifs à la langue de la vie économique

*1. - La portée linguistique implicite des droits fondamentaux et du droit à l'égalité (la «liberté linguistique» dans le domaine privé)*

On distingue généralement entre l'usage *privé* et l'usage *officiel* des langues. L'usage *officiel* concerne l'exercice des fonctions étatiques et les relations de l'État avec les citoyens; il porte par conséquent sur des domaines comme la langue des tribunaux, celle des lois et règlements, celle de l'instruction publique et des services administratifs. Concernant cet usage officiel, aucun droit de choisir la langue n'est garanti en vertu des libertés fondamentales ou du droit à l'égalité. Au contraire, dans ce domaine, les citoyens peuvent se voir imposer l'usage d'une langue déterminée. S'il en allait autrement, cela signifierait que l'État doit offrir ses services dans toutes les langues parlées sur son territoire, ce qui serait manifestement absurde. En outre, pour que les individus puissent exercer un libre choix linguistique dans leurs rapports avec l'État, il faut que celui-ci mette à leur

---

54. *A Policy for the English-Speaking Community in Quebec*, Alliance-Québec, May 1989, p. 13 : «The English-speaking community must have access to improved opportunities to learn French».
55. Ces propos sont rapportés par Mme Francine Pelletier dans un article intitulé «Le PQ et les anglos : la valse à mille temps», *La Presse*, 30 novembre 1991, p. B-3.

disposition des services bilingues ou multilingues, c'est-à-dire qu'il crée les conditions nécessaires à l'exercice d'un tel droit. Or les libertés fondamentales et le droit à l'égalité sont traditionnellement analysés comme des droits «négatifs», qui exigent seulement que l'État s'abstienne de créer des inégalités ou d'empêcher les individus d'agir librement, mais qui ne l'obligent pas à leur fournir les moyens matériels de ce faire ou à faire disparaître les inégalités existantes.

Cela n'exclut nullement, bien sûr, qu'un certain droit de choisir la langue dans les rapports des individus avec l'État soit garanti par des dispositions particulières et expresses d'une constitution, lesquelles contiennent alors des «droits linguistiques» spécifiques, comme c'est le cas au Canada en ce qui concerne l'usage des langues française et anglaise. Cependant, cette liberté de choisir la langue dans les rapports avec l'État (dans l'usage *officiel*) doit être expressément prévue; elle ne saurait être considérée comme découlant implicitement des libertés fondamentales ou du droit à l'égalité.

Il en va différemment en ce qui concerne l'usage *privé* des langues, lequel porte sur les rapports mutuels des particuliers, qu'il s'agisse de personnes physiques ou morales. En fait, l'usage privé regroupe tous les cas où la langue n'est pas employée officiellement. Il peut se faire dans le cercle intime ou devant un public, peu importe. La publication de livres et de journaux, les représentations théâtrales et cinématographiques, les conférences et les réunions politiques, la vie commerciale et économique constituent dans cette optique autant d'usages privés de la langue. Dans ce vaste domaine de l'usage privé, l'individu doit être libre d'employer la langue de son choix: cette liberté linguistique découle logiquement et implicitement des libertés fondamentales — notamment la liberté d'expression — et du droit à l'égalité; il n'est donc pas nécessaire de la garantir expressément dans une disposition constitutionnelle particulière. En d'autres termes, le libre choix de la langue dans l'usage privé constitue une dimension nécessaire des libertés fondamentales et du droit à l'égalité, une condition essentielle de leur réalisation[56]. Soulignons également que

---

56.   Cependant, il va de soi que la «liberté linguistique» dans l'usage privé, si elle est très étendue, n'est pas pour autant absolue. Comme les autres droits et libertés, elle peut être restreinte pour des motifs raisonnables et justifiables. Sur la portée linguistique implicite de certains droits fondamentaux et du droit à l'égalité, voir notamment: Bruno DE WITTE, «Droits fondamentaux et protection de la diversité linguistique», dans: P. PUPIER et J. WOEHRLING (dir.), *op. cit.*, note 34, p. 85.

l'exercice de leur liberté linguistique par les individus dans le domaine privé ne nécessite aucune prestation particulière de la part de l'État, mais exige seulement que celui-ci s'abstienne de contrecarrer leurs comportements spontanés. Enfin, il va sans dire que cette «liberté linguistique» qui découle implicitement des libertés fondamentales et du droit à l'égalité ne profite pas seulement aux membres des minorités, mais également à ceux de la majorité. Ces derniers peuvent donc choisir de s'exprimer, dans le domaine de l'usage privé, dans la langue de leur choix.

Cette portée linguistique implicite des libertés fondamentales et du droit à l'égalité est de plus en plus reconnue par les tribunaux, tant au niveau interne qu'au niveau international. Au Canada, dans l'affaire *Ford de 1988*, les jugements concordants de la Cour supérieure et de la Cour d'appel du Québec, ainsi que de la Cour suprême du Canada, s'inscrivent dans ce mouvement. On se rappellera que ces tribunaux ont déclaré inopérants les anciens articles 58 et 69 de la *Charte de la langue française*, dans la mesure où ils prescrivaient l'unilinguisme dans l'affichage public et les raisons sociales, comme allant à l'encontre de la liberté d'expression garantie par la *Charte canadienne des droits et libertés* et par la *Charte des droits et libertés de la personne* du Québec, et comme étant également incompatibles avec le droit à l'égalité garanti par cette dernière[57]. On sait aussi que la législature du Québec a adopté, entre 1988 et 1993, une loi (connue comme la «loi 178») dans laquelle elle dérogeait expressément aux deux chartes pour renverser les effets de ce jugement et restaurer la validité des dispositions en cause de la loi 101, sous une forme quelque peu modifiée. La règle générale continuait d'être que l'affichage public et la publicité commerciale à *l'extérieur* des établissements — ou destinés au public s'y trouvant — se faisaient en français uniquement. Par contre, à *l'intérieur* des établissements, la règle générale était désormais que l'affichage et la publicité pouvaient se faire à la fois en français et dans une autre langue, à condition d'être destinés uniquement au public s'y trouvant et que le français figure de façon nettement prédominante; par ailleurs, certaines exceptions à l'autorisation de ce type de bilinguisme

---

57.   *Ford* c. *P.G. Québec*, précité, note 25. Pour une critique de la décision de la Cour d'appel du Québec dans cette même affaire, critique qui peut être transposée à la décision de la Cour suprême, voir: José WOEHRLING, «La réglementation linguistique de l'affichage public et la liberté d'expression: *P.G. Québec* c. *Chaussure Brown's Inc.*», (1987) 32 *Revue de Droit de McGill* 878.

étaient prévues à l'article 58, notamment en ce qui concerne les parties communes des centres commerciaux et les entreprises franchisées employant plus de cinq personnes[58].

Cependant, dans des «constatations» déposées le 31 mars 1993, le Comité des droits de l'homme des Nations Unies, institué en application du *Pacte international relatif aux droits civils et politiques*, est arrivé à la conclusion que les dispositions de la loi 101 telles que modifiées par la loi 178 violaient encore la liberté d'expression garantie à l'article 19 du Pacte[58bis]. À la suite de cette intervention du Comité, le gouvernement du Québec, dirigé à l'époque par M. Robert Bourassa, a fait adopter la *Loi modifiant la Charte de la langue française* (ou «loi 86») qui est venue modifier une nouvelle fois le régime linguistique de l'affichage public, de la publicité commerciale et des raisons sociales. L'affichage public et la publicité commerciale peuvent désormais être faits à la fois en français et dans une autre langue pourvu que le français y figure «de façon nettement prédominante». En outre, le gouvernement peut déterminer, par règlement, les lieux, les cas, les conditions ou les circonstances où l'affichage public et la publicité commerciale doivent se faire uniquement en français ou peuvent se faire sans prédominance du français ou uniquement dans une autre langue. Quant aux raisons sociales, elles peuvent désormais être assorties d'une version dans une langue autre que le français pourvu que, dans son utilisation, la raison sociale en langue française figure «de façon au moins aussi évidente» que les versions dans d'autres langues.

L'affaire *Ford* ainsi que l'intervention du Comité des droits de l'homme des Nations Unies démontrent donc que les droits des minorités relatifs à l'usage de leur langue dans le domaine privé, et en particulier dans la vie économique, sont protégés par les libertés fondamentales et le droit à l'égalité. Ces affaires illustrent également comment la politique linguistique du Québec peut être attaquée avec succès sur la base de certains droits et libertés qui devront inévitablement être «enchâssés» dans la Constitution d'un Québec souverain. Il est vrai que les éléments de cette politique qui seraient considérés comme incompatibles avec l'un ou

---

58.   *Loi modifiant la Charte de la langue française*, L.Q. 1988, c. 54 (mieux connue comme la «loi 178»).
58bis. *Ballantyne, Davidson et McIntyre c. Canada*, Doc. N.U. CCPR/C/47/D/359/1989 et 385/1989, 1993.

l'autre de ces droits pourraient être défendus comme «raisonnables» et «justifiables» sur la base d'une disposition limitative comme celle contenue dans l'actuelle Charte québécoise. Cependant, là encore, l'affaire *Ford* et l'intervention du Comité des droits de l'homme des Nations Unies montrent que les résultats d'une telle entreprise sont fort incertains, dans la mesure où ils dépendent d'une appréciation judiciaire qui peut varier en fonction de nombreux facteurs. Par conséquent, la protection de la politique linguistique du Québec contre les invalidations fondées sur les libertés fondamentales et le droit à l'égalité soulève la problématique du maintien et de la réforme du pouvoir du Parlement d'un Québec souverain de déroger aux droits et libertés.

## 2. - La problématique du pouvoir du Parlement de déroger aux droits et libertés

À l'heure actuelle, la *Charte canadienne des droits et libertés* et la *Charte des droits et libertés de la personne* du Québec contiennent l'une et l'autre, la première à son article 33[59], la seconde à son article 52[60], une disposition permettant au législateur de déroger par déclaration expresse aux droits et libertés que ces deux chartes garantissent. Il faut cependant réaliser que le rôle de cette «clause dérogatoire» est bien différent pour chacune des deux chartes. Dans le cas de la Charte canadienne, qui est «enchâssée» par l'entremise d'une procédure spéciale de modification constitutionnelle, l'existence d'un pouvoir de dérogation *affaiblit* évidemment la protection des droits et libertés. Par contre, l'exigence de dérogation expresse contenue dans la Charte québécoise, laquelle peut être modifiée selon la procédure législative ordinaire, confère à cette loi une suprématie qu'elle n'aurait pas autrement. Cette suprématie découle précisément du fait qu'il est nécessaire de recourir à une disposition expresse pour déroger à la Charte québécoise, alors que normalement une loi plus récente modifie

---

59.  L'article 33 de la *Charte canadienne des droits et libertés* autorise les législatures provinciales et le Parlement canadien à déroger par déclaration expresse aux droits et libertés garantis par les articles 2 et 7 à 15. Seuls les droits démocratiques (articles 3, 4 et 5), la liberté de circulation et d'établissement (article 6) et les droits linguistiques (articles 16 à 20 et 23) échappent au pouvoir de dérogation.
60.  L'article 52 de la *Charte des droits et libertés de la personne* énonce qu'aucune loi, même postérieure, ne peut déroger aux articles 1 à 38 de la Charte à moins qu'elle n'énonce expressément s'appliquer malgré la Charte.

ou écarte une loi plus ancienne dans la mesure de leur incompatibilité[61]. Par conséquent, tant que la Charte québécoise continuera de pouvoir être modifiée ou abrogée comme une loi ordinaire, l'existence de la clause dérogatoire aura pour effet, non pas d'affaiblir, mais bien de *renforcer* la protection des droits et libertés qu'elle garantit.

Dans un Québec souverain, se poserait donc la question de savoir s'il convient de conserver à la Charte québécoise son statut actuel ou s'il faut véritablement l'«enchâsser» dans la Constitution, en exigeant pour sa modification une procédure spéciale, comme par exemple un vote des deux tiers des membres de l'Assemblée nationale, ou encore l'accord du peuple par voie de référendum. Il est très probable que l'on choisirait la solution de l'«enchâssement».

Cela ne signifie cependant pas nécessairement que le pouvoir du Parlement québécois de déroger aux droits garantis par la nouvelle Constitution, ou à certains d'entre eux, devrait complètement disparaître. En effet, l'«enchâssement» d'une Charte et le pouvoir d'y déroger ne sont pas forcément incompatibles, comme le démontre la Constitution canadienne actuelle.

### a) La justification du pouvoir de déroger

Au-delà des motifs politiques conjoncturels, la raison profonde de l'existence du pouvoir de déroger à la Charte canadienne réside dans une tentative de concilier le modèle anglo-canadien traditionnel de la souveraineté du Parlement avec le modèle américain de la suprématie des tribunaux. En effet, il faut bien voir qu'il existe, entre le principe démocratique et celui du contrôle judiciaire, une indéniable contradiction. Les

---

61.  L'efficacité de la clause de dérogation expresse contenue dans la Charte québécoise s'appuie sur la vigueur des forces qui exercent un contrôle politique sur le Parlement, de l'intérieur (partis d'opposition) ou de l'extérieur (groupes de pression, électorat, médias d'information). En effet, dans la mesure où la majorité parlementaire doit annoncer expressément son intention de déroger à la Charte, elle actionne une «sonnette d'alarme» qui prévient les instances sociales et politiques susceptibles de s'opposer à elle. Plus concrètement, le gouvernement qui présente une loi dérogeant expressément à la Charte court un certain risque de voir se retourner contre lui l'opinion des électeurs. Enfin, il faut souligner que le mécanisme de la dérogation expresse empêche qu'un Parlement puisse restreindre les droits et libertés de façon involontaire, ce qui n'est jamais exclu lorsque les tribunaux appliquent le principe traditionnel de la dérogation implicite par une loi postérieure incompatible.

règles contenues dans la Constitution, principalement celles qui portent sur les droits et libertés, sont très souvent vagues à souhait. Dès lors, c'est aux juges qu'il revient de les préciser. Il est donc inévitable qu'ils infusent, à l'intérieur de concepts aussi flous que, par exemple, «l'égalité devant la loi» ou la «liberté d'expression», leurs propres conceptions philosophiques et, à l'occasion, leurs préjugés. Autrement dit, l'interprétation du texte constitutionnel est un acte de volonté, bien plus qu'un acte de raison. Cependant, comment admettre que les tribunaux puissent alors en arriver, sur cette base, à invalider les décisions prises par le Parlement, où siègent les représentants élus du peuple? N'oublions pas que les juges, nommés par le gouvernement et pratiquement inamovibles, n'ont aucune légitimité démocratique et ne sont pas représentatifs de la population ni responsables devant elle. Si le contrôle judiciaire ne consistait qu'à faire respecter par le législateur une constitutionnalité «objective», aucun problème ne se poserait. Mais il s'agit là d'une fiction, que les juges eux-mêmes ne défendent plus. Étant donné que la Constitution est vague, le contrôle judiciaire revient à confier aux tribunaux le pouvoir de définir eux-mêmes le contenu des principes qui limitent la liberté d'action du Parlement. Surgit alors la menace du «gouvernement des juges», c'est-à-dire d'un empiétement des tribunaux dans le champ politique. Il y a là une contradiction, un «paradoxe» qu'il est impossible d'ignorer.

Malgré ce caractère antidémocratique, le contrôle judiciaire trouve son fondement dans les principes du libéralisme politique selon lesquels les droits naturels et imprescriptibles de l'individu sont antérieurs et supérieurs à l'État, dont la raison d'être principale est d'assurer l'exercice des libertés individuelles. L'origine démocratique du pouvoir politique ne suffit donc pas à assurer sa légitimité: la souveraineté populaire ne s'exercera valablement que dans la mesure où elle respectera les droits et libertés des individus. Sur le plan juridique, le libéralisme se traduit dans le principe de l'État de droit, dont une des modalités est la suprématie de la Constitution. À son tour, la primauté de la Constitution suppose un certain contrôle de la validité des lois ordinaires, qui ne peut en pratique être confié qu'au pouvoir judiciaire. Par conséquent, la justice constitutionnelle possède un caractère inéluctable là où existe l'État de droit. C'est ce qui explique la généralisation du contrôle judiciaire dans les démocraties libérales. Depuis une trentaine d'années, cette institution s'est considérablement répandue, y compris dans les pays qui, comme la France avant 1958, l'avaient traditionnellement écartée. De même, les pays revenus à la démocratie et à l'État de droit après une certaine période d'autoritarisme, comme l'Espagne et le Portugal, ou encore les pays de l'ancien bloc de l'Est, ont rapidement mis en place un système de justice constitutionnelle.

Si la légitimité du contrôle judiciaire n'est donc plus guère contestée à l'heure actuelle, les discussions continuent cependant pour savoir quelles devraient être ses limites. La nécessité de poser des bornes au pouvoir des tribunaux dans ce domaine tient à deux sortes de considérations, les unes qui portent sur la justification même du contrôle et les autres qui ont trait aux caractéristiques du forum judiciaire.

Le principe de l'État de droit exige que tous les pouvoirs étatiques soient soumis aux règles supérieures de la Constitution. Cependant, si rien n'empêche les tribunaux d'interpréter comme ils l'entendent les termes de la Constitution, celle-ci n'aura pas d'autre contenu que celui qu'ils voudront bien lui donner. Autrement dit, le pouvoir judiciaire est en position de se placer lui-même au-dessus de la loi fondamentale, puisqu'il décide en dernier lieu du contenu de celle-ci. La suprématie de la Constitution risque alors de disparaître pour faire place à celle des tribunaux. Pour éviter cet effet pervers du constitutionalisme, les juges qui exercent la justice constitutionnelle doivent faire preuve d'une certaine «retenue judiciaire» consistant à ne pas excéder les frontières légitimes de leur rôle. En outre, pour les cas où cette «retenue» ferait défaut, il est souhaitable d'opposer au pouvoir judiciaire un «contre-pouvoir» qui en pratique ne peut être que celui du Parlement de déroger aux décisions du tribunal constitutionnel suprême, moyennant certaines conditions destinées à éviter les abus dans l'utilisation d'un tel pouvoir.

Une deuxième considération amène également à vouloir limiter la portée du contrôle judiciaire de constitutionnalité. Elle est relative aux caractéristiques du processus judiciaire. Pour en saisir la portée, il faut d'abord rappeler que la protection des droits et libertés amène les tribunaux à évaluer les revendications conflictuelles des individus et des groupes, les ressources collectives dont dispose la société, et à statuer ensuite sur le mérite respectif de ces revendications pour ce qui est du partage des ressources sociales. Or la façon dont fonctionne le processus judiciaire ne permet pas aux juges d'avoir accès à la masse considérable d'informations nécessaire pour s'acquitter convenablement d'une telle tâche. Ceci est particulièrement vrai dans le contexte judiciaire anglo-saxon, où la procédure est de type accusatoire plutôt qu'inquisitoire. Les tribunaux sont donc généralement limités aux moyens de preuve et aux arguments que les parties leur soumettent et ne peuvent eux-mêmes rechercher l'information voulue. D'ailleurs, même si toutes les informations nécessaires leur étaient fournies, les juges n'auraient ni le temps ni la formation nécessaire pour les traiter de façon efficace. On peut également souligner que le processus judiciaire, qui procède par l'évaluation successive de cas particuliers, permet mal la vision d'ensemble et la planification à long terme qui sont nécessaires pour trancher adéquatement les questions complexes soumises aux tribunaux à l'occasion du contrôle de constitutionnalité.

Toutes ces considérations amènent à la conclusion qu'il faut éviter de transférer aux tribunaux le pouvoir de trancher de façon *ultime* certaines questions sociales, morales et politiques pour lesquelles le *dernier mot* doit revenir aux représentants élus du peuple. C'est pour cette raison, notamment, que les rédacteurs de la Charte canadienne ont prévu dans celle-ci le pouvoir du Parlement fédéral et des législatures provinciales de déroger par déclaration expresse à la plupart des droits et libertés qui y sont garantis. À notre avis, ces préoccupations ne seraient pas moins valables dans un Québec souverain que dans l'actuelle fédération canadienne. Par conséquent, le pouvoir du Parlement québécois de déroger aux droits garantis dans la Constitution, ou à certains d'entre eux, devrait être maintenu dans l'éventualité de l'accession du Québec à la souveraineté[62]. Un tel pouvoir permettrait notamment de protéger les éléments

---

62.    Même au Canada anglais, des constitutionnalistes éminents sont favorables au maintien du pouvoir de déroger à la Charte canadienne, à condition que lui soient apportées certaines modifications, similaires à celles que nous proposons nous-même; voir par exemple: Peter H. RUSSELL, «Standing Up for Notwithstanding», (1991) 29 *Alberta Law Review* 293-309; Paul C. WEILER, «Rights and Judges in a Democracy: A New Canadian Version», (1984) 18 *University of Michigan Journal of Law Reform* 51 et suiv.; Christopher P. MANFREDI, *Judicial Power and the Charter: Canada and the Paradox of Liberal Constitutionalism*, Toronto, McClelland & Stewart, 1993, p. 199-211. Le professeur Manfredi souligne qu'aux États-Unis il existe également un certain courant en faveur d'une modification constitutionnelle qui accorderait au Congrès le pouvoir de renverser les décisions de la Cour suprême par un vote à la majorité des deux tiers; il semble même qu'une telle proposition ait déjà été avancée, dès 1788, par nul autre que James Madison, un des «Pères» de la Constitution américaine: *op. cit.*, p. 198 et 199. On notera qu'en Pologne, en Roumanie et au Portugal, les députés peuvent passer outre une déclaration d'inconstitutionnalité en confirmant la loi censurée par un vote à la majorité des deux tiers; ce système a pour objet de préserver la liberté de décision finale des élus; voir :

considérés comme essentiels de la politique linguistique québécoise contre des décisions judiciaires par lesquelles les tribunaux trouveraient cette politique incompatible avec les libertés fondamentales ou le droit à l'égalité.

Cependant, si le pouvoir de dérogation doit être conservé, il faut également rendre sa mise en œuvre plus difficile, afin d'établir un meilleur équilibre entre le contrôle judiciaire et le processus démocratique.

### b) La limitation du pouvoir de déroger

Sous sa forme actuelle, le pouvoir de déroger aux chartes canadienne et québécoise peut être exercé de façon «préventive». En effet, les Parlements sont en mesure d'insérer une déclaration de dérogation dans leurs lois avant même que celles-ci ne soient contestées, ce qui a pour effet d'empêcher toute vérification par les tribunaux de leur conformité aux dispositions des chartes qui font l'objet de la dérogation. Le gouvernement qui fait adopter une déclaration de dérogation se trouve ainsi dispensé de démontrer que ses politiques sont raisonnables et justifiables à l'intérieur d'une société libre et démocratique. La possibilité du contrôle judiciaire serait par contre maintenue si l'utilisation du pouvoir de déroger était limitée aux cas où une disposition législative a déjà été invalidée. Si le Parlement qui l'a adoptée la considère véritablement essentielle, il pourra alors la réadopter avec une déclaration de dérogation, en prenant la responsabilité de ce geste devant l'opinion publique et l'électorat.

L'adoption d'une déclaration de dérogation ne devrait cependant pas être trop aisée, ce qui est le cas à l'heure actuelle, dans la mesure où elle ne nécessite qu'une majorité simple des votes. Cela signifie qu'en situation normale de gouvernement majoritaire le parti au pouvoir peut déroger aux chartes avec l'appui de ses seuls députés, lesquels sont soumis à la discipline de parti. Nous pensons qu'une dérogation aux chartes devrait exiger une majorité renforcée des deux tiers, c'est-à-dire — dans la plupart des cas — l'accord d'une partie au moins des députés d'opposition.

---

Dominique ROUSSEAU, *La justice constitutionnelle en Europe*, Paris, Montchrestien, 1992, p. 29-31 et 109. Pour une intéressante réflexion sur la justification du pouvoir de déroger à la Charte canadienne, voir également : Jacques GOSSELIN, *La légitimité du contrôle judiciaire sous le régime de la Charte*, Montréal, Éditions Yvon Blais, 1991, p. 225 et suiv.; Rainer KNOPFF & F.L. MORTON, *Charter Politics*, Scarborough, Nelson, 1992, p. 228-231.

Une autre solution consisterait à recourir au mécanisme du référendum, de façon à soumettre la question directement aux électeurs. Ces exigences rendraient en pratique le recours au pouvoir dérogatoire aussi difficile qu'une modification formelle de la Constitution.

Il faut également souligner que, contrairement à l'article 33 de la Charte canadienne qui limite l'application d'une disposition dérogatoire à une durée maximale de cinq ans, laquelle est renouvelable, l'article 52 de la Charte québécoise ne contient aucune exigence semblable. On pourrait donc songer à prévoir une limitation de la durée des dispositions dérogatoires susceptibles d'être adoptées par le Parlement d'un Québec souverain.

Enfin, dans un Québec souverain, il serait sans doute nécessaire de prévoir que certains droits garantis par la Charte québécoise ne puissent *pas* faire l'objet de dérogations, comme c'est actuellement le cas avec les articles 3 à 6, 16 à 20 et 23 de la Charte canadienne. L'«intangibilité» de certains droits est également prévue dans les conventions internationales relatives aux droits de la personne, notamment le *Pacte international relatif aux droits civils et politiques* auquel le Québec a déjà adhéré en 1976, en tant que province canadienne, et qu'il s'empresserait certainement de ratifier à nouveau en tant qu'État souverain.

L'examen systématique, article par article, du contenu de la Charte québécoise pour déterminer quels droits et libertés devraient être soustraits au pouvoir dérogatoire du Parlement dépasse largement le cadre de la présente étude. Il faudrait s'inspirer des conventions internationales qui régissent cette question. À notre avis, les droits linguistiques des minorités dans l'usage *officiel*, c'est-à-dire dans les rapports avec l'État, devraient figurer parmi les droits entièrement soustraits au pouvoir de déroger. Pour deux raisons. En premier lieu, contrairement aux libertés fondamentales, ces droits linguistiques seraient énoncés de façon relativement précise et détaillée. Ils seraient par conséquent beaucoup moins susceptibles de donner lieu à une interprétation «abusive» par les tribunaux que les droits et libertés énoncés de façon floue, comme la liberté d'expression. Or c'est précisément pour neutraliser les interprétations judiciaires considérées comme abusives et non souhaitables que le pouvoir dérogatoire est utile. En second lieu, les droits des minorités devraient être protégés contre les errements et les débordements de la volonté de la population majoritaire et de ses représentants élus. Cela ne serait pas le cas si ces droits pouvaient faire l'objet d'une dérogation décidée par le Parlement, fût-ce par une majorité renforcée, ou par la population s'exprimant lors d'un référendum. Il nous semble donc que les droits minoritaires ne devraient pouvoir être restreints que dans les cas où les autorités politiques réussissent à démontrer devant un tribunal que la restriction en cause est raisonnable et justifiable, c'est-à-dire qu'elle constitue un moyen rationnel et proportionné d'atteindre un objectif social important.

À l'inverse, nous pensons que la liberté linguistique qui existe dans le domaine des relations privées, et qui découle implicitement des libertés fondamentales et du droit à l'égalité, devrait continuer à être soumise au pouvoir dérogatoire. D'une part, il s'agit là de droits qui bénéficient à tous, autant les membres de la majorité que ceux des minorités. Par conséquent, les représentants de la majorité accepteront moins facilement de les limiter par une mesure dérogatoire. D'autre part, dans la mesure où elle découle de droits et de libertés exprimés de façon vague et indéterminée, la liberté linguistique dans les relations privées pourrait facilement donner lieu à des débordements jurisprudentiels. C'est en tout cas ce que laissent penser certaines décisions en matière de liberté d'expression, dans lesquelles les tribunaux canadiens ont étendu la protection de cette liberté aux comportements les plus inattendus (danse nue, propagande antisémite, sollicitation pour fins de prostitution, etc.).

## D. – Les droits des membres de la minorité anglophone d'être adéquatement représentés dans la fonction publique du Québec

Pour terminer cette première partie consacrée aux droits de la minorité anglophone du Québec, il faut mentionner que les anglophones se plaignent également de ne pas être suffisamment représentés au sein de la fonction publique québécoise, ce qui est exact et est également vrai pour les autres minorités ethniques du Québec, ainsi que pour les minorités «visibles[63]». De ce point de vue, la situation de toutes les minorités semble donc comparable et leurs droits devraient également être les mêmes, à savoir le droit de ne pas subir de discrimination et, le cas échéant, celui de bénéficier d'un programme d'accès à l'égalité dans les cas où une

---

63.    Dans son rapport annuel pour 1991, le Commissaire aux langues officielles a signalé que les anglophones sont également sous-représentés, au Québec, dans la fonction publique *fédérale*, où ils ne constituent que 5,8 % de l'effectif: *op. cit.*, note 48, p. 143.

situation de discrimination systémique aurait été constatée. Soulignons que la Charte québécoise offre dans ce domaine aux minorités une meilleure protection que la Charte canadienne. En effet, alors que l'article 15(2) de celle-ci ne fait qu'autoriser les programmes d'accès à l'égalité, sans les imposer, la partie III (articles 86 et suivants) de la Charte québécoise contient des dispositions qui permettent aux tribunaux d'*imposer* l'implantation d'un programme d'accès à l'égalité dans les cas où une situation de discrimination a été constatée, notamment en matière d'emploi. Par conséquent, si ces dispositions étaient maintenues dans un Québec souverain, il ne serait pas nécessaire de prévoir une protection supplémentaire. Dans la mesure où les droits de toutes les minorités, anglophone ou autres, devraient être les mêmes dans ce domaine, nous ne soulèverons pas cette question à nouveau dans la deuxième partie de l'étude, consacrée aux droits des minorités autres que la minorité anglophone.

# II. - Les droits des autres minorités du Québec

## A. - L'article 27 du *Pacte international relatif aux droits civils et politiques* et l'article 43 de la *Charte des droits et libertés de la personne du Québec*

Advenant son accession à la souveraineté, le Québec ne serait tenu de respecter, à l'égard de toutes ses minorités, y compris la minorité anglophone, que les seules garanties découlant du droit international coutumier ou contenues dans les traités auxquels il deviendrait partie. Comme on le verra, ces normes internationales n'offrent qu'une protection relativement limitée en ce qui concerne l'usage *public* des langues minoritaires. Évidemment, rien n'empêcherait le Québec de reconnaître, dans sa constitution ou dans un accord de réciprocité signé avec le Canada anglais, des garanties supplémentaires au profit de sa minorité anglophone. Cependant, s'il n'en était rien, cette minorité serait placée dans la même situation que toutes les autres minorités vivant au Québec, c'est-à-dire qu'elle ne pourrait invoquer que la protection des normes du droit international.

Par ailleurs, le Québec pourrait également reconnaître dans son droit interne, aux minorités *autres* que la minorité anglophone, des garanties plus généreuses que celles du droit international. Néanmoins, il est fort probable qu'un Québec souverain conférera à sa minorité anglophone des droits plus considérables, en matière d'usage *public* des langues, que ceux qu'il accordera à ses autres minorités linguistiques et culturelles. Cette «inégalité» ne devrait cependant pas être considérée comme incompatible avec le droit international. Celui-ci n'interdit pas *toutes* les distinctions fondées sur la langue, mais uniquement celles qui ne sont pas justifiables et raisonnables et qui n'ont pas de fondement objectif. Or, le rôle historique des anglophones au Québec, leur contribution au développement de la société québécoise ainsi que leur importance numérique justifient manifestement qu'on leur reconnaisse des droits plus importants que ceux d'autres collectivités, qui se sont installées au Québec de façon plus tardive ou dont l'importance numérique est moindre. Pour clore ce point, il suffira de rappeler que de très nombreux États dans le monde — dont le Canada — reconnaissent un statut juridique privilégié, en matière d'usage *public*, à *une ou plusieurs* langues minoritaires sur leur territoire, mais évidemment pas à *toutes* les langues qui y sont parlées. Si le droit international devait être considéré comme interdisant ce genre d'«inégalités», il faudrait en conclure que tous ces États, y compris le Canada, violent leurs obligations.

On entend parfois l'argument selon lequel il serait inutile de conférer des droits particuliers aux minorités, celles-ci étant déjà suffisamment protégées par la mise en œuvre des droits et libertés de la personne qui bénéficient à l'ensemble de la population, notamment le droit à l'égalité et l'interdiction de la discrimination. À cela il convient de répondre que la majorité et les minorités ne se trouvent évidemment pas dans des situations comparables et qu'un même traitement appliqué à deux situations différentes produit l'inégalité plutôt que l'égalité. C'est l'idée qu'exprimait, dans un célèbre avis consultatif de 1935, la Cour permanente de justice internationale[64], en soulignant que deux conditions doivent être remplies pour qu'une minorité puisse coexister de façon pacifique avec la population majoritaire, tout en conservant ce qui fait sa spécificité.

La première de ces conditions consiste à placer les membres de la minorité sur un pied de parfaite égalité avec la majorité. Elle est remplie s'il n'existe pas de discrimination dirigée contre les membres de la minorité à raison de leur appartenance à celle-ci. Dans la *Charte des droits et libertés de la personne* du Québec, ce sont les articles 10 à 20 qui devraient assurer qu'il en soit ainsi. En particulier, l'article 10 énonce:

> Toute personne a droit à la reconnaissance et à l'exercice, en pleine égalité, des droits et libertés de la personne, sans distinction, exclusion ou préférence fondée sur la race, la couleur, le sexe, la grossesse, l'orientation sexuelle, l'état civil, l'âge sauf dans la mesure prévue par la loi, la religion, les convictions politiques, la langue, l'origine ethnique ou nationale, la condition sociale, le handicap ou l'utilisation d'un moyen pour pallier ce handicap.

---

64. *Avis consultatif sur les écoles minoritaires en Albanie* (6 avril 1935); C.P.J.I., Série A-B, n° 64, p. 17.

Il y a discrimination lorsqu'une telle distinction, exclusion ou préférence a pour effet de détruire ou de compromettre ce droit.

Il faut remarquer que la Charte québécoise est la *seule* au Canada, tant au niveau provincial que fédéral, qui prohibe expressément la discrimination fondée sur la langue[65].

Cependant, si l'on en restait là, l'égalité entre la minorité et le reste de la population risquerait de n'être que formelle. Bien pire, une égalité purement abstraite impliquerait que les membres d'une minorité ethnique soient servis par les mêmes institutions culturelles et éducatives que la majorité, ce qui signifierait fort probablement la disparition plus ou moins rapide de tout ce qui fait le caractère particulier de la minorité et, par conséquent, son assimilation à la majorité. C'est la raison pour laquelle la Cour permanente ajoutait une deuxième condition pour que les droits de la minorité soient respectés, à savoir que celle-ci doit avoir les moyens de conserver et de perpétuer ses traditions et ses caractéristiques propres. Concrètement, cela signifie qu'elle doit pouvoir disposer de certaines institutions, culturelles ou autres, propres à lui permettre d'atteindre ce but[66].

La Cour permanente avait posé ces deux principes à propos du système de protection internationale des minorités qui s'appliquait dans les traités de paix conclus après la Première Guerre mondiale. Aujourd'hui, ce même droit des minorités de réclamer tout à la fois la pleine égalité

---

65.  Le *Human Rights Act du Yukon*, S.Y. 1987, c. 3, art. 6(c), prohibe la discrimination pour un certain nombre de motifs, dont le suivant : «ethnic or linguistic background or origin».

66.  Précité, note 64, p. 17 : «L'idée qui est à la base des traités pour la protection des minorités est d'assurer à des groupes sociaux incorporés dans un État, dont la population est d'une race, d'une langue ou d'une religion autre que la leur, la possibilité d'une coexistence pacifique et d'une collaboration cordiale avec cette population, tout en gardant les caractères par lesquels ils se distinguent de la majorité et en satisfaisant aux exigences qui en découlent. Pour atteindre ce but, deux choses surtout ont été considérées comme nécessaires et font l'objet des dispositions desdits traités. Tous d'abord, assurer que les ressortissants appartenant à des minorités de race, de religion ou de langue se trouvent, à tous les points de vue, sur un pied de parfaite égalité avec les autres ressortissants de l'État. En second lieu, assurer aux groupes minoritaires des moyens appropriés pour la conservation des caractères ethniques, des traditions et de la physionomie nationales. Les deux choses sont d'ailleurs étroitement liées, car il n'y aurait pas de véritable égalité entre majorité et minorité si celle-ci était privée de ses propres institutions et partant obligée de renoncer à ce qui constitue l'essence même de sa vie en tant que minorité».

avec la majorité et la préservation de leur identité propre découle du *Pacte international relatif aux droits civils et politiques,* dont les articles 2(1) et 26 établissent les principes d'égalité et de non-discrimination[67] et dont l'article 27 énonce:

> Dans les États où il existe des minorités ethniques, religieuses ou linguistiques, les personnes appartenant à ces minorités ne peuvent être privées du droit d'avoir, en commun avec les autres membres de leur groupe, leur propre vie culturelle, de professer et de pratiquer leur propre religion, ou d'employer leur propre langue.

Le Canada a ratifié le Pacte en 1976 et le Québec en a fait autant, au même moment, en tant que province canadienne. S'il accédait à l'indépendance, le Québec renouvellerait très certainement cette adhésion en tant qu'État souverain. Il se trouverait donc lié par l'obligation de mettre son ordre juridique interne en conformité avec les normes contenues dans cet instrument international. Concernant les articles du Pacte relatifs à l'égalité et à la non-discrimination, on a déjà vu qu'ils trouvent leur contrepartie dans l'article 10 de la Charte québécoise. Quant à l'article 27 du Pacte, relatif aux droits des minorités, il a manifestement inspiré la rédaction de l'article 43 de la Charte québécoise, qui énonce:

> Les personnes appartenant à des minorités ethniques ont le droit de maintenir et de faire progresser leur propre vie culturelle avec les autres membres de leur groupe.

Il faut donc se demander si le contenu de la Charte québécoise, notamment son article 43, assure la conformité du droit interne du Québec aux obligations prévues par le Pacte international en matière de protection des minorités ethniques et culturelles. Pour répondre, il faudra déterminer quels sont les droits qui découlent pour ces minorités de

---

67.   L'article 2(1) du Pacte énonce: «Les États parties au présent Pacte s'engagent à respecter et à garantir à tous les individus se trouvant sur leur territoire et relevant de leur compétence les droits reconnus dans le présent Pacte, sans distinction aucune, notamment de race, de couleur, de sexe, de langue, de religion, d'opinion politique ou de tout autre opinion, d'origine nationale ou sociale, de fortune de naissance ou de toute autre situation». L'article 26 dispose: «Toutes les personnes sont égales devant la loi et ont droit sans discrimination à une égale protection de la loi. À cet égard, la loi doit interdire toute discrimination et garantir à toutes les personnes une protection égale et efficace contre toute discrimination, notamment de race, de couleur, de sexe, de langue, de religion, d'opinion politique et de toute autre opinion, d'origine nationale ou sociale, de fortune, de naissance ou de toute autre situation».

l'article 27 du Pacte et voir ensuite dans quelle mesure ces mêmes droits sont également garantis par la Charte québécoise[68]. Dans cette démarche, nous examinerons successivement les différentes questions qui ont déjà retenu notre attention dans la première partie de cette étude. Cependant, il convient auparavant de faire deux remarques générales concernant, l'une, le *contenu*, l'autre, le *statut* de l'article 43 de la Charte québécoise.

Le texte de l'article 43 de la Charte québécoise semble moins précis et moins complet que celui de l'article 27 du Pacte. Celui-ci mentionne le droit des membres des minorités *ethniques, religieuses ou linguistiques*, en commun avec les autres membres de leur groupe, *d'avoir leur propre vie culturelle, de professer et de pratiquer leur propre religion, ou d'employer leur propre langue*. Par contre, l'article 43 de la Charte n'énonce que le droit des personnes appartenant à des *minorités ethniques* de *maintenir et de faire progresser leur vie culturelle* avec les autres membres de leur groupe. Le droit de professer et de pratiquer la religion minoritaire et celui d'employer la langue de la minorité ne figurent donc pas expressément dans la disposition québécoise. Cependant, on peut prétendre qu'ils sont inclus de façon implicite dans le droit de maintenir et de faire progresser la vie

---

68.    La *Charte canadienne des droits et libertés* contient à son article 27 une disposition interprétative qui prévoit que «[t]oute interprétation de la [...] charte doit concorder avec l'objectif de promouvoir le maintien et la valorisation du patrimoine multiculturel des Canadiens». Combiné avec d'autres dispositions de la Charte, l'article 27, qui a été adopté pour donner suite aux revendications des groupes culturels minoritaires qui n'appartiennent à aucune des deux communautés linguistiques principales du Canada, pourrait être considéré comme une façon — peu satisfaisante — de mettre en œuvre, en droit interne canadien, l'article 27 du Pacte international. Jusqu'à présent, l'article 27 de la Charte canadienne a reçu une application qui ne lui a fait jouer qu'un rôle peu important. En effet, les tribunaux ont surtout fait appel à l'article 27 en appliquant l'article 2 de la Charte canadienne, qui garantit les libertés fondamentales. L'article 27 a ainsi servi d'argument pour justifier une interprétation large et libérale de la liberté de religion. Il a amené les tribunaux à refuser de considérer comme raisonnables, au sens de l'article 1 de la Charte, des restrictions à cette liberté qui ne sont pas compatibles avec le respect du multiculturalisme. Ils ont conclu, par exemple, que l'obligation faite à tous d'observer le dimanche, ou l'imposition de la prière au début ou à la fin des classes, enfreint la liberté de religion d'une manière contraire à l'héritage multiculturel des Canadiens. En l'occurrence l'article 27 n'a servi qu'à renforcer un argument — celui de la liberté de religion — qui était déjà suffisant en lui-même. Sur l'article 27 de la Charte canadienne, voir notamment : *Multiculturalism: A Legal Perspective* (Canadian Human Rights Foundation), Toronto, Carswell, 1987; José WOEHRLING, «Minority Cultural and Linguistic Rights and Equality Rights in the *Canadian Charter of Rights and Freedoms*», (1985) 31 *Revue de Droit de McGill* 50, 61 et suiv.

culturelle, étant donné que la culture inclut sans doute la religion et sûrement la langue. Dans le contexte de l'application de l'article 27 de la Charte canadienne, qui porte sur le «patrimoine multiculturel», les tribunaux ont jugé que la «culture» comprend la langue et la religion[69]. Mentionnons également que, dans son étude concernant la mise en œuvre de l'article 27 du Pacte[70], le professeur Capotorti, rapporteur spécial à la *Sous-commission de la lutte contre les mesures discriminatoires et de la protection des minorités* de l'Organisation des Nations Unies, adopte la définition très large du concept de culture donnée par Michel Leiris:

> [L]a culture comprend tout ce qui est socialement hérité ou transmis, son domaine englobe les ordres de faits les plus différents: croyances, connaissance, sentiments, littérature [...] sont des éléments culturels, de même que le langage ou tout autre système de symboles [...] qui est leur véhicule ...[71]

Concernant son *statut*, il faut faire remarquer que l'article 43 fait partie du chapitre IV de la Charte québécoise (articles 39 à 48) qui contient les droits économiques et sociaux. Or ces derniers ne font l'objet d'aucune primauté sur la législation ordinaire, dans la mesure où l'article 52 de la Charte québécoise (la clause de primauté) ne s'applique qu'aux articles 1 à 38. Par conséquent, les droits économiques et sociaux ne sont pas sanctionnables par les tribunaux à l'encontre du législateur et ne peuvent donc pas servir à rendre inopérante une loi qui serait considérée comme incompatible avec ces droits. Ils peuvent cependant servir à interpréter les lois, comme l'énonce l'article 53 de la Charte québécoise:

> Si un doute surgit dans l'interprétation d'une disposition de la loi, il est tranché dans le sens indiqué par la Charte.

Mais, en présence d'une loi incompatible rédigée sans ambiguïté, l'article 43 de la Charte québécoise sera dépourvu de toute utilité[72].

---

69.    Voir *supra*, note 68.

70.    Francesco CAPOTORTI, *Étude des droits des personnes appartenant aux minorités ethniques, religieuses et linguistiques*, New York, Nations Unies, 1979 (Doc. E/CN 4 Sub. 2/ 384/Rev. 1), p. 39.

71.    Michel LEIRIS, *Race et civilisation*, Paris, UNESCO, 1951 p. 21.

72.    Cependant, si la violation d'un droit économique ou social est discriminatoire, et si la distinction est fondée sur l'un des motifs prohibés à l'article 10 de la Charte québécoise, ce dernier pourra être invoqué avec succès. Autrement dit, une loi violant les droits économiques et sociaux pourra être contestée *si la violation est discriminatoire*, ce qui sera souvent le cas car lorsque l'État accorde ou refuse des bénéfices économiques ou sociaux, c'est pratiquement toujours en établissant des distinctions entre différentes catégories de personnes.

On comprend aisément que cette situation n'est pas satisfaisante actuellement et qu'elle le serait encore moins dans un Québec souverain, eu égard aux obligations internationales qui découlent de l'article 27 du Pacte. Advenant l'accession du Québec à la souveraineté, il faudrait donc que l'article 43 de la Charte obtienne la primauté sur les lois ordinaires et puisse servir à contester celles qui seraient considérées comme incompatibles avec ses dispositions.

Pour en revenir à l'article 27 du Pacte international, il faut mentionner que celui-ci ne définit pas le concept de «minorité». La définition suivante a été proposée par le professeur Capotorti dans l'étude concernant la mise en œuvre de l'article 27 du Pacte qu'il a préparée en tant que rapporteur spécial à la *Sous-commission de la lutte contre les mesures discriminatoires et de la protection des minorités* de l'Organisation des Nations Unies:

> Un groupe numériquement inférieur au reste de la population d'un État, en position non dominante, dont les membres — ressortissants de l'État — possèdent du point de vue ethnique, religieux ou linguistique des caractéristiques qui diffèrent de celles du reste de la population et manifestent même de façon implicite un sentiment de solidarité, à l'effet de préserver leur culture, leurs traditions, leur religion ou leur langue[73].

Il faut également souligner que la portée exacte des obligations qui s'imposent aux États signataires en vertu de l'article 27 du Pacte international fait l'objet d'une certaine controverse entre ceux qui considèrent que cette disposition ne fait que *prohiber* les interventions de l'État qui *empêcheraient* les minorités d'avoir leur vie culturelle, de pratiquer leur religion ou d'employer leur langue, et ceux qui, au contraire, estiment que l'article 27 *oblige* l'État à *favoriser activement* ces comportements en prenant des mesures positives impliquant, par exemple, des interventions administratives et un soutien financier. L'opinion la plus connue est sans doute celle du professeur Capotorti qui, en tant que rapporteur spécial à la *Sous-commission de la lutte contre les mesures discriminatoires et de la protection des minorités* de l'Organisation des Nations Unies, a préparé une étude

---

73. *Op. cit.*, note 70, p. 102. Une définition qui n'est guère différente a été proposée par M. Jules Deschênes en sa qualité de membre de la *Sous-commission de la lutte contre les mesures discriminatoires et de la protection des minorités* de l'Organisation des Nations Unies; voir: Jules DESCHÊNES, «Qu'est-ce qu'une minorité?», (1986) 27 *Cahiers de droit* 255. Le Secrétariat de la Commission des droits de l'homme des Nations Unies a établi une compilation recensant un grand nombre de définitions proposées: E/CN. 4/1987/WG.5/WP1.

concernant la mise en œuvre de l'article 27 du Pacte[74]. Selon lui, cette disposition garantit d'abord aux minorités le droit de préserver et de développer leur religion, leur langue et leur culture en mettant en œuvre leurs *propres ressources*, l'État se voyant donc imposer l'obligation *de ne pas s'opposer* aux efforts que les minorités elles-mêmes sont susceptibles de faire dans ce sens. Il est vrai que, dans la même étude, le professeur Capotorti affirme également que les États parties ont l'obligation, dans la limite de leurs ressources, de venir en aide aux minorités, en mettant à leur disposition les moyens matériels nécessaires pour la préservation et le développement de la religion, de la culture et de la langue minoritaires[75].

## B. - Les droits des minorités relatifs à la langue de la législation et de la réglementation, de la justice et de l'Administration

Le professeur Capotorti interprète l'article 27 du Pacte international comme *n'imposant pas* aux États signataires de reconnaître un statut officiel aux langues minoritaires, même si cette solution est considérée comme *souhaitable*. Il s'exprime notamment ainsi:

> Une solution uniforme est difficile à appliquer dans ces domaines. Néanmoins, il semble pleinement justifié de penser que, dans tous les cas où une langue minoritaire n'a pas de statut officiel, des facilités adéquates doivent être mises à la disposition des membres du groupe linguistique minoritaire pour qu'ils ne soient pas désavantagés simplement parce qu'ils parlent une langue différente de celle de la majorité. Dans les procédures judiciaires et dans les rapports avec les autorités, par exemple, un système de traduction doit être prévu, à la charge de l'État[76].

---

74. *Op. cit.*, note 70.
75. *Id.*, p. 105. La *Déclaration des droits des personnes appartenant à des minorités nationales ou ethniques, religieuses et linguistiques* adoptée par l'Assemblée générale des Nations Unies le 18 décembre 1992 énonce notamment: «Article premier. 1. Les États protègent l'existence et l'identité nationale ou ethnique, culturelle, religieuse et linguistique des minorités, sur leurs territoires respectifs, et favorisent l'instauration des conditions propres à promouvoir cette identité. 2. Les États adoptent les mesures législatives ou autres qui sont nécessaires pour parvenir à ces fins». «Article 4. [...] 2. Les États prennent des mesures pour créer des conditions propres à permettre aux personnes appartenant à des minorités d'exprimer leur propres particularités et de développer leur culture, leur langue, leurs traditions et leurs coutumes [...]».
76. *Op. cit.*, note 70, p. 107.

Par ailleurs, l'article 14(3) du Pacte international prévoit, de façon plus précise, que «[t]oute personne accusée d'une infraction pénale a droit, en pleine égalité, au moins aux garanties suivantes: a) À être informée, dans le plus court délai, *dans une langue qu'elle comprend* et de façon détaillée, de la nature et des motifs de l'accusation portée contre elle; [...] f) À se faire assister gratuitement d'un interprète si elle ne comprend pas ou ne parle pas la langue employée à l'audience».

Ces droits judiciaires à incidence linguistique garantis par le Pacte ont leur contrepartie dans la Charte québécoise, qui reconnaît le droit de toute personne arrêtée ou détenue d'être promptement informée, dans une langue qu'elle comprend, des motifs de son arrestation ou de sa détention (article 28) et le droit de tout accusé d'être assisté gratuitement d'un interprète s'il ne comprend pas la langue employée à l'audience ou s'il est atteint de surdité (article 36).

Quant à la *Convention européenne des droits de l'Homme*, qui ne s'applique pas au Canada mais que les tribunaux canadiens et québécois utilisent parfois pour interpréter le droit interne, les organismes chargés de sa mise en œuvre ont refusé jusqu'à présent d'en faire découler un droit quelconque des membres des minorités d'utiliser leur langue dans les rapports avec l'administration publique, c'est-à-dire dans l'usage *officiel* (par opposition à l'usage *privé*) des langues[77].

Pour en revenir à l'article 43 de la Charte québécoise, est-il possible d'en faire découler un droit quelconque des minorités d'utiliser leur langue dans les rapports avec les autorités publiques ou de recevoir certains documents officiels dans cette langue? Cela semble difficile, d'autant plus qu'il faut tenir compte de l'existence de la *Charte de la langue française* qui réglemente de façon précise et détaillée l'usage officiel des langues. Il ne semble donc pas possible de prétendre que la Charte québécoise des droits et libertés, qui est une loi beaucoup plus générale,

---

77. Sur la portée de la Convention européenne à l'égard des minorités, voir : Peter LEUPRECHT, «Le Conseil de l'Europe et les droits des minorités», (1986) 27 *Cahiers de Droit* 203-213. Le Conseil de l'Europe a adopté en 1992 une *Charte européenne des langues régionales ou minoritaires*, qui reconnaît aux minorités des droits plus larges que la Convention européenne; elle est entrée en vigueur le 1er mars 1993. Sur cet instrument, voir: Jean-Marie WOEHRLING, «La promotion des langues régionales et minoritaires dans le projet de Charte du Conseil de l'Europe», dans: P. PUPIER et J. WOEHRLING (dir.), *op. cit.*, note 34, p. 133.

confère aux minorités des droits linguistiques plus considérables que la loi 101. Il n'en reste pas moins que l'on pourrait peut-être combiner l'article 43 et l'article 10, qui prohibe la discrimination fondée sur la langue, pour tenter de reconnaître aux minorités le droit d'obtenir la traduction, dans leur langue, de certains documents administratifs, comme les formulaires de demande de prestations sociales. Il serait également possible d'invoquer, en plus des articles 10 et 43, d'autres dispositions de la Charte. Ainsi, l'article 22, qui garantit le droit de vote, combiné avec les articles 10 et 43, pourrait peut-être fonder la réclamation du droit de recevoir certains documents électoraux dans la langue de la minorité.

## C. – Les droits des minorités relatifs à l'éducation

Il faut distinguer les droits des minorités à l'enseignement *dans leur langue* et à *l'apprentissage* de celle-ci, les droits relatifs à l'apprentissage de la *langue majoritaire* et, enfin, le droit que les minorités sont susceptibles de revendiquer de choisir entre l'enseignement en français et l'enseignement en anglais.

*1. - L'enseignement dans la langue minoritaire*
*et l'apprentissage de la langue minoritaire*

Le professeur Capotorti s'exprime comme suit concernant l'emploi des langues des groupes minoritaires dans l'enseignement:

> La langue étant un élément indispensable de la culture, la capacité de survie d'une minorité en tant que groupe culturel se trouve compromise si aucun enseignement n'est dispensé dans cette langue. Il est donc permis de douter de l'efficacité de mesures prises en faveur de la vie culturelle d'un groupe qui est privé d'instruction dans sa propre langue[78].

---

78. *Op. cit.*, note 70, p. 107. La *Déclaration des droits des personnes appartenant à des minorités nationales ou ethniques, religieuses et linguistiques* adoptée par l'Assemblée générale des Nations Unies le 18 décembre 1992 énonce à son article 4 : «4. 3. Les États devraient prendre des mesures appropriées pour que, dans la mesure du possible, les personnes appartenant à des minorités aient la possibilité d'apprendre leur langue maternelle ou de recevoir une instruction dans leur langue maternelle. 4. 4. Les États devraient, le cas échéant, prendre des mesures dans le domaine de l'éducation afin d'encourager la connaissance de l'histoire, des traditions, de la langue et de la culture des minorités qui vivent sur leurs territoires. Les personnes appartenant à des minorités devraient avoir la possibilité d'apprendre à connaître la société dans son ensemble».

Si cela signifie que l'auteur interprète l'article 27 comme obligeant les États signataires à mettre sur pied un système d'éducation publique dans lequel l'enseignement se donne dans la langue de chaque minorité vivant sur leur territoire, il faut conclure que la pratique de la très grande majorité des États ne respecte manifestement pas cette obligation du Pacte. En fait, pareille interprétation mettrait à la charge des États signataires des obligations financières que même les plus riches d'entre eux auraient de la difficulté à assumer, si l'on songe au multilinguisme croissant qui existe aujourd'hui dans la plupart des pays du monde à la suite des migrations économiques et de la multiplication des réfugiés politiques.

L'article 5(1)(c) de la *Convention concernant la lutte contre la discrimination dans le domaine de l'enseignement*, conclue sous l'égide de l'UNESCO, que le Canada n'a pas ratifiée, comporte des obligations beaucoup plus précises et plus déterminées que l'article 27 du Pacte international en ce qui concerne les droits des minorités en matière d'éducation. Pourtant, cette disposition est très généralement interprétée comme ne mettant à la charge des États signataires que l'obligation *négative* de ne pas empêcher les minorités de mettre sur pied des écoles à leurs propres frais. Les articles 5.1.c) et 5.2 énoncent:

1. Les États parties à la présente convention conviennent:

c) Qu'il importe de reconnaître aux membres des minorités nationales le droit d'exercer des activités éducatives qui leur soient propres, y compris la gestion d'écoles et, selon la politique de chaque État en matière d'éducation, l'emploi ou l'enseignement de leur propre langue, à condition toutefois:

i) Que ce droit ne soit pas exercé d'une manière qui empêche les membres des minorités de comprendre la culture et la langue de l'ensemble de la collectivité et de prendre part à ses activités, ou qui compromette la souveraineté nationale;

ii) Que le niveau de l'enseignement dans ces écoles ne soit pas inférieur au niveau général prescrit ou approuvé par les autorités compétentes; et

iii) Que la fréquentation de ces écoles soit facultative.

2. Les États parties à la présente convention s'engagent à prendre toutes les mesures nécessaires pour assurer l'application des principes énoncés au paragraphe 1 du présent article.

Un auteur éminent, pourtant très sympathique à la cause des minorités, commente de la façon suivante la portée de l'article 5(1)(c):

Even though the matter is not explicitly resolved in Article 5(l)(c), it stands to reason that, as a rule, each minority must maintain its schools at its own expense. Needless to say, a State is not barred from subsidizing such schools if it wishes to. But there does not seem to be any general obligation incumbent on the State, under international law, to finance schools that preserve the minority's traditions[79].

On constate par conséquent qu'il n'y a pas de consensus concernant l'obligation des États, en droit international, de mettre sur pied un enseignement *dans* la langue ou *de* la langue de la minorité.

Qu'en est-il de l'article 43 de la Charte québécoise? Il paraît évidemment exclu de faire découler de cette disposition un droit de toutes les minorités à l'enseignement dans leur langue qui serait comparable à celui qui est prévu, au profit de la seule minorité anglophone, par la *Charte de la langue française*. Par contre, il n'est peut-être pas impossible de prétendre que, de la combinaison des articles 43 et 10, puissent éventuellement découler, au profit des «autres» minorités, certains droits moins élaborés que ceux dont bénéficie la minorité anglophone. En matière d'éducation, les minorités québécoises pourraient par exemple réclamer l'organisation d'un enseignement *de leur langue* et *de leur culture* d'origine. De tels programmes existent d'ailleurs déjà au Québec, sous le nom de «Projet d'enseignement des langues d'origine» (PELO) et de «Programme des langues ethniques» (PLE). Une revendication plus audacieuse consisterait à demander la mise sur pied, durant les premières années de la scolarité, d'un enseignement bilingue et biculturel dans lequel certaines matières seraient enseignées *dans* la langue de la minorité, de façon à assurer une intégration plus harmonieuse des enfants minoritaires dans le groupe majoritaire. De telles revendications pourraient s'appuyer sur le droit des enfants de la minorité à l'égalité de traitement avec ceux de la majorité, ce droit étant interprété et appliqué à la lumière de l'article 43 de la Charte québécoise[80]. Cependant, il ne s'agit là que d'hypothèses qui, jusqu'à présent, n'ont pas été vérifiées devant les tribu-

---

79. Yoram DINSTEIN, «Cultural Rights», (1979) 9 *Israel Yearbook on Human Rights* 58, 72.

80. Aux États-Unis, dans l'arrêt *Lau* v. *Nichols*, 414 U.S. 563 (1974), la Cour suprême des États-Unis a jugé, en se fondant sur le principe d'égalité inscrit au Titre VI du *Civil Rights Act* de 1964, que l'enseignement doit être dispensé aux élèves dans une langue que ceux-ci *comprennent*. À la suite de cette décision ont été mis sur pied des programmes scolaires bilingues et biculturels à l'intention des enfants appartenant à certaines minorités ethniques. Pour une analyse des différentes mesures adoptées à la suite de l'affaire *Lau*, voir: Rachel F. MORAN, «Discretion under Fire : The Challenge of Bilingual Education in the U.S.A.», dans: P. PUPIER et J. WOEHRLING (dir.), *op. cit.*, note 34, p. 473.

naux et dont il est très difficile, par conséquent, d'évaluer la vraisemblance.

## 2. - L'apprentissage de la langue de la majorité

Tout aussi important que le droit de conserver leur propre langue d'origine est le droit des membres d'une minorité d'apprendre correctement la langue de la majorité. En effet, la maîtrise de la langue majoritaire conditionne normalement les chances de réussite économique et d'épanouissement social des personnes appartenant à une minorité linguistique. Rappelons à cet égard que la *Charte de la langue française* exige une «connaissance appropriée» de la langue française notamment pour l'accès aux postes de la fonction publique et à certaines professions.

Par ailleurs, le droit — ou l'obligation — de fréquenter les écoles de la majorité ne suffit pas toujours à permettre aux enfants minoritaires d'acquérir une connaissance satisfaisante de la langue majoritaire. Dans la mesure où ils n'ont pas les mêmes habiletés linguistiques de départ que les enfants de la majorité, ceux des minorités sont susceptibles de développer des difficultés d'apprentissage si l'enseignement n'est pas adapté à leur situation particulière. En combinant l'article 10 de la Charte québécoise, qui interdit la discrimination fondée sur la langue, avec l'article 40, qui reconnaît le droit à l'instruction publique gratuite, les membres des minorités linguistiques, y compris la minorité anglophone, pourraient donc réclamer la mise sur pied de cours spéciaux de langue française destinés à permettre à leurs enfants de combler l'écart qui les sépare des enfants de la majorité. Il ne serait évidemment pas nécessaire, à cette fin, d'invoquer l'article 43 de la Charte, qui vise la conservation des cultures et des langues d'origine des minorités, et non pas l'acquisition de la langue majoritaire. Ajoutons que des revendications du même genre pourraient être présentées pour obtenir des cours de langue française destinés aux membres *adultes* des groupes minoritaires. Il n'existe pas, à notre connaissance, de jurisprudence permettant d'évaluer les chances de succès de pareilles revendications.

*3. - La revendication par les membres des minorités autres*
*que la minorité anglophone du droit de choisir entre l'enseignement*
*en français et l'enseignement en anglais*

À l'heure actuelle, la *Charte de la langue française* permet aux membres de la minorité anglophone du Québec, qui ont le droit de fréquenter l'école publique anglaise, de choisir entre cette école et l'école publique française. Le même droit n'appartient ni aux membres des autres minorités ni à ceux de la majorité francophone, qui sont obligés de fréquenter l'école publique française. Il n'est pas douteux qu'une telle distinction pourrait être contestée en vertu de l'article 10 de la Charte québécoise et des articles 2(1) et 26 du *Pacte international relatif aux droits civils et politiques*, toutes dispositions qui interdisent expressément la discrimination fondée sur la langue. Il nous semble cependant que cette restriction du droit à l'égalité pourrait être justifiée. Son but, qui est d'amener les immigrants — et les francophones eux-mêmes — à fréquenter l'école de la majorité francophone paraît clairement légitime et les moyens utilisés ne semblent pas disproportionnés. Ajoutons cependant qu'un tel régime serait plus facile à défendre si la «clause universelle» s'appliquait au Québec, car la distinction opérée serait alors plus logique et davantage conforme à l'ordre des choses. En effet, dans ce cas, tous ceux dont l'anglais est la langue maternelle auraient le droit d'inscrire leurs enfants à l'école anglophone, les autres devant les envoyer à l'école francophone.

Pour clore ce point, rappelons que la Constitution canadienne actuelle contient le même genre de distinction que la loi 101, puisque l'article 23 de la *Charte canadienne des droits et libertés* permet aux membres des minorités anglophone et francophone, *et à eux seuls*, de choisir entre l'école de la minorité (là où elle existe) et l'école de la majorité. À notre connaissance, l'article 23 de la Charte canadienne n'a jamais été contesté comme incompatible avec l'interdiction de la discrimination fondée sur la langue contenue dans les articles 2(1) et 26 du Pacte international.

## D. – Les droits des minorités relatifs à la langue de la vie économique

Comme on l'a vu auparavant, la «liberté linguistique» dans l'usage privé des langues, y compris en matière commerciale et économique, découle implicitement des libertés fondamentales et du droit à l'égalité. Elle bénéficie autant aux membres de la majorité qu'à ceux des minorités. Par ailleurs, on peut prétendre que les minorités pourraient s'appuyer *en plus* sur l'article 27 du Pacte international et sur l'article 43 de la Charte québécoise pour revendiquer le droit d'utiliser leur langue dans la vie économique. Cela paraît évident pour la première de ces dispositions, qui prévoit expressément le droit des membres des minorités linguistiques *d'employer leur propre langue*[81]. Dans le cas de l'article 43 de la Charte québécoise, qui énonce le droit des membres des minorités *de maintenir et de faire progresser leur propre vie culturelle*, on peut sans doute considérer que les relations économiques font partie de la «culture» au sens sociologique large du terme.

Par conséquent, il est peu douteux que l'on puisse, en s'appuyant sur les dispositions du Pacte international qui garantissent le droit à l'égalité, la liberté d'expression et les droits des minorités, contester les dispositions de la *Charte de la langue française* qui prohibent ou limitent l'usage d'une langue autre que le français dans la vie économique, ou encore qui, tout en autorisant l'usage d'une ou de plusieurs autres langues, imposent la prédominance du français.

Dans un tel cas, les responsables de la politique linguistique québécoise devront essayer de justifier ces mesures en démontrant qu'elles poursuivent un objectif légitime, à savoir le redressement et le renforcement du statut du français qui est une langue vulnérable et menacée sur le continent nord-américain, et que les moyens utilisés ne sont pas disproportionnés ou déraisonnables. À cette fin, ils pourront s'appuyer sur l'exemple de nombreux autres pays libres et démocratiques qui ont adopté des mesures semblables ou comparables, parce qu'ils connaissent une situation sociolinguistique similaire.

Si certaines mesures de la politique linguistique du Québec étaient malgré tout considérées comme non compatibles avec le Pacte, les

---

81. La *Déclaration des droits des personnes appartenant à des minorités nationales ou ethniques, religieuses et linguistiques* adoptée par l'Assemblée générale des Nations Unies le 18 décembre 1992 énonce notamment à son article 2 : «2. 1. Les personnes appartenant à des minorités nationales ou ethniques, religieuses et linguistiques (ci-après dénommées personnes appartenant à des minorités) ont le droit de jouir de leur propre culture, de professer et de pratiquer leur propre religion et d'utiliser leur propre langue, en privé et en public, librement et sans ingérence ni discrimination quelconque. 2. 2. Les personnes appartenant à des minorités ont le droit de participer pleinement à la vie culturelle, religieuse, sociale, économique et publique».

représentants élus de la collectivité québécoise — ou cette dernière elle-même, par référendum — devraient décider ce qui leur importe le plus: rétablir la conformité du droit québécois avec le droit international en abolissant les dispositions jugées non conformes ou maintenir celles-ci malgré la réprobation éventuelle de l'opinion publique internationale, si elles étaient considérées comme essentielles à la sauvegarde de la langue française[82]. Le même dilemme risque d'ailleurs de se poser en ce qui concerne l'existence du pouvoir du déroger à la Charte québécoise (et à la Charte canadienne), qui est également très susceptible d'être considéré comme incompatible avec le Pacte international.

## E. – Les droits des minorités relatifs à l'expression et à la diffusion de la culture minoritaire

Un autre domaine dans lequel les droits d'une minorité ethnique et culturelle nécessitent d'être protégés est celui de l'expression et de la diffusion de la culture minoritaire. À ce sujet, l'étude des Nations Unies portant sur les droits qui découlent de l'article 27 du *Pacte international relatif aux droits civils et politiques* contient notamment les observations et recommandations suivantes:

> Il va sans dire que l'initiative des membres des groupes minoritaires est la condition préalable de tout progrès dans ce domaine, [i.e. le domaine artistique], mais elle doit être encouragée et soutenue par les pouvoirs publics. [...] Il est généralement admis qu'une politique culturelle, pour être efficace, doit offrir des possibilités variées de diffusion de la culture en cause. Les moyens et

---

82.    Le 31 mars 1993, le Comité des droits de l'homme des Nations Unies constatait que les dispositions de la *Charte de la langue française* exigeant l'usage exclusif du français dans l'affichage public et la publicité commerciale violaient l'article 19 du *Pacte international relatif aux droits civils et politiques*; voir *supra*, note 58bis. À la suite de cette intervention, le gouvernement du Québec a fait adopter la *Loi modifiant la Charte de la langue française* (ou «loi 86») qui institue un nouveau régime dans lequel l'affichage public et la publicité commerciale peuvent désormais être faits à la fois en français et dans une autre langue pourvu que le français y figure «de façon nettement prédominante». Cependant, la loi autorise également le gouvernement à déterminer, par règlement, les lieux, les cas, les conditions ou les circonstances où l'affichage public et la publicité commerciale «doivent se faire uniquement en français». Dans la mesure où les règlements adoptés en vertu de la loi continuent d'exiger, dans certains cas, l'usage exclusif du français, et donc de prohiber celui des autres langues, ils peuvent évidemment faire l'objet d'une nouvelle contestation en vertu du *Pacte* (ainsi, bien sûr, qu'en vertu de la *Charte canadienne des droits et libertés*). Voir *supra*, notes 57 et 58 et le texte correspondant.

les méthodes de propagation de la culture dont dispose aujourd'hui le monde moderne doivent être exploités à fond[83].

Autrement dit, l'article 27 du Pacte obligerait les États parties à garantir à leurs minorités un certain accès aux *équipements* qui permettent la création, l'expression et la diffusion de la culture.

De ce point de vue de l'accès aux moyens de création et de diffusion de la culture, la Charte québécoise met toutes les collectivités culturelles sur le même pied: aucune disposition ne garantit expressément de droits aux minorités dans ce domaine, qu'il s'agisse de la minorité anglophone ou des autres. L'article 43 ne possède, à cet égard, qu'une signification au mieux implicite et potentielle[84]. Son éventuelle importance dans ce domaine est d'ailleurs limitée par le fait qu'en Amérique du Nord une grande partie des moyens de communication et des équipements culturels relève du secteur privé, auquel cet article ne s'applique apparemment pas, du moins pas directement. En ce qui concerne le secteur étatisé, par contre, il n'est pas impossible qu'une jurisprudence inventive et généreuse combine différentes dispositions de la Charte québécoise, notamment les articles 10 et 43, afin de reconnaître certains droits aux minorités pour l'accès aux équipements culturels. Cependant, là encore, il ne s'agit que d'hypothèses qui restent à vérifier.

---

83.  *Op. cit.*, note 70, p. 106.
84.  La même chose est vraie pour l'article 27 de la *Charte canadienne des droits et libertés*; voir *supra*, note 68.

# CHAPITRE IV

# LES CHOIX POLITIQUES, ÉCONOMIQUES ET INSTITUTIONNELS D'UN QUÉBEC SOUVERAIN[*]

Jacques-Yvan MORIN

[*] Version révisée du rapport présenté à la Commission sur l'avenir politique et constitutionnel du Québec, présidée par MM. Bélanger et Campeau, en novembre 1990, en réponse aux questions posées à l'auteur par la Commission. Voir: J.-Y. Morin, «Réflexions sur l'avenir culturel, économique et constitutionnel du Québec et du Canada», Assemblée nationale du Québec, Commission susdite (1990). Les questions de la Commission ne sont pas reproduites et le texte a été retouché en vue de favoriser la continuité de l'exposé.

# Introduction:
## questions de fond et problèmes de forme

Les choix politiques, économiques et institutionnels auxquels le Québec doit faire face ne sont ni nouveaux ni exceptionnels. Depuis un demi-siècle, six commissions, nommées par le gouvernement du Québec ou par celui du Canada, se sont penchées sur la difficulté de faire coexister deux peuples au sein d'un même État, dont la Constitution n'a guère changé depuis l'époque coloniale en ce qui concerne les institutions et la répartition des pouvoirs.

Historiquement, ce problème remonte à la cession du pays par la France à la Grande-Bretagne, mais il n'a jamais été plus répandu que dans le monde contemporain et la forme qu'il prend au Québec et au Canada ne peut être dissociée du contexte beaucoup plus vaste dans lequel il s'inscrit. La «clôture» du système international, selon l'expression de R.-J. Dupuy, et l'interdépendance croissante des États sur le plan économique ne signifient pas que les cultures se rapprochent ni ne se fondent les unes dans les autres; au contraire, en jetant les groupes humains les uns sur les autres, le rapprochement physique mal préparé peut exacerber les différences socioculturelles que l'éloignement pouvait encore occulter.

Sur tous les continents et particulièrement dans les anciennes fédérations, comme l'Union soviétique, les mêmes forces sont à l'œuvre, souvent avec plus d'intensité cependant qu'au Québec et au Canada. L'acuité moindre de notre situation tient essentiellement à deux facteurs importants qui constituent des lueurs d'espoir dans un monde où se renouvellent sans cesse les conflits: le Québec et le Canada appartiennent au monde développé et possèdent des traditions démocratiques relativement solides. Si la Commission Bélanger-Campeau, s'appuyant sur ces facteurs, devait cependant oublier le contexte global, la profondeur des conflits qu'il révèle et ses conséquences possibles pour les rapports Québec-Canada, son rapport irait rejoindre rapidement ceux des Commissions antérieures sur les tablettes de l'oubli.

Bien entendu, la Commission ne sera pas entièrement responsable du sort qui sera réservé à ses recommandations: la volonté des gouvernements en présence, qui ne demandent peut-être qu'à enterrer une fois de plus un problème de plus en plus difficile à résoudre, sera déterminante à cet égard. Les commissions antérieures ont souvent établi un diagnostic assez exact des problèmes qui, selon l'expression de M. Christian Dufour, détruisent le pays à petit feu, mais les gouvernements ont fort bien su, pour des raisons qui tiennent à la courte vue qu'ils ont habituellement des choses, renvoyer à plus tard les solutions encore possibles à l'époque. La crise des institutions, déjà décrite avec beaucoup de lucidité par la Commission Laurendeau-Dunton, n'a donc fait que s'approfondir et les compromis institutionnels sont de plus en plus difficiles à imaginer à l'intérieur du fédéralisme.

Le développement socio-économique du Québec et du Canada et le caractère démocratique de leurs institutions sont cependant de grands facteurs d'espoir pour la solution d'un problème de coexistence qui, sous d'autres latitudes, s'apparente à la quadrature du cercle. On ne pourra cependant abuser indéfiniment de ces facteurs favorables, dont on connaît par ailleurs la fragilité lorsqu'ils sont soumis à des tensions trop fortes. Si, de surcroît, les difficultés économiques devaient continuer de s'accumuler, on aurait amplement l'occasion de regretter d'avoir renvoyé l'affaire, une fois de plus, aux calendes canadiennes.

On peut se demander pourquoi la problématique n'a fait que s'alourdir depuis que les commissions d'enquête se penchent sur le patient. À mon avis, la réponse ne tient pas seulement au fait que les gouvernements ont ignoré les diagnostics successifs, mais davantage au fait que le cadre global dans lequel se situe le Québec n'a cessé d'évoluer et de faire monter les enchères: certaines contraintes politiques issues du régime colonial et qui paraissaient inévitables en 1930, ou même en 1950, sont perçues désormais comme intolérables. Or, rien n'indique que la dynamique née de la décolonisation des esprits dans le monde, depuis le milieu des années cinquante, ira en s'atténuant. Au contraire, si les droits de l'homme, particulièrement dans les domaines social, économique et politique, y compris le «droit au développement» proclamé en 1986 par l'Assemblée générale de l'ONU, ne connaissent pas un commencement de réalisation, tout indique que les principales caractéristiques des décennies qui viennent seront des explosions ou implosions politiques successives, comme on en voit déjà au Sud et à l'Est. La crise des économies occidentales nous indique que même les États développés ne peuvent plus échapper entièrement à ces crises. Telle est l'ampleur réelle des problèmes auxquels la Commission est confrontée, bien que son mandat soit limité à l'étude du «statut politique et constitutionnel du Québec».

À côté de ces problèmes de fond, il en existe qui sont de pure forme et ne manqueront pas, cependant, d'avoir des conséquences pour les recommandations de la Commission portant sur le fond. Il s'agit du vocabulaire, dont l'exactitude ou l'obscurité peuvent contribuer aussi bien à éclairer les esprits qu'à les égarer. Si la Commission ne conçoit pas clairement ce qu'elle énonce et s'empêtre dans des notions dont elle ne mesure pas la portée, elle aura contribué plus que les commissions qui l'ont précédée à brouiller les cartes et, à terme, à rendre les problèmes plus difficiles à résoudre.

Quelles que soient les solutions retenues par la Commission, ce serait donc un grand apport au débat que de clarifier les mots clés et, du même coup, le fond des options qui s'offrent au Québec et au Canada. Sous l'empire des Lois constitutionnelles de 1867 et 1982, le Québec est un *État autonome* faisant partie d'une fédération qui, elle, constitue un *État souverain*, reconnu comme tel par ses pairs, les quelque 180 États qui forment la «société internationale». Examinons chacune de ces expressions en y ajoutant la notion de «personnalité internationale», souvent confondue avec la souveraineté.

La souveraineté est la faculté pour un État de déterminer lui-même l'étendue des compétences qu'il entend exercer, dans les limites dictées par le droit international. Bien que tout État souverain puisse renoncer à exercer certaines de ses compétences, par exemple au profit d'une organisation internationale ou d'une association d'États, sa qualité de souverain n'est pas remise en cause tant qu'il conserve la faculté de se retirer à volonté des ensembles dont il est membre, après avoir rempli tous les engagements acceptés lors de son adhésion.

L'autonomie est une notion tout à fait différente: elle est la faculté pour un État (ou une collectivité territoriale) d'exercer des compétences qui lui sont attribuées et garanties par un organe étatique supérieur. Dans les fédérations, l'État autonome — province, canton, *Land*, *State* ou république fédérée — ne peut en principe excéder ses compétences: ce n'est pas lui qui en détermine l'étendue, mais l'ordre supérieur, qui prend la forme d'une constitution établie par l'organe constituant de la fédération. De même, le Parlement et le gouvernement fédéraux doivent en principe agir dans le cadre de leurs compétences.

Au XIX$^e$ siècle et parfois encore au XX$^e$, le vocabulaire politique est caractérisé par un certain flou: on trouve des arrêts du Conseil privé britannique qui parlent de «la souveraineté des provinces» alors qu'il s'agit en fait d'autonomie. De même, les expressions «Confédération helvétique» et «Confédération canadienne» se sont perpétuées alors que ces deux entités sont des fédérations.

La confusion entre souveraineté et autonomie (ou entre fédération, confédération et association d'États) nous vient le plus souvent du passé, mais on l'entretient parfois, par exemple en laissant entendre qu'un État membre d'une fédération peut accéder à la souveraineté tout en demeurant sujet d'un ordre constitutionnel supérieur et contraignant: cela permet de se réclamer de la souveraineté tout en perpétuant le fédéralisme. La Constitution stalinienne de 1936 jouait de la sorte sur les mots en parlant de la «souveraineté» des Républiques fédérées, de leur «association librement consentie» et de leur «droit de se séparer librement de l'U.R.S.S.», alors qu'en réalité elles ne jouissaient même pas d'une autonomie garantie. Dans le cas de l'Ukraine et de la Biélorussie, Staline est allé jusqu'à les faire admettre à l'ONU; qui oserait pour autant, en Occident, soutenir que ces Républiques étaient «souveraines»? Les événements dont l'ex-Union a été le théâtre depuis 1989 montrent cependant que ses citoyens ont appris à faire la différence entre autonomie et souveraineté.

La présence de deux Républiques fédérées soviétiques à l'ONU, avant la dissolution de l'Union, permet également de distinguer souveraineté et *personnalité internationale*. Celle-ci est la faculté d'être sujet de droits et d'obligations en vertu du droit international et elle peut appartenir à des États autonomes, voire à des colonies ou à des mouvements de libération dans la pratique onusienne. Les États souverains jouissent, bien entendu, de la personnalité la plus entière, mais certains États membres de fédérations peuvent, grâce à la reconnaissance plus ou moins étendue que leur accordent d'autres États, signer des accords internationaux dans les domaines de leur compétence et être présents dans certaines organisations internationales. C'est grâce à cette distinction entre souveraineté et personnalité que le Québec a pu soutenir, malgré les obstacles longtemps suscités par Ottawa, qu'il a le pouvoir d'exercer sur le plan international l'action découlant du prolongement de ses compétences internes et notamment d'être présent dans les organismes multilatéraux de la Communauté francophone.

En somme, l'autonomie et la personnalité internationale sont des notions «quantifiables», en ce sens que leur étendue est plus ou moins ample, tandis que la souveraineté est une «qualité» qu'un État ne peut posséder seulement en partie. Un État est souverain ou ne l'est pas; il peut être plus ou moins autonome, selon les dispositions de la constitution. La science politique et le droit contemporains usent du mot «État» dès lors qu'ils sont en présence d'entités politiques possédant un territoire et une population sur lesquels un gouvernement exerce directement des compétences, mais ne confondent pas pour autant l'État souverain avec l'État autonome.

Qu'en est-il maintenant de l'association ou communauté d'États, particulièrement lorsque ce mot est utilisé dans le contexte de la souveraineté de ses membres? Naturellement, il peut exister des «associations» d'États autonomes formant des fédérations, mais il ne s'agit pas dans ce cas de «souveraineté-association», compte tenu des distinctions établies ci-dessus. Cette expression désigne plutôt des associations d'États souverains, dont il a existé divers exemples dans le passé (les confédérations strictement définies) et dont la forme moderne la plus achevée est la Communauté économique européenne (C.E.E.), devenue récemment l'Union européenne. Chacun sait que cette Union regroupe, aux termes d'une série de traités, douze États souverains (et bientôt seize).

Les États souverains peuvent aller très loin dans l'attribution de compétences, par traité, à des associations, communautés ou unions dont ils veulent faire partie. En Europe de l'Ouest, ils vont jusqu'à confier aux organes de l'Union (Conseil des ministres, Commission, Cour) des pouvoirs considérables en vue de la mise en œuvre du Marché commun: la supériorité du droit communautaire sur les droits nationaux est assurée par diverses techniques (règlements, directives) et les décisions du Conseil sont prises, dans la plupart des cas, selon des votes majoritaires pondérés, les États acceptant d'être contraints même s'ils ont voté contre la mesure qui leur est appliquée. En outre, l'Union européenne peut agir pour l'ensemble de ses membres dans ses rapports avec les États tiers et certaines organisations internationales, dans certains domaines qui constituent sa raison d'être; elle se voit reconnaître de la sorte une certaine personnalité internationale qui se substitue partiellement à celle des États. Enfin, il existe un Parlement européen élu au suffrage universel, mais sans pouvoir législatif réel.

Dans cet ensemble européen qui constitue actuellement le modèle le plus avancé d'intégration entre des États qui demeurent attachés à leur souveraineté, celle-ci demeure indubitablement un ressort fondamental, comme l'ont rappelé, par exemple, les Arrangements de Luxembourg (1966). S'il y a là, selon de nombreux auteurs, dont le p\ P. Reuter, une esquisse de système «confédéral», l'évolution de ce système depuis le Traité de Rome (1957) a été lente et contradictoire, «révélant des tensions politiques aiguës entre un courant fédéral et un refus du fédéralisme». Les États, tout en admettant la nécessité de l'intégration économique ou, plus précisément, d'une union douanière assortie de certains éléments d'union économique et projets de politique étrangère commune, entendent conserver leur souveraineté, ce «droit du dernier mot» constituant pour eux une soupape de sûreté pour le cas où le système aboutirait à sacrifier systématiquement leurs intérêts d'une manière qui l'emporterait par trop sur les avantages indéniables qu'ils en tirent.

On le constate, les questions de forme ou de vocabulaire déteignent sur les problèmes de fond. Les distinctions entre souveraineté et autonomie, fédération et confédération, sans parler de celles qui différencient les diverses «superstructures» qui en découlent, sont cruciales; inversement, la confusion qui pourrait être semée entre ces notions ne serait pas «innocente» et risquerait, à terme, d'engendrer des désillusions et d'aggraver les tensions.

Si l'on accepte la description qui vient d'être donnée des choix politiques et constitutionnels qui confrontent le Québec, il reste à rechercher les solutions qui correspondent aux réalités sociales, économiques, culturelles et politiques du temps présent et de l'avenir. Je ne pense pas que l'on puisse transposer ici, tels quels, des modèles empruntés à des contextes différents, mais il peut être utile de les connaître, tout en sachant que de nombreuses adaptations seront nécessaires. Pour les fins de l'exposé, distinguons la question des compétences (I) de celle des institutions (II).

# I.- Les compétences du Québec et de ses partenaires

Les expressions «pleine compétence» et «compétence concurrente» dont fait état la Commission, sont très générales et peuvent s'entendre de diverses façons. À l'intérieur du fédéralisme — renouvelé ou non —, la «pleine compétence» fait allusion à la compétence exclusive, tandis que la compétence concurrente réfère à des situations comme celles de l'agriculture ou de l'immigration dans le contexte canadien, généralement avec prépondérance fédérale en cas de conflit de lois. Dans une communauté d'États souverains, la «pleine compétence» s'entend plutôt de la «compétence nationale» dont il est question à l'article 2 §7 de la Charte de l'O.N.U., dans laquelle cette organisation n'est pas autorisée à intervenir; la compétence concurrente serait alors celle que les États ont accepté de déléguer partiellement à une association d'états — par exemple, à une communauté —, soit pour un temps illimité, soit pour une période de temps déterminée, en conservant pour eux-mêmes certains aspects de cette compétence, voire la possibilité d'échapper à l'autorité internationale dans certains cas.

Il convient d'observer qu'il manque dans les questions posées par la Commission une troisième hypothèse de travail: ce serait dans une fédération la compétence exclusive du Parlement fédéral et, dans une communauté d'États souverains, la compétence attribuée entièrement aux organes communautaires, comme les pouvoirs liés à l'union douanière dans la C.E.E.

Qu'on opte pour la fédération d'États autonomes ou pour la communauté d'États souverains, les listes de compétences exclusives ou concurrentes pourraient être sensiblement les mêmes, quoique la nature des institutions établies pour les administrer pourrait entraîner des modifications ou des adaptations. La différence entre autonomie et sou-veraineté ne se situe pas dans le contenu de ces listes, mais dans le fait que la fédération ne permet pas, en réalité, de les modifier au profit des États membres, en raison de la rigidité du mode d'amendement et de l'inertie du système, tandis que l'association ou communauté, fondée sur un traité, permet de réexaminer les arrangements beaucoup plus librement, surtout si la prudence a dicté des durées ou des étapes au terme desquelles les accords peuvent ou doivent être révisés.

Sous réserve du choix des institutions sur lequel on reviendra plus avant, il paraît utile de distinguer trois listes de compétences: tout d'abord, les compétences exclusives ou nationales relevant du Québec (A); ensuite, les compétences concurrentes relevant à la fois du Québec et des institu-tions communes (B); enfin, les compétences exclusives au profit des institutions communes (C). Il ne s'agit bien évidemment ici que d'hypo-thèses de travail.

## A.- Compétence exclusive, nationale ou «pleine» du Québec

Qu'il s'agisse d'une nouvelle constitution ou d'un traité, le Québec pourrait se réserver les compétences exclusives suivantes (sous réserve d'ententes particulières):

1°  l'adoption et la modification de la Constitution du Québec, y compris la Charte des droits de la personne, sous réserve de ce qui sera dit ci-dessous au sujet des droits des minorités;

2°  la compétence de principe (ou «résiduelle»), particulièrement à l'égard des nouveaux objets de gouvernement;

3°  la langue sous tous ses aspects; le domaine de la culture, celui des communications;

4°  l'instruction publique à tous les niveaux; l'enseignement supérieur et la recherche; les prêts et bourses aux étudiants;

5°  l'immigration (choix des immigrants), sous réserve des compétences concurrentes (ci-dessous);

6°  le secteur social dans son entier, y compris les pensions de vieillesse, l'assurance-chômage, etc.;

7°  le droit civil dans son entier, y compris le mariage et le divorce;

8°  le domaine public (compétence et propriété), y compris les parcs dits nationaux, les ports, les biens publics de toute nature;

9°   les richesses naturelles (renouvelables ou non);

10°  la planification économique et le développement régional, la main-d'œuvre, la formation professionnelle, le placement;

11°  l'agriculture sous tous ses aspects;

12°  la justice, son administration, l'ensemble des tribunaux (y compris la nomination des juges); les prisons, les pénitenciers;

13°  les sociétés (incorporation et réglementation);

14°  les institutions municipales;

15°  l'environnement sous tous ses aspects;

16°  la voirie;

17°  le recensement de la population;

18°  les finances publiques, le revenu et l'ensemble des impôts (directs ou indirects), sous réserve de ceux qui pourraient être réservés aux institutions communes;

19°  les droits d'auteur;

20°  les rapports et accords avec l'étranger et avec les organisations internationales portant sur l'ensemble des compétences du Québec;

21°  le droit de porter devant une instance juridictionnelle (à définir ci-dessous) les manquements aux règles fondamentales de la part des institutions communes.

## B. – Compétences concurrentes exercées par le Québec et les institutions communes

Il importe de distinguer les compétences concurrentes de celles qui pourraient être réservées exclusivement à l'institution commune (fédérale ou communautaire), dont il sera question plus bas. Les compétences concurrentes ou «mixtes» sont entendues ici au sens technique qu'elles reçoivent généralement, par exemple dans la Constitution de la République fédérale allemande, à cette différence près que la prépondérance législative, inséparable de la concurrence, reviendrait au Québec et aux autres partenaires (en cas de conflit) et non à l'institution commune.

Les compétences assujetties à la concurrence sont celles qui, tout en n'étant pas essentielles au fonctionnement des institutions communes, pourraient et devraient faire l'objet d'une concertation constante en vue de l'harmonisation des politiques. Les partenaires se verraient imposer une obligation générale de comportement à cet égard, mais le Québec en particulier ne pourrait être mis systématiquement en minorité et forcé d'accepter des règles par trop contraires à ses intérêts. Pour peu que la prépondérance législative du Québec fût clairement établie, la liste de ces compétences concurrentes pourrait être amplifiée selon les besoins; il est probable que cela se produirait dans la mesure où la confiance s'établirait entre les partenaires, dès l'abord ou avec le temps.

Au départ, la concurrence ou, si l'on veut, la coopération législative, pourrait s'étendre aux compétences suivantes:

1°   la nationalité, la naturalisation et les quotas d'immigration (mais non le choix des immigrants), sous réserve de la possibilité pour le Québec d'identifier ses propres nationaux, ce qui suppose la conclusion d'accords détaillés établissant les normes communes;

2°   les droits des minorités, en vue de la protection égale des minorités francophones et anglophones et compte tenu d'ententes de réciprocité à intervenir;

3°   les questions autochtones, en vue de l'harmonisation la plus poussée possible des politiques;

4°   la défense et l'armée, sous réserve d'accords portant sur l'établissement des contingents québécois, le recrutement et la nomination des officiers;

5°   le droit pénal, avec rappel exprès de la prépondérance législative québécoise;

6°   la navigation, en particulier sur le Saint-Laurent et dans la voie maritime;

7°   les finances (principes généraux d'administration et d'imposition);

8°   l'harmonisation constante des politiques économiques des partenaires ainsi que la négociation et le fonctionnement des zones de libre échange;

9°   les banques et la législation afférente (lettres de change, etc.);

10°   le service postal, sous réserve de la faculté pour le Québec de procéder à l'émission de ses propres vignettes, selon entente à cet effet;

11°   les transports entre les territoires des partenaires;

12°   les chemins de fer, sous réserve des lois québécoises sur la langue et les conditions de travail;

13°   l'énergie nucléaire;

14°   les brevets;

15°   les mesures d'urgence;

16° d'une façon générale, tout domaine dont les partenaires pourraient convenir, sous réserve de la prépondérance législative de chacun.

On voit qu'il s'agit d'une catégorie de compétences extrêmement souple et dont le contenu pourrait varier avec le temps et selon l'expérience. Quant à l'administration de ces compétences, elle pourrait être confiée, selon le cas, soit à l'institution commune, soit aux partenaires, par exemple selon les principes de la Constitution de la R.F.A. Si l'on craignait pour la stabilité du système, les partenaires pourraient convenir de ne pas exercer leur prépondérance législative pendant des périodes de quelques années dans certains domaines concurrents, de manière à ce que la législation commune ait le temps «d'entrer dans les mœurs».

## C.- Compétences exclusives des institutions communes

Même si le système gouvernemental de l'avenir s'inspire de l'association communautaire, il faudrait prévoir en faveur des institutions communes des compétences exclusives dont la stabilité ne pourrait être remise constamment en question. Dans un système fédéral, tout changement doit être effectué par voie d'amendement constitutionnel, ce qui rend la répartition des compétences extrêmement rigide, comme le démontre l'expérience du Québec au sein de la Fédération canadienne; dans un système communautaire, des changements pourraient intervenir de consentement ou au moment de la révision des traités, prévus expressément dans le texte même de ces accords fondamentaux. Les changements n'en seraient pas pour autant rendus «faciles», mais l'existence d'échéances et le risque de voir dénoncer les ententes rappelleraient au partenaire majoritaire qu'il doit tenir compte de l'existence et des intérêts du partenaire minoritaire.

Les compétences exclusives des institutions communes pourraient être les suivantes:

1° le maintien et le développement harmonieux du marché commun par le contrôle des droits de douane et des restrictions quantitatives à l'entrée et à la sortie des marchandises; l'établissement d'un tarif douanier commun et d'une politique commerciale commune à l'endroit des États tiers;

2° la libre circulation des personnes, des biens, des services (sous réserve des lois sur les professions) et des capitaux;

3°    les règles de la concurrence économique;

4°    le monnayage, le papier-monnaie, le cours des monnaies; la politique monétaire et l'intérêt; après entente sur les vignettes;

5°    la dette fédérale existante, sous réserve des ententes préalablement négociées;

6°    les finances communes et l'utilisation des revenus provenant des droits de douane et des ententes de financement négociées préalablement;

7°    les pêcheries, sous réserve de l'accès des pêcheurs de chaque partie, à certaines conditions, à la zone de pêche de l'autre;

8°    les poids et mesures;

9°    le droit de porter devant une instance juridictionnelle tout manquement aux règles fondamentales de la part des partenaires.

Les techniques de répartition des compétences proposées cherchent essentiellement à assurer la stabilité du système tout en lui insufflant la souplesse nécessaire pour éviter tout abus de la position majoritaire du Canada anglais. Quoique le Québec doive s'attendre à de nombreuses contraintes nées des réalités géo-économiques, le principe fondamental devrait être de n'adopter aucune règle ou structure qui risquerait de le désavantager systématiquement et à perpétuité. Si de tels éléments devraient être admis, ils seraient de nature à tout remettre en question, tôt ou tard.

On aura noté que l'ensemble des compétences culturelles (langue, instruction publique, communications, etc.) ainsi que le secteur social en son entier sont réservés exclusivement au Québec, quelles que soient les institutions choisies. Il en va de même du droit civil. L'image d'un pays résolument attaché à son identité, tout en étant respectueux des droits minoritaires, ne manquerait pas non plus d'influencer les courants d'immigration. Ce sont là les principaux leviers dont dispose tout État pour le maintien et la promotion de son identité, mais ce ne sont pas les seuls. La dimension économique ne saurait évidemment être sous-estimée. Un peuple dominé sur ce plan voit invariablement sa culture se dévaluer aux yeux de ses propres citoyens: lorsque le succès et la prospérité parlent une autre langue, les choix linguistiques personnels finissent par saper la langue du pays, surtout si d'autres facteurs, comme la démographie, concourent à accentuer l'évolution défavorable. C'est pourquoi on aura pu observer que les compétences économiques et financières qui ne sont pas essentielles au maintien du marché commun Canada-Québec sont dévolues exclusivement au Québec: richesses naturelles, planification économique, développement régional, main-d'œuvre (formation et placement), agriculture, etc. Plusieurs compétences d'ordre économique sont classées parmi les concurrentes, mais avec prépondérance législative des partenaires et non des institutions communes: banque, transports entre les partenaires, énergie nucléaire, etc., le tout en vue de l'harmonisation constante des politiques économiques.

Quant aux compétences qui paraissent essentielles au fonctionnement du marché commun, comme celles qui assurent la libre circulation des personnes et des facteurs économiques, elles sont dévolues exclusivement aux institutions communes, mais on verra plus loin que ces institutions pourraient comporter des mécanismes de sauvegarde qui permettraient, le cas échéant, de protéger l'identité et les intérêts du Québec.

Ajoutons que le niveau de vie et la prospérité d'un pays dépendent de nombreux facteurs transnationaux qui échappent dans une large mesure à chaque État pris individuellement. Les facteurs qui dépendent de lui sont l'exploitation rationnelle des richesses naturelles de son territoire, la qualité de ses ressources humaines, la stabilité de son système politique et administratif et le niveau de justice sociale qu'il a atteint.

La stabilité du système politique dépend dans une large mesure de la satisfaction des citoyens à l'endroit des institutions. Or, voici plus d'une génération que les Québécois se sentent à l'étroit dans le cadre fédéral canadien. Ce malaise a pris successivement plusieurs formes constitutionnelles: proposition de J. Lesage en faveur d'un statut particulier, États associés de P. Laporte, échec de la formule Fulton-Favreau (1965) et de la Charte de Victoria (1971), projet de souveraineté-association, débats du référendum, imposition au Québec du rapatriement, projets d'accords constitutionnels du 3 juin 1987 et du 27 août 1992, suivis de leur échec. Avec des phases de répit correspondant, semble-t-il, à des périodes où les Québécois ont eu l'espoir que des changements constitutionnels importants allaient survenir, la crise des institutions dure, en fait, depuis la Seconde Guerre mondiale. Les vieilles structures victoriennes ne correspondent plus aux besoins et aux aspirations des Québécois. Il n'est que de lire le *British North America Act* de 1867, rebaptisé «Loi constitutionnelle» en 1982, mais dont le contenu n'a pas vraiment évolué, pour s'en persuader: oripeaux monarchiques, droits de réserve et de «désaveu», Sénat parasitaire, centralisation implicite des compétences en faveur du

Parlement fédéral, toutes caractéristiques qui ont peu à voir avec les préoccupations des Québécois d'aujourd'hui et encore moins avec les perspectives du siècle qui s'annonce. Nous en sommes au point où le système engendre l'instabilité; il n'y a de véritable solution que dans son renouvellement en profondeur.

De surcroît, ce système a été pensé au XIX<sup>e</sup> siècle avant tout en fonction des intérêts de l'Empire, puis de ceux de l'Ontario, et toutes les compétences financières, monétaires et commerciales ont été centralisées et soumises à la majorité; seuls les impôts directs (qui n'existaient guère en 1867) échappaient à la règle et Ottawa a tenté de les monopoliser grâce à la Commission Rowell-Sirois (1940) et à la faveur de la guerre. Bref, quand vient le moment de déterminer l'impact de toute proposition nouvelle de répartition des pouvoirs, il faut avoir à l'esprit également l'impact et le coût du système existant, qui constitue de plus en plus un frein au dynamisme du Québec.

En revanche, aucun État ne saurait s'isoler économiquement à l'heure de la mondialisation des échanges. Tout système de pouvoirs doit donc être construit, autant que faire se peut, de manière à respecter les exigences complémentaires — mais parfois contradictoires — du développement autonome et de l'interdépendance. Naturellement, on arrivera difficilement à mettre tout le monde d'accord sur la formule de gouvernement qui permettra le mieux d'atteindre cet objectif et il n'est pas davantage possible de mettre tous les experts d'accord sur les coûts respectifs du statu quo et de quelque changement que ce soit. Les variables sont trop nombreuses. On peut cependant proposer une solution qui prendra en compte par sa souplesse le plus grand nombre de variables: c'est l'objectif poursuivi par le triptyque de compétences décrit plus haut.

Quels que soient les objectifs retenus, leur impact sur le niveau de vie dépendra dans une large mesure de la manière dont on s'y prendra pour les réaliser. Des changements profonds, mais obtenus par la négociation de bonne foi, peuvent très bien n'avoir aucun impact ou des conséquences minimes, même à court terme, sur la paix sociale et la prospérité; d'ailleurs, ils peuvent être une condition de l'amélioration du niveau de vie. En revanche, le statu quo ou des changements mineurs revendiqués au milieu des récriminations peuvent fort bien compromettre la paix sociale et le niveau de vie des Québécois. En d'autres termes, les moyens du changement sont aussi importants, sinon davantage, que les objectifs proposés, lesquels, comme l'horizon, reculent à mesure qu'on s'en approche et doivent donc être révisés périodiquement.

# II.- Le choix des partenaires et des institutions communes

Le choix des partenaires du Québec est lié à celui des institutions ou «structures». Si les institutions fédérales existantes étaient maintenues ou quelque peu transformées, le choix des partenaires serait tout indiqué: les provinces anglophones et l'État fédéral; dans ce contexte, il n'est pas au pouvoir du Québec de modifier cette «structure d'accueil». Si celui-ci, au contraire, pose la question de la transformation de ses rapports avec le Canada anglais dans le sens d'une communauté économique associant des États souverains, il force l'État fédéral et les autres provinces à effectuer des choix qui leur appartiennent. À ce chapitre, le Québec peut souhaiter s'entendre avec le seul État fédéral, mais il ne saurait imposer à celui-ci ni aux provinces anglo-canadiennes les méthodes à suivre dans la préparation de leurs négociations avec lui. Examinons deux hypothèses: celle du fédéralisme et celle de la souveraineté.

Le maintien du fédéralisme ou d'une variante quelconque de ce régime ne laisse vraiment aucune marge de manœuvre au Québec, comme l'a démontré l'échec des accords constitutionnels. Il existe à cela de nombreuses raisons qu'on a amplement eu l'occasion de méditer depuis dix ans: ne retenant ici que les motifs d'ordre constitutionnel, on peut montrer que le mode d'amendement imposé au Québec en 1981-1982, de même que «le principe de l'égalité de toutes les provinces», rappelé explicitement dans le préambule du projet d'Accord de 1987 et qui sert désormais de fondement aux attitudes anglo-canadiennes à l'endroit du Québec, exclut tout accommodement majeur en faveur de celui-ci. Or, les nouveaux pouvoirs qu'il revendique supposent au minimum la reconnaissance d'une forme de statut particulier (ou «spécial», selon l'expression de la Commission Pépin-Robarts) pour le Québec au sein de la Fédération, ce qui va directement à l'encontre de l'égalité des provinces. C'est peine perdue, à notre avis, que d'explorer à nouveau ce genre de solution: il se trouvera toujours des provinces pour le refuser, sans oublier le droit de veto fédéral. Paradoxalement, le Québec ne pourra obtenir de compromis que s'il pose clairement la question de la souveraineté (au sens précis du mot). En outre, à supposer que le Canada anglais accepte de négocier un statut particulier quelconque, les difficultés techniques de son fonctionnement seraient énormes: il n'est que de se demander si les autres provinces accepteraient de voir les députés québécois voter, au Parlement fédéral, sur les questions relevant désormais de la compétence exclusive du Québec, voire des compétences concurrentes.

L'hypothèse de la communauté économique n'est pas de tout repos non plus, mais elle paraît plus vraisemblable, une fois que le Québec aura exprimé démocratiquement sa volonté de souveraineté. Elle permet d'échapper au traquenard du mode d'amendement de 1982 et à la logique implacable de l'égalité des provinces. D'un autre côté, même si le Québec ajoute l'offre d'une association économique à la souveraineté qu'il revendique, cela ne lui donne pas le choix des partenaires. Cette question relève en effet du droit d'autodétermination du Canada anglais. Celui-ci, plus divers qu'il n'y paraît à première vue, pourrait choisir l'une ou l'autre des options suivantes: a) maintien du fédéralisme actuel ou même son renforcement, auquel cas l'État fédéral se verrait renforcé dans son rôle d'interlocuteur du Canada auprès du Québec; b) extension à trois ou quatre «régions» du Canada des compétences exclusives et concurrentes revendiquées par le Québec, ce qui suppose, de toute évidence, une transformation de la Fédération en une confédération (au sens exact du mot); c) extension du régime québécois à toutes les provinces, hypothèse que l'on peut sans doute écarter d'emblée.

Du point de vue québécois, il paraît peu douteux que l'option la plus «simple» soit celle d'un Canada anglais qui s'exprime d'une seule et même voix, mais il n'appartient pas au Québec d'en décider. Une communauté «à deux» serait également préférable du point de vue fédéral, et sans doute aussi de celui de l'Ontario, à celle qui réunirait quatre ou cinq partenaires confédérés. Toutefois, le Canada anglais n'acceptera de se poser ces questions difficiles qu'une fois que le Québec aura exprimé son propre choix en faveur de la souveraineté assortie d'une communauté économique. On peut penser que, une fois cette décision prise, le Canada anglais, dans son propre intérêt, voudra régler ses problèmes internes et ne parler que d'une voix lorsqu'il se présentera à la table de négociation.

## A.- Institutions communes

Quel que soit le choix d'Ottawa et des provinces anglophones, les institutions d'une communauté économique seraient, grosso modo, les mêmes; elles pourraient cependant différer dans le détail, notamment dans les modes de décision, la pondération des votes, etc. Pour les fins du présent exposé, il paraît suffisant d'examiner le projet de communauté économique au point de vue des structures générales qui permettraient d'exercer les compétences exclusives de la communauté et les compétences concurrentes décrites plus haut.

Le modèle le plus avancé de communauté économique est sans contredit celui de l'Union européenne. C'est actuellement la référence obligée, quoique les solutions négociées par les partenaires québécois et canadiens auraient sans doute un aspect *sui generis*, les cadres géopolitique, économique et culturel n'étant pas les mêmes: l'Amérique du Nord, fondée sur l'homogénéisation des cultures et le libéralisme économique, offre en effet un certain contraste avec l'Europe, où s'imposent la diversité des cultures et le souci de tempérer certains excès du libéralisme. On observe cependant que le Canada et le Québec, quoique de plus en plus influencés par la présence américaine, ont conservé de leur héritage britannique certaines attitudes «européennes», notamment en matière économique et sociale; cela sera sans doute un facteur important dans la façon dont seront bâties les structures communes et la manière selon laquelle les compétences «concurrentes» (dans le sens donné plus haut à cette notion) seront attribuées.

Selon le modèle européen, la réalisation des tâches confiées à la Communauté économique Canada-Québec — appellation qui ne préjuge en rien des modes de participation du Canada anglais — pourrait être assurée par un conseil doté d'un pouvoir réglementaire (ou législatif) et un exécutif assisté d'une fonction publique, qui pourrait prendre le nom de Commission. Cet ensemble, exerçant des pouvoirs délégués par les États membres, mais dont l'indépendance serait garantie, coifferait, selon des modalités prévues par traité, l'État canadien et l'État québécois, tous deux souverains, en vue de l'exercice par la communauté des compétences exclusives et concurrentes décrites plus haut. C'est ici que cette distinction entre compétences exclusives et compétences concurrentes prend toute son importance.

S'agissant des compétences exclusives, restreintes, on l'a vu, au fonctionnement et au financement du marché commun, y compris la libre circulation, ainsi qu'à la politique monétaire et à la dette existante de la Fédération, le Québec pourrait se montrer disposé à accepter une pondération du vote qui soit conforme aux poids respectifs des États membres. Ce statut minoritaire serait cependant compensé par le fait que la durée du traité ne serait pas illimitée, permettant ainsi sa révision si les règles du jeu paraissaient destinées à désavantager le Québec par rapport à ses partenaires. Étant souverain, le Québec pourrait, à l'expiration de l'Accord communautaire et après avoir rempli toutes ses obligations de bonne foi, en demander la révision ou s'en retirer, quitte à maintenir, au besoin, unilatéralement ou par voie d'entente formelle, la liberté de circulation entre les deux parties du Canada qui l'entourent.

S'agissant des compétences concurrentes, la règle du vote pondéré, favorable au partenaire canadien, n'offre pas les mêmes contraintes ou inconvénients puisqu'aussi bien la concurrence législative est assortie de la prépondérance de chaque membre. Cela revient à dire que, dans les domaines où l'harmonisation des législations est souhaitable, elle s'établirait librement, chacun y trouvant son avantage. L'exercice de la prépondérance pourrait cependant être subordonnée à l'imposition d'un délai (un an ou davantage), afin d'assurer la stabilité au système des compétences concurrentes ou de favoriser la recherche de solutions nouvelles.

Dans la perspective qui vient d'être esquissée, il ne serait pas nécessaire d'instituer une assemblée parlementaire, à moins que ce ne soit à titre purement consultatif, et en évitant tout pouvoir de censure à l'encontre des autres institutions (cf. art. 144 du Traité de Rome). Quelle que soit sa composition — délégués des États membres ou représentants des corps intermédiaires —, cette assemblée ne devrait pas être élective: elle ne tarderait pas à revendiquer des pouvoirs et les problèmes du fédéralisme à deux ne tarderaient pas à réapparaître. À ceux qui prétendraient que les Communautés européennes sont sur le point de doter leur Parlement de pouvoirs législatifs réels, il faut rappeler que c'est loin d'être chose faite et que, de toute manière, il y aurait intérêt à voir comment la chose peut fonctionner effectivement sans compromettre la souveraineté des États membres.

## B.- Mécanismes d'arbitrage

On ne peut concevoir une communauté digne de ce nom sans mécanisme d'arbitrage. Celui-ci est particulièrement difficile à définir dans les cas où l'entité politique concernée comprend deux États dont l'un est largement majoritaire: la Cour suprême du Canada, dont le Québec a tenté d'obtenir la réforme à diverses reprises, en est un exemple frappant. Le modèle européen n'est pas ici d'un grand secours, sauf dans la mesure où il démontre le caractère essentiel de la fonction juridictionnelle quand vient le moment d'assurer «le respect du droit dans l'interprétation et l'application» des traités (art. 164 du Traité de Rome). La justice à douze est sans doute plus facile à assurer que la justice à deux.

Or, dans l'établissement d'une cour de justice communautaire, le Québec peut difficilement revendiquer un tribunal paritaire, non seulement pour les raisons données ci-dessus au sujet des autres institutions de la Communauté, mais parce que les juges pourraient se partager en groupes égaux dans de nombreuses décisions, situation qui aurait pour effet de bloquer le fonctionnement des institutions. Il faut donc chercher ailleurs la solution de ce dilemme.

Entre États souverains, on a généralement recours à l'arbitrage par des tiers, c'est-à-dire par des arbitres choisis dans des pays autres que les pays intéressés au litige. On pourrait s'inspirer de cette formule, mais en l'institutionnalisant. À côté d'un groupe de juges choisis par le Canada et le Québec — en nombre égal ou inégal, peu importe —, on trouverait un groupe de juges étrangers, choisis, par exemple, au sein de la Cour permanente d'arbitrage (La Haye) ou, mieux encore, par le Président de la Cour de justice de l'Union européenne. À l'occasion de tout litige Canada-Québec, on pourrait établir le «banc» de la manière suivante (à titre d'hypothèse): deux juges canadiens et deux juges québécois, tirés au sort, auxquels viendraient s'ajouter un ou trois juges étrangers, également tirés au sort. Est-il besoin d'ajouter que les deux États de la Communauté s'engageraient dans le traité fondamental à appliquer de bonne foi toute décision de la Cour.

# Conclusion: souveraineté et union économique

Les institutions et les compétences que nous avons décrites entraînent diverses conséquences pour le statut politique du Québec: ce serait celui d'un État souverain associé à un autre État souverain (à moins que les autres régions du Canada ne revendiquent un statut semblable, ce qui, sans être probable, ne saurait être exclu au sein d'une communauté de nature confédérale, au sens qui a été donné à ces notions.

La Communauté serait fondée sur un ou des traités, lesquels seraient obligatoires pour les parties sous l'empire du droit international. Le Canada et le Québec auraient chacun leur propre constitution: le Canada demeurerait sans doute, de son côté, un État fédéral tandis que le Québec, exerçant son droit de libre détermination, se donnerait les institutions qui lui conviendraient, sans doute assez voisines de celles qu'il possède actuellement (du moins, on peut penser qu'il ne mettrait pas de côté à la légère le parlementarisme d'inspiration britannique, qu'il a fait sien depuis 1791).

Les structures proposées ne comportent pas de parlement habilité à légiférer pour les institutions communautaires ou à lever des impôts dans l'ensemble de la Communauté. L'existence d'un tel organe postulerait la rédaction d'une nouvelle constitution de nature fédérale, laquelle serait nécessairement soumise à un mode d'amendement contraignant pour le Québec, en plus de le maintenir dans l'état permanent de minorité, toutes caractéristiques qui sont contraires au statut d'État souverain. Comme on l'a montré au seuil de cet exposé, un État ne saurait être à la fois souverain et membre autonome d'un autre État souverain. Dans cette dernière hypothèse, il jouit simplement de l'autonomie dans sa sphère de compétences, qu'il ne saurait excéder. L'État souverain, au contraire, détermine l'étendue de ses propres compétences, c'est-à-dire qu'il possède «la compétence de la compétence» dans les limites du droit coutumier international et des traités qu'il a conclus.

Parmi les pays développés du monde contemporain, l'Union européenne constitue le meilleur exemple disponible d'intégration économique accomplie (ou en voie de réalisation) dans le respect de l'identité nationale et de la souveraineté de chaque État membre. Il existe d'autres exemples, historiques ou actuels, de communautés économiques, comme les unions douanières africaines (C.E.D.E.A.O., U.D.E.C.), sud-américaines (Pacte andin, Marché commun centre-américain), ou asiatique (A.S.E.A.N.), mais aucune n'a atteint le niveau d'intégration de la Communauté européenne. Quant aux zones de libre échange, elles ne connaissent qu'un degré d'intégration beaucoup moindre. Pour un État occidental développé qui veut profiter de marchés plus vastes que le sien tout en maintenant sa souveraineté de principe, il n'est guère d'autre modèle que l'européen, tant aujourd'hui que pour l'avenir prévisible.

Cependant, aucune expérience d'intégration économique ne peut être appliquée telle quelle au cas du Québec et du Canada; le contraire ne manquerait pas d'étonner. Mais l'Europe fournit des pistes à explorer dans la recherche d'un juste équilibre entre les deux préoccupations majeures du Québec d'aujourd'hui: l'épanouissement de son identité et l'essor de son développement économique et social.

# TABLE DES MATIÈRES

Chapitre II

POUR UNE NOUVELLE CONSTITUTION DU QUÉBEC
Jacques-Yvan Morin

Chapitre III

## LES DROITS DES MINORITÉS LINGUISTIQUES ET CULTURELLES DANS UN QUÉBEC SOUVERAIN
José Woehrling

CHAPITRE IV
## LES CHOIX POLITIQUES, ÉCONOMIQUES ET INSTITUTIONNELS D'UN QUÉBEC SOUVERAIN
Jacques-Yvan Morin

COMPOSÉ EN BEMBO 11
SELON UNE MAQUETTE RÉALISÉE PAR JOSÉE LALANCETTE
CET OUVRAGE A ÉTÉ ACHEVÉ D'IMPRIMER
SUR PAPIER OFF SET 100M
EN SEPTEMBRE 1994
AUX ATELIERS GRAPHIQUES MARC VEILLEUX
POUR LE COMPTE DE GASTON DESCHÊNES
ÉDITEUR À L'ENSEIGNE DU SEPTENTRION